高等职业教育房地产类专业精品教材

房地产企业会计

主　编　李爱华　白　蕾
副主编　李　艳　樊　珂　闫瑞君　宋振庭
参　编　石　静　丁金礼　毛紫剑　姜鹏飞
　　　　崔永强　赵惠敏
主　审　吕大利

北京理工大学出版社
BEIJING INSTITUTE OF TECHNOLOGY PRESS

内容提要

本书依据企业会计准则体系及其应用指南，将新准则和新制度的精髓融入房地产开发企业会计核算的内容和方法中，紧密结合房地产开发企业实际情况编写而成。全书共十一个模块，主要包括总论，房地产企业货币资金的核算，房地产企业应收与预付款项核算，房地产企业存货的核算，房地产企业固定资产、无形资产和其他资产核算，房地产企业负债和所有者权益核算，施工成本核算，房地产企业开发产品成本的核算，房地产企业收入、费用和利润的核算，建筑业房地产企业涉税核算与管理，房地产企业财务报告等内容。

本书可作为高等院校房地产开发与管理等房地产类相关专业的教材，也可供房地产开发经营管理、投资决策咨询等相关单位及部门工作人员参考，同时还可以为个人进行房地产投资和全社会普及房地产开发企业会计知识提供帮助。

版权专有　侵权必究

图书在版编目（CIP）数据

房地产企业会计 / 李爱华，白蕾主编. -- 北京：
北京理工大学出版社，2021.10（2021.11重印）
ISBN 978-7-5763-0564-7

Ⅰ.①房… Ⅱ.①李…②白… Ⅲ.①房地产企业－会计－高等学校－教材　Ⅳ.①F293.33

中国版本图书馆CIP数据核字（2021）第214918号

出版发行 / 北京理工大学出版社有限责任公司
社　　址 / 北京市海淀区中关村南大街5号
邮　　编 / 100081
电　　话 /（010）68914775（总编室）
　　　　　（010）82562903（教材售后服务热线）
　　　　　（010）68944723（其他图书服务热线）
网　　址 / http://www.bitpress.com.cn
经　　销 / 全国各地新华书店
印　　刷 / 河北鑫彩博图印刷有限公司
开　　本 / 787毫米×1092毫米　1/16
印　　张 / 16　　　　　　　　　　　　　　　责任编辑 / 钟　博
字　　数 / 395千字　　　　　　　　　　　　文案编辑 / 钟　博
版　　次 / 2021年10月第1版　2021年11月第2次印刷　责任校对 / 周瑞红
定　　价 / 48.00元　　　　　　　　　　　　　责任印制 / 边心超

图书出现印装质量问题，请拨打售后服务热线，本社负责调换

出版说明

Publisher's Note

  房地产业是我国经济建设和发展中的重要组成部分，是拉动国民经济持续增长的主导产业之一。改革开放近40年来，我国的房地产业快速发展，取得了巨大成就，尤其在改善广大城镇居民住房条件、改变城镇面貌、促进经济增长、扩大就业等方面，更是发挥了其他行业所无法替代的巨大作用。随着我国经济的发展、居民收入水平的提高、城市化进程的加快以及改善性住房市场需求的增加，房地产消费者对产品的需求由"有"到"优"，房地产需求总量不断攀升，房地产行业仍然有着巨大的发展潜力，房地产业需要大量房地产专业人才。

  高等职业教育以培养生产、建设、管理、服务第一线的高素质技术技能人才为根本任务，在建设人力资源强国和高等教育强国的伟大进程中发挥着不可替代的作用。为全面推进高等职业教育教材建设工作，将教学改革的成果和教学实践的积累体现到教材建设和教学资源统合的实际工作中去，以满足不断深化的教学改革需要，更好地为学校教学改革、人才培养与课程建设服务，北京理工大学出版社搭建平台，组织国内多所建设类高职院校，包括四川建筑职业技术学院、重庆建筑科技职业学院、广西建设职业技术学院、河南建筑职业技术学院、甘肃建筑职业技术学院、湖南城建职业技术学院、广东建设职业技术学院、山东城市建设职业学院等，共同组织编写了本套"高等职业教育房地产类专业精品教材（房地产经营与管理专业系列）"。该系列教材由参与院校院系领导、专业带头人组织编写团队，参照教育部《高等职业学校专业教学标准》要求，以创新、合作、融合、共赢、整合跨院校优质资源的工作方式，结合高职院校教学实际以及当前房地产行业的形势和发展编写完成。

  本系列教材共包括以下分册：

1.《房地产基本制度与政策》
2.《房地产建设项目管理概论（第2版）》
3.《房地产开发经营与管理》
4.《房地产开发与营销（第2版）》

5.《房地产市场营销》
6.《房地产投资分析》
7.《房地产经济学》
8.《房地产估价》
9.《房地产经纪》
10.《房地产金融》
11.《房地产企业会计》
12.《房地产统计》
13.《房地产测绘》

　　本系列教材，从酝酿、策划到完稿，进行了大量的市场调研和院校走访，很多院校老师给我们提供了宝贵意见和建议，在此特表示诚挚的感谢！教材在编写体例、内容组织、案例引用等方面，做了一定创新探索。教材编写紧跟房地产行业发展趋势，突出应用，贴近院校教学实践需求。希望本系列教材的出版，能在优化房地产经营与管理及相关专业培养方案、完善课程体系、丰富课程内容、传播交流有效教学方法，培养房地产行业专业人才，为我国房地产业的持续健康发展做出贡献！

北京理工大学出版社

前言

PREFACE

房地产企业会计是高等院校房地产经营与管理、房地产检测与估价等房地产类相关专业学生的一门必修的专业主干课程。本课程应用于房地产开发企业的专业会计工作，主要运用会计知识对企业开发经营过程进行综合反映和考核。本书根据现行高等院校房地产经营与管理专业教学的基本要求，贯彻"以学生为中心，以就业为导向"的方针，编写时始终坚持教学与实践相结合，使学生通过本书内容的学习，掌握房地产会计的基本理论、基本知识、基本方法和基本技能，为将来从事房地产经营与管理打下扎实的实践基础。

房地产企业会计是房地产开发企业经济管理的重要组成部分，通过对房地产开发企业的经济活动进行全面系统的核算和监督，提供真实、可靠且相关的会计信息，帮助信息使用者了解企业的财务状况、经营成果和现金流量，从而采取相关的决策。

本书根据教育部对高等院校人才培养目标、培养规格、培养模式以及与之相适应的基本知识、关键技能和素质结构的要求进行编写。本书编写适应模块化教学和教材出版要求，以案例导入形式为载体组织教学单元，校企合作共同编写，教材内容深入浅出、图文并茂，充分体现课程思政、"岗课赛证"融通的编写理念，并结合"1+X"证书制度，将房地产企业会计岗位的相关技能要求、房地产会计职业技能竞赛、会计职业技能等级证书标准等相关内容要求融入教材，具有很强的实用价值。

本书内容新颖、层次清晰、结构有序，注重理论与实际相结合，加大了实践运用力度。其基础内容具有系统性、全面性，具体内容具有针对性、实用性，可满足专业要求。每个模块都有学习目标和知识要点，而且每个模块都附有思考与练习以及模块实训，使学生能把握各模块要点并巩固所学知识，在系统介绍基础理论和技术方法的基础上，强化案例教学与实务操作，体现了"理论清、实务全、学得会、用得上"的应用型技能人才培养要求。通过本书内容的学习，学生可了解房地产开发企业的生产经营过程，掌握在生产经营过程中各项经济业务的核算方法及财务报告的编制和呈报方法，为从事实际房地产会计工作奠定基础。

本书由河南建筑职业技术学院李爱华、白蕾担任主编，由河南建筑职业技术学院李艳、樊珂、闫瑞君、宋振庭担任副主编，河南建筑职业技术学院石静、河南省房地产估计师与经纪人协会会长丁金礼、河南省房地产估计师与经纪人协会副会长毛紫剑、河南省房地产业协会秘书长姜鹏飞、河南省豫建房地产估咨询有限公司崔永强、石家庄理工职业学院赵惠敏参与了本书的编写工作。全书由河南省体育局会计吕大利主审。

本书编写过程中参阅了大量文献及引用了大量资料，在此向这些文献和资料的作者致以诚挚的谢意！由于编写时间仓促，加之编者的经验和水平有限，书中难免存在疏漏及不妥之处，恳请广大读者批评指正。

编　者

目录

CONTENTS

模块一　总论 1
　单元一　房地产会计概述 1
　单元二　房地产会计的核算内容 3
　单元三　房地产会计核算基本前提和会计信息质量要求 7
　单元四　房地产会计基础知识 12

模块二　房地产企业货币资金的核算 19
　单元一　库存现金的核算 20
　单元二　银行存款的核算 24
　单元三　其他货币资金的核算 31

模块三　房地产企业应收与预付款项核算 36
　单元一　应收票据的核算 37
　单元二　应收账款的核算 40
　单元三　预付账款及其他应收款的核算 46

模块四　房地产企业存货的核算 52
　单元一　存货的基本知识 53
　单元二　原材料的核算 59
　单元三　其他物资的核算 64
　单元四　存货的清查和期末计价 66

模块五　房地产企业固定资产、无形资产和其他资产核算 75
　单元一　固定资产的核算 75
　单元二　无形资产核算 87
　单元三　其他资产的核算 94

目录

模块六 房地产企业负债和所有者权益核算 100
- 单元一 负债和所有者权益基本知识 101
- 单元二 流动负债的核算 102
- 单元三 非流动负债的核算 107
- 单元四 所有者权益的核算 112

模块七 施工成本核算 127
- 单元一 施工工程成本核算的基本知识 128
- 单元二 材料费和人工费的核算 132
- 单元三 机械使用费的核算 134
- 单元四 其他直接费用和间接费用的核算 136
- 单元五 施工工程成本结算和单位工程竣工成本决算 138

模块八 房地产企业开发产品成本的核算 146
- 单元一 房地产企业开发产品的成本构成 147
- 单元二 土地开发成本的核算 149
- 单元三 房屋开发成本的核算 152
- 单元四 配套设施和代建工程开发成本的核算 156
- 单元五 开发间接费用的核算 160

模块九 房地产企业收入、费用和利润的核算 167
- 单元一 收入的核算 168
- 单元二 费用的核算 175
- 单元三 利润的核算 180

模块十 建筑业房地产企业涉税核算与管理 189
- 单元一 应交增值税的核算 190
- 单元二 土地增值税的核算 203
- 单元三 其他应交税费的核算 206

模块十一 房地产企业财务报告 213
- 单元一 财务报告基本知识 213
- 单元二 资产负债表的编制 216
- 单元三 利润表的编制 221
- 单元四 现金流量表的编制 224
- 单元五 所有者权益变动表的编制 233
- 单元六 会计报表附注及财务情况说明书编制 236

参考文献 248

模块一 总论

学习目标

通过对本模块内容的学习，掌握房地产会计的特点和任务，房地产会计的核算内容、方法和组织形式。

知识要点

1. 房地产会计的特点和任务。
2. 房地产会计的核算内容。
3. 房地产会计的核算方法和组织形式。

单元一 房地产会计概述

一、房地产会计的定义

会计是以货币为主要计量单位，以经济活动过程中产生的会计资料为依据，采用专门的技术方法，对会计主体的经济活动进行核算与监督并提供会计信息的一种管理活动。

房地产企业与其他企业一样，是自负盈亏的经济组织，必须以会计为管理工具，对房地产开发经营的经济活动的业务过程进行反映、监督和控制，为企业管理和外界提供会计信息。因此，房地产会计就是运用会计的基本原则和核算方法，以货币的形式对房地产开发经营的全过程进行反映和监督的管理活动。

房地产会计通过对经济业务事项的确认、计量、记录和报告，提供真实、准确、可靠的会计信息。其目标是向会计信息使用者提供与企业财务状况、经营成果和现金流量等有关的会计信息，反映企业管理层受托责任履行情况，以助于会计信息使用者作出经济决策。

二、房地产会计的特点

房地产企业的经营业务内容包括土地开发、房屋开发、配套设备开发和物业管理等。由此可以看出,房地产会计既有开发经营的核算内容,也有工程施工核算的内容。其主要特点有以下几点:

(1)会计核算对象具有多样性。
(2)会计核算对象包含野外施工、露天作业。
(3)会计核算对象的开发经营周期长。
(4)房地产会计的存货有别于其他行业。

三、房地产会计的任务

房地产会计的任务是指房地产会计在房地产开发经营管理中应承担的责任和应达到的要求。其包括以下几个方面:

(1)加强会计核算,正确反映企业的开发经营活动,为管理提供准确的经济信息。以货币为主要计量单位,全面、连续、系统、综合地反映企业的开发经营活动。会计应及时取得和处理经济业务发生时的原始资料,分类记录各项资产、负债和所有者权益的增减变动情况,正确计算材料物资采购成本、房地产开发成本和其他业务支出,确定企业的经营成果。企业管理者利用会计核算提供的资金、成本、利润及其分配情况的信息、资料,可以分析企业的财务状况、成本水平、收入的取得、利润的形成和分配情况,进而掌握企业计划和预算的完成情况,总结经验,找出差距,采取措施,改进经营管理,提高企业经营管理水平。同时,会计核算所提供的信息资料还可以为国家有关部门(如财政、银行、审计、计划等部门)进行宏观调控提供重要经济信息。

(2)有效地控制企业执行各项计划和预算,保护企业财产的安全、完整。为了对企业加强宏观控制,国家制定的财政制度、财务制度、财经法规与会计工作关系密切,会计的监督职能促使企业执行国家的有关法规和制度,以保证企业的开发经营活动合法、合理地进行。为了达到预期的经济效益,企业也制定(如开发建设计划、物资采购计划、销售计划、成本计划、财务计划等)一整套计划和预算。会计按照计划和预算控制企业开发经营收支的核算资料考核计划和预算的执行情况,以保证企业开发经营活动有目的、有计划地进行。开发企业的财产物资是开发经营活动的物质基础,会计不仅应予以及时的记录,还应当定期或不定期地进行清查,做到账实相符。若发现账实不符,应查明原因,属于毁损浪费、贪污盗窃、违法乱纪等行为造成的,应按有关政策和法律严肃处理;属于管理不善造成的,应积极提出改进建议,以保护企业财产完整无损。

(3)考核分析财务状况,使企业不断提高经济效益。房地产业的经济效益主要取决于企业资金的合理调度、各项费用支出的节约和利润的增长。会计应随时掌握资产的构成、偿债能力、经营资金周转率和企业的获利能力,并将其与计划预算对比,与本企业历史最好水平对比,与国内同行业先进水平及国际先进水平对比,考核分析企业的经济效益,找出影响企业经济效益的原因,提出提高企业经济效益的建议。

(4)预测经营前景,参与经营决策。在市场经济条件下,要增强企业的市场竞争能力,就必须不断提高企业的预测和决策水平。这需要会计不仅要对经济活动进行反映和监督,还要参与企业经营预测和决策。会计应充分利用会计核算资料和其他有关资料，预测企业的经营收入、经营成本、经营利润的变化趋势，提出多种经营方案，并对多种方案进行财务成本分析。

单元二　房地产会计的核算内容

一、企业的资金运作情况

在房地产企业中，按照资金在开发经营活动过程中的形式与作用，资金运作可分为资金投入、资金运用和资金退出。

(1)资金投入包括企业所有者投入的资金和债权人投入的资金。企业所有者投入的资金属于企业所有者权益，债权人投入的资金属于企业债权人权益。投入企业的资金一部分构成流动资产，另一部分构成非流动资产。

(2)资金运用也称为资金的循环和周转，可分为供应、经营开发、销售或租赁三个阶段。在供应阶段，企业要批购土地、材料、设备等劳动资料和劳动对象，要与供应单位发生货款的结算关系；在经营开发阶段，对劳动对象进行开发需要借助劳动手段，使劳动对象发生价值转移，形成房地产产品的成本和费用；在销售或租赁阶段，将开发的商品——土地和房地产产品销售或租赁出去，发生收回货款、交纳税金等业务，与有关单位和个人发生购房款或房屋租金的结算关系，同税务机关发生税收结算关系。在计算出财务成果后，还要提取盈余公积，并向所有者分配利润。资金从货币开始，经过供应、经营开发、销售或租赁三个阶段，最后又回到货币资金，形成资金的循环。

(3)资金退出是指由于偿还各种债务、上交各种税金、向所有者分配利润等业务，这部分资金退出本企业的资金循环与周转。

二、房地产会计的具体核算内容

会计要素按照其性质可分为资产、负债、所有者权益、收入、费用和利润。其中，资产、负债和所有者权益要素侧重于反映企业的财务状况；收入、费用和利润要素侧重于反映企业的经营成果。会计要素的界定和分类可以使财务会计系统更加科学严密，可为财务报告使用者提供更加有用的信息。

1. 资产

房地产开发企业在开发经营活动中，除要有人这个决定性因素外，还要有材料、施工机械、运输设备等生产资料，在会计业务中，这些都叫作资产。房地产开发企业的资产按其在开发经营过程中所起的作用，可分为流动资产和非流动资产。其中，非流动资产又包括固定资产、无形资产、长期投资等。

(1)流动资产包括货币资金、结算资金、交易性金融资产、劳动对象和劳动产品。货币资金有库存现金、银行存款和外埠存款等其他货币资金；结算资金有各项应收款项和预付款项；交易性金融资产有能随时变现、持有时间不超过一年的各种股票、债券等投资，另外，还有持有至到期投资、可供出售的金融资产等；劳动对象有材料、物资、设备等生产储备及正在开发中的未完工开发产品。在房地产会计中,未完工开发产品叫作在建开发产品。劳动对象在经过开发过程后,大都改变了原有的物质形态,并将它们自身融入了所开发的产品中;劳动产品有商品性土地、商品房、周转房等开发产品。劳动对象和劳动产品在会计中又统称为存货。

(2)固定资产是为生产商品、提供劳务、出租或经营管理而持有使用寿命超过一个会计年度,且包括企业所有的机械设备等劳动资料和非开发经营性的房屋、设备。它能在较长时期内发挥效能,并在许多开发周期中一直保持其原有的物质形态,其本身的价值则随着使用而逐渐损耗,并通过折旧的方式将损耗的价值转移到开发的产品中,形成开发的产品成本的一部分,然后从开发产品的销售收入中得到补偿。

(3)无形资产是指企业拥有或控制的没有实物形态的可辨认非货币性资产,如以技术专利、商标等形式存在的非货币性非流动资产。它与固定资产相似,其价值要在有效年限内分期摊入开发产品的成本。

(4)长期投资包括投资企业能够对被投资单位实施控制的权益性投资(对子公司投资);投资企业与其他合营方一同对被投资单位实施共同控制的权益性投资(对合营企业的投资);投资企业对被投资单位具有重大影响的权益性投资(对联营企业的投资);投资企业持有的对被投资单位不具有共同控制或重大影响,并且在活跃市场中没有报价,公允价值不能可靠计量的权益性投资。

2. 负债

负债是指企业过去的交易或事项形成的,预期会导致经济利益流出企业的现时义务。负债必须是企业承担的现时义务。现时义务是指企业在现行条件下已承担的义务。未来发生的交易或事项形成的义务不属于现时义务,不应当确认为负债。

负债预期会导致经济利益流出企业,只有企业在履行义务时才会导致经济利益流出企业,才符合负债的定义。如果不会导致企业经济利益流出,就不符合负债的定义。在履行现时义务清偿负债时,导致经济利益流出企业的形式多种多样,如用现金偿还或以实物资产形式偿还、以提供劳务形式偿还,以部分转移资产、部分提供劳务形式偿还,将负债转为资本等。

负债应当由企业过去的交易或事项所形成。换而言之,只有过去的交易或事项才形成负债,企业在未来发生的承诺、签订的合同等交易或事项,不形成负债。

负债按其债务偿还期限的长短,可分为流动负债和非流动负债。流动负债是指在一年或一年以内企业必须偿还的债务。其包括向银行借入的短期贷款及在开发经营过程中暂时取得或占用的各种应付预收款项,如应付账款、应付票据、预收账款、其他应付款、应付职工薪酬、应交税费、应付利润等;非流动负债是指企业向银行借入期限在一年以上的各种借款,以及为筹集长期资金而向企业债券持有人确认的应付债券等。

3. 所有者权益

所有者权益是指企业资产扣除负债后,由所有者享有的剩余权益。公司的所有者权益又称为股东权益。所有者权益是所有者对企业资产的剩余索取权,是企业资产中扣除债权人权益后应由所有者享有的部分,其既反映了所有者投入资本的保值增值情况,又体现了保护债权人权益的理念。所有者权益包括资本金、资本公积、盈余公积和未分配利润。

(1)国有房地产开发企业的资本金,由有权代表国家投资的机构以国有资产形式投入企业形成;有限责任公司的资本金,由有权代表国家投资的机构、其他法人单位、社会个人等股东,通过认购公司的股份形成。有权代表国家投资的机构、其他法人单位、社会个人等投资者以所有者身份投入企业并供企业长期使用的资本金,在一般企业叫作实收资本,在股份有限公司叫作股本。

(2)资本公积是指属于资本性质,但不能作为资本金,将它记作实收资本或股本的资本溢价、股本溢价、其他资本公积等。

(3)盈余公积是指企业按规定从净利润中提取的、有特定用途的企业积累资金,包括法定盈余公积金、任意盈余公积金等。

(4)未分配利润是指企业尚未分配的净利润。

4. 收入

收入是指企业在日常活动中形成的、会导致所有者权益增加的、与所有者投入资本无关的经济利润的总流入。

日常活动是指企业为完成其经营目标所从事的经常性活动及与之相关的活动。例如,工业企业制造并销售产品、商业企业销售商品、保险公司签发保单、咨询公司提供咨询服务、软件企业为客户开发软件、安装公司提供安装服务、商业银行对外贷款、租赁公司出租资产等,均属于企业的日常活动。明确界定日常活动是为了将收入与利得相区分,因为企业非日常活动所形成的经济利益的流入不能确认为收入,而应当计入利得。

与收入相关的经济利益的流入应当会导致所有者权益的增加,但不会导致所有者权益增加的经济利益的流入,如企业向银行借入款项,尽管也导致了企业经济利益的流入,但该流入并不导致所有者权益的增加,反而使企业承担了一项现时义务。

收入应当会导致经济利益的流入,从而导致资产的增加。例如,企业销售商品应当收到现金或在未来有权收到现金,才表明该交易符合收入的定义。但是,经济利益的流入有时是所有者投入资本的增加所导致的,所有者投入资本的增加不应确认为收入,应将其直接确认为所有者权益。

企业收入的来源渠道多种多样,如销售商品、提供劳务、让渡资产使用权等。一般来说,收入只有在经济利益很可能流入从而导致企业资产增加或负债减少、经济利益的流入额能够可靠计量时才能予以确认。与收入相关的经济利益应当很可能流入企业,经济利益流入企业会导致资产的增加或负债的减少,经济利益的流入额能够可靠计量是收入确认的必要条件。

5. 费用

费用是指企业在日常活动中发生的、会导致所有者权益减少的、与向所有者分配利润无关的经济利益的总流出。

费用必须是企业在其日常活动中形成的。这些日常活动的界定与收入定义中涉及的日常活动的界定相一致。因日常活动所产生的费用通常包括销售成本(营业成本)、管理费用等。将费用界定为日常活动所形成的,目的是将其与损失相区分。企业非日常活动所形成的经济利益的流出不能确认为费用,而应当计入损失。

与费用相关的经济利益的流出应当会导致所有者权益的减少,而不会导致所有者权益减少的经济利益的流出。

费用的发生应当会导致经济利益的流出,从而导致资产的减少或负债的增加(最终也会导致资产的减少)。其表现形式包括现金或现金等价物的流出,存货、固定资产和无形资产等的流出或消耗等。鉴于企业向所有者分配利润也会导致经济利益的流出,而该经济利益的流出显然属于所有者权益的抵减项目,不应确认为费用,应将其排除在费用的定义之外。

模块一 总 论

费用只有在经济利益很可能流出从而导致企业资产减少或负债增加，经济利益的流出额能够可靠计量时才能予以确认。因此，费用的确认至少应具备与费用相关的经济利益应当很可能流出企业，经济利益流出企业的结果会导致资产的减少或负债的增加，且经济利益的流出额能够可靠计量等条件。

6. 利润

利润是指企业在一定会计期间的经营成果。通常情况下，如果企业实现了利润，其表明企业的所有者权益将增加，业绩得到了提升；反之，如果企业发生了亏损（即利润为负数），其表明企业的所有者权益将减少，业绩下滑。

利润包括收入减去费用后的净额、直接计入当期利润的利得和损失等。其中，收入减去费用后的净额反映的是企业日常活动的经营业绩；直接计入当期利润的利得和损失反映的是企业非日常活动的业绩。直接计入当期利润的利得和损失是指应当计入当期损益、最终会引起所有者权益发生增减变动的、与所有者投入资本或向所有者分配利润无关的利得或损失。企业应严格区分收入和利得、费用和损失之间的区别，更加全面地反映企业的经营业绩。

利润反映的是收入减去费用、利得减去损失后的净额的概念。因此，利润的确认主要依赖于收入费用及利得和损失的确认，其金额的确定主要取决于收入、费用、利得、损失金额的计量。

阅读材料

会计等式

会计等式是表明各会计要素之间基本关系的恒等式，是复式记账与编制会计报表的理论依据。

上述六种会计核算内容反映了资金运动的静态和动态的两个方面，构成了两个会计等式，这两个会计等式紧密相关。

（1）会计的静态等式：

$$资产＝负债＋所有者权益$$

资产是投入资本和借入资金的表现形态，企业资本源于所有者的投入资本和债权人的借入资金及企业在其生产过程中所产生的收益。资产归属于所有者的部分，形成所有者权益；归属于债权人的部分，形成所有者权益；归属于债权人的部分，形成债权人权益（企业负债）。因而，企业的资产总额与债权人权益、所有者权益之和必然相等，即资产＝负债＋所有者权益。

（2）会计的动态等式：

$$收入－费用＝利润$$

企业在一定会计期间所取得的收入扣除所发生的各项费用后的余额，即为利润。

（3）会计静等等式与动态等式之间的关系：

会计在生产经营活动中实现的利润，在未分配之前属于所有者权益的组成部分，此时的会计等式表现为

$$资产＝负债＋所有者权益＋（收入－费用）$$

经过利润分配之后，又表现为

$$资产＝负债＋所有者权益$$

单元三　房地产会计核算基本前提和会计信息质量要求

一、房地产会计核算的基本前提

会计核算的基本前提也称为会计假设，是指在特定的经济、政策和社会环境下，根据客观趋势对会计领域未能确认的事项作出合理的判断，是会计研究的支柱，也是财务会计的基本前提。

1. 会计主体

会计主体是指会计信息所反映的特定单位或组织，也称会计实体或会计个体。它规范了会计工作的空间范围。会计核算的目的是反映一个单位的财务状况、经营成果和现金流量，为相关方面和群体作出经济决策与投资决策服务。会计主体假设要求会计人员只能核算和监督其所在主体的经济活动。

一般来说，法律主体往往是一个会计主体，但会计主体并不一定是法律主体，即会计主体并不等同于法律主体。在企业集团情况下，母公司和子公司虽然是不同的法律主体，但为了全面反映企业集团的财务状况、经营成果和现金流量，有必要将企业集团作为一个会计主体，编制合并会计报表。

【例1-1】　某基金管理公司管理了多只证券投资基金。对于该公司来讲，一方面公司本身既是法律主体，又是会计主体，需要以公司为主体核算公司的各项经济活动，以反映整个公司的财务状况；另一方面，每只基金尽管不属于法律主体，但仍需要单独核算，并向基金持有人定期披露基金财务状况和经营成果，因此，每只基金也属于会计主体。

2. 持续经营

持续经营是指会计核算应以会计主体正常的经营活动为前提，以既定的经营方针和目标持续、正常地进行，在可预见的未来以不会被破产清算为前提条件。企业是否持续经营对会计政策的选择有决定作用。只有将会计主体的存在时间设定为在可预见的未来持续经营，才能建立起会计确认和会计计量的原则，解决常见的资产计价和收益确定的问题。所以，持续经营是企业选择会计核算原则与方法的前提。

在商品经济条件下，每个会计主体都存在关、停、并、转、破产清算的可能，但这与持续经营基本前提并不矛盾。因为，总体上破产清算的企业终究是少数，对绝大多数企业来说，持续经营基本前提是合理的；对少数企业来说，若有证据说明一个会计主体已无法履行其承担的义务，正常的经营活动也无法持续，则持续经营基本前提将不再适用，而只能改用清算基础，进行破产清算的会计处理。

【例1-2】　某房地产企业购入一批施工机械设备，预计使用寿命为5年，考虑到企业将会持续经营，因此，可以假定企业的固定资产会在持续经营的生产经营过程中长期发挥作用，并服务于生产经营过程，直至该批施工机械设备使用寿命结束。为此固定资产就应根据历史成本进行记录，并采用折旧的方法，将历史成本分摊到预计使用寿命期间所生产的相关产品成本中。

但是，如果企业在不能持续经营时还假定企业能够持续经营，并仍按持续经营基本假设选择会计确认、计量和报告原则与方法，就不能客观地反映企业的财务状况、经营成果和现金流量，会误导会计信息使用者的经济决策。

3. 会计分期

会计分期是指人为地将会计主体持续不断的生产经营活动划分为一个个首尾相接、间隔相等的会计期间。会计期间可分为年度和中期。年度是指一个完整的会计年度的报告期间；中期是指短于一个完整的会计年度的报告期间。财务会计报告可分为年度、半年度、季度和月度财务会计报告。

会计分期便于确认某个会计期末的资产、负债、所有者权益，确认某个会计期间的收入、费用、利润，据以结算盈亏，按期编制财务会计报告。会计分期对会计原则和会计政策的选择具有重要的影响。由于会计分期，产生了当期与其他期间的差别，从而出现了权责发生制与收付实现制的区别，进而出现了应收、应付、预提、待摊等会计方法。根据《中华人民共和国会计法》（以下简称《会计法》）的规定，会计年度自公历1月1日起至12月31日止，半年度、季度和月度均按公历起止日期确定。

会计分期基本前提与持续经营基本前提密不可分。设定企业持续经营，才有必要和可能进行会计分期；会计分期依赖于持续经营，持续经营又需要会计分期，两者相结合，才能连续提供会计主体在各个会计期间的财务状况和经营成果。

会计分期基本前提对会计核算具有重要的作用。会计分期不仅规定了会计核算的时间界限，而且产生了会计核算本期和非本期的区别，进一步产生了权责发生制和收付实现制这两种记账基础的选择问题，产生了收入与费用配比的原则及应收、应付等会计处理。

4. 货币计量

货币计量是指在会计核算中采用货币作为统一计量单位，记录和反映企业的生产经营活动。

《会计法》规定，企业的会计核算以人民币为记账本位币。业务收支以外币为主的企业，也可以选择一种外币作为记账本位币，但编制的财务会计报告应当折算为人民币反映。在境外设立的中国企业向国内报送的财务会计报告，应当折算为人民币。会计对企业财务状况和经营成果进行全面系统的反映，需要用货币作为统一的计量尺度。企业的经济活动最终都体现为货币量的变化，也只有采用货币这个统一尺度才能进行全面、完整、准确的会计核算。

具体地说，货币计量的基本前提包括以下三个方面的内容：

(1)货币单位是会计计量的基本单位，其他计量单位都属于辅助性质。财产物资可采用不同的计量单位，但在会计核算中，只有货币单位才能前后一致、贯穿始终，才能连续、系统、完整、综合地记录、汇总、分析和揭示企业的财务状况和经营成果。

(2)会计核算需要确定一种货币作为记账本位币。记账本位币是会计核算统一使用的币种。在多种货币存在的条件下，会计核算就需要采用某种货币作为记账本位币。在我国境内，会计核算应以人民币作为记账本位币。如果企业在生产经营过程中以人民币以外的货币收支业务为主，也可以选择一种应用较多的外币作为记账本位币，但在编制会计报表时，必须折合为人民币反映。

(3)货币计量实质上是借助价格来实现的，而价格又是在市场交换中形成的。

5. 权责发生制

企业以权责发生制为基础进行会计确认、计量和报告。

企业会计核算应当以权责发生制为记账基础。权责发生制与收付实现制相对应，是指在收入和费用实际发生时进行确认，不必等到实际收到现金或者支付现金时才进行确认。凡是在当期已经实现的收入和已经发生或应当负担的费用，无论款项是否已经收付，都应当作为当期的收入和费用；凡是不属于当期的收入和费用，即使款项已在当期收付，也都不能作为当期的收入和费用。收付实现制是指以实际收到或付出款项作为确认收入或费用的依据。

采用权责发生制作为计量基础，运用应收、应付、待摊、预提等账务处理手段进行会计核算，能够准确揭示收入与费用之间的因果关系，更真实地反映特定会计期间的财务状况和经营成果。

二、房地产会计信息质量要求

会计信息质量要求是对企业财务报告中所提供会计信息质量的基本要求，是使财务报告中所提供的会计信息对投资者、管理者等使用者决策有用应具备的基本特征，是指导会计工作的规范和衡量会计工作成败的标准。根据基本准则的规定，它包括可靠性、相关性、可理解性、可比性、实质重于形式、重要性、谨慎性和及时性等。

1. 可靠性

可靠性是指要求企业应当以实际发生的交易或事项为依据进行确认、计量和报告，如实反映符合确认和计量要求的各项会计要素及其他相关信息，保证会计信息真实可靠、内容完整。为了贯彻可靠性要求，企业应以实际发生的交易或事项为依据进行确认、计量，将符合会计要素定义及其确认条件的资产、负债、所有者权益、收入、费用和利润等如实反映在财务报表中，不得根据虚构的、没有发生的或尚未发生的交易或事项进行确认、计量和报告；企业还应在符合重要性和成本效益原则的前提下，保证会计信息的完整性，其中包括应当编报的报表及其附注内容等须保持完整，不能随意遗漏或减少应予披露的信息，与使用者决策相关的有用信息都应当充分披露。

【例 1-3】 某企业于 2019 年年末发现销售萎缩，无法实现年初确定的销售收入目标。但考虑到在 2020 年春节前后，销售可能会出现较大幅度的增长，企业为此提前预计库存商品销售。在 2019 年年末制作了若干存货出库凭证，并确认销售收入实现。公司这种处理不是以其实际发生的交易事项为依据的，而是虚构的交易事项，违背了会计信息质量要求的可靠性原则，也违背了《会计法》的规定。

2. 相关性

相关性是指企业提供的会计信息应当与财务会计报告使用者的经济决策需要相关，以助于财务会计报告使用者对企业过去、现在或未来的情况作出评价或预测。

会计信息的价值在于其与决策相关，有助于经济决策。企业所提供的会计信息必须满足国家宏观经济管理的需要，满足投资人、债权人、经营单位和社会公众了解企业财务状况与经营成果的需要，满足企业内部加强经营管理的需要。如果会计信息提供以后，没有满足会计信息使用者的需要，对会计信息使用者的决策也不起什么作用，就不具有相关性。即使会计信息客观真实地反映了企业经营状况，也毫无价值。

会计信息质量的相关性要求，需要企业在确认、计量和报告会计信息的过程中，充分考虑使用者的决策模式和信息需要。但是，相关性是以可靠性为基础的，两者之间并不矛盾，不应将两者对立起来。也就是说，会计信息在可靠性前提下，应尽可能地做到相关性，以满足投资者等财务报告使用者的决策需要。

3. 可理解性

可理解性又称明晰性，是指企业提供的会计信息应当清晰明了，以便于财务会计报告使用者理解和使用。

可理解性要求企业的会计信息应当简明扼要，数字记录和文字说明能够一目了然地反映经济业务事项的来龙去脉，能够清晰地反映企业的财务状况、经营成果和现金流量，从而有助于会计信息使用者正确理解、准确掌握企业情况。

企业的会计记录应当准确、清晰，填制会计凭证、登记会计账簿必须做到依据合法、账户对应关系清楚、文字摘要完整；在编制财务会计报告时，项目填写完整、数字准确、项目钩稽关系正确。如果企业的会计核算和编制的财务会计报告不能做到清晰明了，便于理解和利用，那么质量再好的会计信息也是无用之物，会计信息的作用也就不能得到充分发挥。

4. 可比性

可比性是指要求企业提供的会计信息应当相互可比，这主要包括同一企业不同时期可比和不同企业相同会计期间可比两层含义。

同一企业不同时期可比是指为了便于投资者等财务报告使用者了解企业财务状况、经营成果和现金流量的变化趋势，比较企业在不同时期的财务报告信息，全面、客观地评价过去、预测未来，从而作出决策。会计信息质量的可比性要求同一企业不同时期发生的相同、相似的交易或事项，应当采用一致的会计政策，但是，满足会计信息可比性要求，并非表明企业不得变更会计政策，如果按照规定或者在会计政策变更后可以提供更可靠、更相关的会计信息，可以变更会计政策。有关会计政策变更的情况，应当在附注中予以说明。

不同企业相同会计期间可比是指为了便于投资者等财务报告使用者评价不同企业的财务状况、经营成果和现金流量及其变动情况，会计信息质量的可比性要求不同企业同一会计期间发生的相同或者相似的交易或事项，应当采用规定的会计政策，确保会计信息口径一致、相互可比，以使不同企业按照一致的确认、计量和报告要求提供有关会计信息。

5. 实质重于形式

实质重于形式是指企业应当按照交易或事项的经济实质进行会计确认、计量和报告，不应仅以交易或事项的法律形式为依据。

实质重于形式要求企业应当按照交易或事项的经济实质进行会计核算，而不应仅仅按照它们的法律形式作为会计核算的依据。企业发生的交易或事项在多数情况下其经济实质和法律形式是一致的。在实际工作中，交易或事项的外在法律形式或人为形式并不总能完全真实地反映其经济实质。在某些情况下，交易或事项的实质可能与其外在法律形式所反映的内容不尽相同。例如，企业用银行存款偿还应付账款，是货币性资产交换事项；用固定资产抵偿应付账款，其实质是双方以货易货，就成为非货币性资产交换事项，应当用非货币性资产交换准则的规定进行会计核算。

如果企业的会计核算仅仅按照交易或事项的法律形式或人为形式进行，而其法律形式或人为形式又未能反映其经济实质和经济现实，那么会计核算的结果不仅不利于会计信息使用者的决策，反而会误导会计信息使用者的决策。

【例 1-4】 企业按照销售合同销售商品但又签订了售后回购协议，虽然从法律形式上实现了收入，但如果企业没有将商品所有权上的主要风险和报酬转移给购货方，没有满足收入确认的各项条件，即使签订了商品销售合同或者已将商品交付给购货方，也不应当确认销售收入。

6. 重要性

重要性是指要求企业提供的会计信息应当反映与企业财务状况、经营成果和现金流量有关的所有重要交易或事项。

如果财务报告中提供的会计信息的省略或错报会影响投资者等使用者据此作出决策。该信息就具有重要性。重要性的应用主要依赖职业判断,企业应当根据其所处环境和实际情况,从项目的性质和金额大小两个方面加以判断。

【例 1-5】 我国上市公司要求对外提供季度财务报告,考虑到季度财务报告披露的时间较短,从成本效益原则的考虑,季度财务报告没有必要像年度财务报告那样披露详细的附注信息。因此,中期财务报告准则规定,公司季度财务报告附注应当以年初至本中期末为基础编制,披露自上年度资产负债表日之后发生的、有助于理解企业财务状况、经营成果和现金流量变化情况的重要交易或事项。这种附注披露就体现了对会计信息质量的重要性要求。

7. 谨慎性

谨慎性是指企业对交易或事项进行会计确认、计量和报告应当保持应有的谨慎,不应高估资产或收益、低估负债或费用。

在会计核算中坚持谨慎性原则,就是要求财务人员在面临不确定因素的情况下作出职业判断时保持必要的谨慎,不高估资产或收益,也不低估负债或费用,即当某一会计事项有多种不同的会计处理方法可供选择时,应当尽量选择一种不会导致高估资产或者收益、低估负债或者费用的方法进行会计处理,合理计算可能发生的费用和损失,以免会计信息的使用者对企业财务状况和经营成果产生盲目乐观。

谨慎性的应用也不允许企业设置秘密准备,如果企业故意低估资产或收益,或故意高估负债或费用,将不符合会计信息的可靠性和相关性要求,损害会计信息质量,扭曲企业实际的财务状况和经营成果,从而对使用者的决策产生误导,这是会计准则所不允许的。

8. 及时性

及时性是指企业对于已经发生的交易或事项,应当及时进行会计确认、计量和报告,不得提前或延后。

会计信息的价值在于帮助有关方面及时作出经济决策。会计信息具有一定的时效性,其价值会随着时间的流逝而逐渐降低。因此,企业的会计核算必须讲求时效,以便会计信息的及时利用。会计核算中要求及时收集会计信息,及时处理会计信息,及时传递报告会计信息。如果企业会计核算不能及时进行,会计信息不能及时提供,就不符合及时性的要求。

在实务中,为了及时提供会计信息,可能需要在有关交易或事项的信息全部获得之前即进行会计处理,这样就满足了会计信息的及时性要求,但可能会影响会计信息的可靠性;反之,如果企业等到与交易或事项有关的全部信息获得之后再进行会计处理,这样的信息披露可能会由于时效性问题,对于投资者等财务报告使用者决策的实用性大大降低。这就需要在及时性和可靠性之间作相应权衡,以最好地满足投资者等财务报告使用者作出经济决策的需要。

阅读材料

会计核算的一般原则

为了规范企业的会计核算行为,提高会计信息质量,企业在会计核算工作中,应当遵循一定的准则。具体包括以下几个方面:

(1)客观性原则。要求会计核算应当以实际发生的交易或事项为依据,如实反映企业的财务状况、经营成果和现金流量。

(2) 相关性原则。要求企业提供的会计信息应当与财务会计使用者的经济决策需要相关,有助于财务会计报告使用者对过去、现在或未来的情况作出评价或预测。

(3) 明晰性原则。要求企业的会计核算和编制的财务会计报告应当清晰明了,便于理解和使用。

(4) 可比性原则。要求同一企业不同时期的相同或者相似的交易或事项,应当采用一致的会计政策,不得随意变更;不同企业发生的相同或相似的交易或者事项,应当采用规定的会计政策,确保会计信息口径一致、相互可比。

(5) 实质重于形式原则。要求企业应当按照交易或事项的经济实质进行会计核算,而不应当仅仅按照它们的法律形式作为会计核算的依据。

(6) 重要性原则。要求企业的会计核算,应当遵循重要性原则的要求,在会计核算中对交易或事项应当区别其重要程度,采用不同的核算方式。对资产、负债、损益等有较大影响,并进而影响对财务会计报告使用者据以作出合理判断的重要会计事项必须按照规定的会计方法和程序进行处理,并在财务会计报告中予以充分准确地披露;对于次要的会计事项,在不影响会计信息真实性和不致误导财务会计报告使用者作出正确判断的前提下,可适当简化处理。

(7) 谨慎性原则。要求企业在进行会计核算时,保证应有的谨慎,不应高估资产或收益、低估负债或费用。

(8) 及时性原则。要求企业的会计核算应当及时进行,不得提前或延后。

单元四　房地产会计基础知识

一、房地产会计的核算方法

核算是指对各种经济事项及其过程进行确认、计量、记录和计算工作的总称。其包括统计核算、业务核算和会计核算。会计核算的方法是指对会计对象进行连续、系统、全面、综合的记录、计算、反映和监督所应用的方法,包括设置账户、复式记账、填制和审核凭证、登记账簿、成本计算、财产清查、编制财务会计报告七个方面。

1. 设置账户

账户是指对会计要素的具体内容所作的进一步分类。设置账户后,对所发生的经济业务在相应的账户中进行分门别类的记录,则有关会计要素具体内容的增减变动及其结果就可以分类地、系统地反映,进而据以记账编类,充分表现企业的财务状况和经营成果。

设置账户应以明确会计要素为前提,以区别会计要素的具体内容为出发点。如资产所包含的具体内容可分为库存现金、银行存款、应收账款、存货、长期股权投资、固定资产等。在账户设置时,可相应地设置库存现金、银行存款、应收账款、存货、长期股权投资、固定资产等一系列资产类账户。

负债内容也可区分为短期借款、应付各种账款、应付工资、长期借款等,在账户设置时可以相应地设置短期借款、应付账款、应付职工薪酬、长期借款等负债类账户。

所有者权益的内容包括投资者投入的资本等,为此,可以相应地设置实收资本等账户。

收入和费用也可以根据其内容，相应地设置主营业务收入、销售费用等账户。

由于企业组织形式各不相同，业务性质互不相同，管理上的要求也不一致，账户设置一般要求简明、适用、清晰和统一。

简明是指账户的名称必须简单、明了、易懂，而且容易记忆。

适用是指账户的设置应与企业业务特点相适应，要能正确代表各项业务的内容，并且显示各项业务的特征。另外，由于企业规模大小不同，账户设置还应考虑与企业规模相称。

清晰是指账户所要记载的事项必须是明确的，也就是说，归属甲账户记载的事项不能又同时归属乙账户，即某项经济业务的发生仅有一个账户可以应用，不可含糊重复。

统一是指为了保证与同行业或企业本身前后各期进行比较，设置的账户必须力求统一，这样才能达到帮助债权人、投资者等会计信息使用者决策分析的目的。

2. 复式记账

复式记账就是对每项经济业务都以相同的金额同时在两个或两个以上的账户中进行记账，借以完整地反映每一项经济业务的方法。通过账户之间的对应关系，可以了解有关经济业务内容的来龙去脉；通过账户的平衡关系，可以检查有关经济业务的记录是否正确。经济活动中，每项经济业务的发生都会引起两个方面资金形式的变化。如用现金购买材料，一方面引起现金减少；另一方面引起材料增加。这两种形态都需要在账户中登记入账才能完整地反映资金的来龙去脉，才能将经济业务连续地记录下来。通过复式记账可以检查和监督经济业务收支活动。

3. 填制和审核凭证

填制会计凭证是将已经发生和已经完成的各项经济业务逐一记录在会计凭证上，并由经办人签章。填制好的会计凭证在记账之前要经专人审核，并按其记入的账户编制会计分录，按会计分录登记账户。通过填制和审核会计凭证，编制会计分录，对经济业务作出原始记录，能够明确经济责任并形成记账依据。通过填制和审核会计凭证，可以对企事业单位的经济活动进行有效的监督。

4. 登记账簿

登记账簿是指在账簿上连续、完整、科学地反映经济活动与财务收支的一种专门方法。登记账簿就是以会计凭证为依据，采用复式记账方法，将每项经济业务分门别类地登记到有关账户中。

5. 成本计算

成本计算就是企业将生产经营过程中发生的直接费用和间接费用按照不同的成本计算对象进行归集与分配，从而计算不同成本计算对象的总成本和单位成本的一种专门方法。凡是实行独立核算的企业都必须进行成本计算。

6. 财产清查

财产清查就是通过盘点实物，核对账目及各项资产、负债和所有者权益，查明实有数，保证账实相符的一种专门方法。通过财产清查可以加强会计记录的真实性、正确性，保证账实相符；还可以查明资产的来源情况，债务、债权的清偿情况，以及各项资产的运用和结存情况。

7. 编制财务会计报告

编制财务会计报告是指对日常核算资料加以总结，总括地反映经济活动和财务收支情况、考核计划、预算执行结果的一种专门方法。编制会计报表就是将一定时期企事业单位的财务状况和经营成果总括地反映在具有一定格式的表格中。通过会计报表可以对企事业单位的财务状况一目了然，从而使会计"总结和控制"的职能得到充分发挥。

二、房地产开发的核算阶段

房地产开发是通过对土地、建筑材料、市政设施、公共配套设施、劳动力、资金、技术和服务等多种资源的组合使用而为人们提供入住空间，并改变人们生存的物质环境的一种活动。一般情况下，房地产开发过程主要分为五个阶段，即投资机会选择和决策阶段、开发前期工作阶段、建设施工阶段、租售阶段、售后服务阶段。房地产开发企业的资金运动在不同阶段表现为不同的资金形态，形成资金的循环与周转。会计应适应不同阶段的资金运动需要而进行不同的会计核算。

（1）投资机会选择和决策阶段主要是进行开发投资项目的可行性论证工作。其包括机会寻找、机会筛选和可行性研究三项内容。这时，会计主要是对发生的相关研究费用进行核算，所发生的各项费用应记入"生产成本——前期工程费"账户。

（2）开发前期工作阶段主要涉及与开发工程有关的招标投标，各种合同、条件的谈判和签约工作。其包括取得土地使用权、规划设计和方案报批（如获得《选址规划意见通知书》《建设用地规划许可证》《规划设计方案审批通知书》《建设工程规划许可证》等）；签署土地使用权出让或转让合同、融资合同、建筑工程承包合同等。这时，会计应对发生的相关费用进行核算，除将发生的各项费用记入"生产成本——前期工程费"账户外，还应通过银行等金融机构借款、向社会发行公司债券、以发行股票等方式吸收投资、预收购房定金和委托代建工程款等方式对开发项目所需资金进行筹集，将筹集资金所发生的费用记入"财务费用"账户。

（3）建设施工阶段主要涉及土地征用及拆迁补偿、基础设施建设、建筑安装工程建设、公共配套设施建设、竣工验收等过程。这些工程一般都包给建筑承包商，由施工企业进行施工。房地产开发企业的主要任务是保证工程成本不突破预算，并按照合同支付工程款。对发生的工程成本，应根据相关证明及时结转，借记"库存商品——开发商品"科目，贷记"生产成本"科目。

（4）租售阶段处于开发工程竣工验收后，房地产开发企业将产品投放到市场，根据市场需要，采取适当的经营方式出售或出租，通过出售或出租产品，取得销售收入，记入"主营业务收入"账户，交纳增值税等；同时，应当按照配比原则进行财务成本的会计核算，计算利润，计提留存收益，缴纳企业所得税等，将收回的货币资金归还银行贷款、公司债券、支付股利。

（5）在售后服务阶段，房地产开发企业应当对出售或出租的产品提供有效的售后服务，必要时还可以对开发产品进行物业管理。对开发产品提供售后服务所发生的各项费用，应按会计制度的规定，记入"管理费用""销售费用"等账户。实行物业管理的，应当按照物业公司会计制度的规定进行会计核算。

三、房地产会计核算的组织形式

会计核算的组织形式有记账凭证核算形式、汇总记账凭证核算形式、科目汇总表核算形式、日记总账核算形式、多栏式日记账核算形式、通用日记账核算形式等。记账凭证核算形式是最基本的核算形式，合理地组织账务处理程序对于加强会计核算、提高核算水平具有重要的意义，主要表现在以下几个方面：

（1）可以保证会计核算各环节有条不紊地进行，有利于分工协作、明确责任、加强岗位责任制、提高会计工作效率。

（2）可以正确、及时地提供会计信息，保证会计工作的质量，更好地发挥会计在经营管理中的作用。

（3）可以简化会计核算手续，节约人力、物力和财力。

四、房地产会计科目表

房地产企业和会计主体单位应根据其规模及业务特点，将会计要素的具体内容依照各自的性质分成若干个单位（账户），账户的名称就是会计科目。

根据财政部颁布的《企业会计准则——应用指南》，房地产企业常用的会计科目表见表1-1。

表1-1 房地产会计常用科目表

编号	会计科目	编号	会计科目
	一、资产类	1603	固定资产减值准备
1001	库存现金	1604	在建工程
1002	银行存款	1605	工程物资
1012	其他货币资金	1606	固定资产清理
1101	交易性金融资产	1701	无形资产
1121	应收票据	1702	累计摊销
1122	应收账款	1703	无形资产减值准备
1123	预付账款	1801	长期待摊费用
1131	应收股利	1811	递延所得税资产
1132	应收利息	1901	待处理财产损溢
1221	其他应收款		二、负债类
1231	坏账准备	2001	短期借款
1301	贴现资产	2201	应付票据
1401	材料采购	2202	应付账款
1402	在途物资	2203	预收账款
1403	原材料	2211	应付职工薪酬
1404	材料成本差异	2221	应交税费
1405	开发产品	2231	应付利息
1406	发出商品	2232	应付股利
1408	委托加工物资	2241	其他应付款
1411	周转材料	2501	长期借款
1511	长期股权投资	2502	应付债券
1512	长期股权投资减值准备	2701	长期应付款
1521	投资性房地产	2801	预计负债
1601	固定资产	2901	递延所得税负债
1602	累计折旧		

续表

编号	会计科目	编号	会计科目
三、所有者权益类		6051	其他业务收入
4001	实收资本	6061	汇总损益
4002	资本公积	6101	公允价值变动损益
4101	盈余公积	6111	投资收益
4103	本年利润	6301	营业外收入
4104	利润分配	6401	主营业务成本
4201	库存股	6402	其他业务成本
四、费用(成本)类		6403	税金及附加
5001	开发成本	6601	销售费用
5201	劳务成本	6602	管理费用
5301	研发支出	6603	财务费用
5401	工程施工	6701	资产减值损失
5402	工程结算	6711	营业外支出
5403	机械作业	6801	所得税费用
五、损益类		6901	以前年度损益调整
6001	主营业务收入		

拓展阅读

华润置地有限公司(HK1109)，以下简称华润置地，是华润集团旗下的地产业务旗舰，中国内地最具实力的综合型地产开发商之一，从2010年3月8日起香港恒生指数有限公司把华润置地纳入恒生指数成份股，成为香港蓝筹之一。截至2013年12月月底，华润置地总资产超过2 800亿港元，净资产超过935亿港元，土地储备面积超过3 580万平方米。截至目前，华润置地已进入中国内地50余个城市，正在发展项目超过110个。2015年1月，华润置地及其附属公司共实现合同销售金额约76.8亿港元，同比增长122.6%；合同销售建筑面积约为43.82万平方米；投资性物业实现租金收入约5.31亿港元。

华润置地以"品质给城市更多改变"为品牌宣传理念，致力于打造行业内客户满意度领先的地位，致力于在产品和服务上超越客户预期，为客户带来生活方式的改变。该公司坚持"住宅开发＋投资物业＋增值服务"的经营模式。华润置地通过内涵式的核心竞争力塑造和全国发展战略，持续提升地产价值链生产力，成为中国地产行业中最具竞争力和领导地位的公司。华润置地规模的不断发展为公司会计核算人员带来了新的挑战，因此公司财务部门制定了《华润置地有限公司会计核算手册》，以此达到统一和规范公司会计核算技术标准和管理标准，指导和帮助各级财务人员明确任务和职责的目的。由此可见，会计核算工作对该公司是至关重要的。

讨论：华润置地有限公司作为房地产开发企业，其会计核算有何特点？房地产开发企业会计的基本理论、会计核算的基本方法及会计核算的基本程序如何？房地产开发企业会计核算中哪些是重点和难点？存货、收入、成本核算又有哪些特殊之处呢？

模块小结

本模块主要介绍了房地产会计的定义、特点和任务，房地产会计的核算内容，房地产会计核算的基本前提和会计信息质量要求，以及房地产会计的核算方法、核算阶段、组织形式和会计科目表等内容。

(1)房地产会计就是运用会计的基本原则和核算方法，以货币的形式对房地产开发经营的全过程进行反映和监督的管理活动。

(2)房地产会计的核算对象具有多样性、野外施工、露天作业、开发经营周期长、存货有别于其他行业的特点。

(3)房地产会计的任务有：加强会计核算，正确反映企业的开发经营活动，为管理提供准确的经济信息；有效地控制企业执行各项计划和预算，保护企业财产的安全、完整；考核分析财务状况，使企业不断提高经济效益；预测经营前景，参与经营决策。

(4)房地产会计的核算内容包括资产、负债、所有者权益、收入、费用和利润。

(5)房地产会计核算的基本前提也称会计假设，是指在特定的经济、政策和社会环境下，根据客观趋势对会计领域未能确认的事项做出合理的判断。

(6)房地产会计信息的质量要求包括可靠性、相关性、可理解性、可比性、实质重于形式、重要性、谨慎性和及时性等。

(7)房地产会计核算的方法是指对会计对象进行连续、系统、全面、综合记录、计算、反映和监督所应用的方法，包括设置账户、复式记账、填制和审核凭证、登记账簿、成本计算、财产清查、编制财务会计报告七个方面。

(8)房地产会计核算阶段可分为投资机会选择和决策阶段、开发前期工作阶段、建设施工阶段、租售阶段、售后服务阶段。

(9)房地产会计核算的组织形式有记账凭证核算形式、汇总记账凭证核算形式、科目汇总表核算形式、日记总账核算形式、多栏式日记账核算形式、通用日记账核算形式等。

思考与练习

一、填空题

1._____就是运用会计的基本原则和核算方法，以货币的形式对房地产开发经营的全过程进行反映和监督的管理活动。

2.在房地产企业中，按照资金在开发经营活动过程中的形式和作用，资金运作可分为_____、_____和_____。

3.会计要素按照其性质可分为_____、_____、_____、_____、_____和_____。

4._____是指企业过去的交易或事项形成的，预期会导致经济利益流出企业的现时义务。

5._____就是对每项经济业务都以相同的金额同时在两个或两个以上的账户中进行记账，

模块一 总论

借以完整地反映每一项经济业务的方法。

6. _____是指在账簿上连续、完整、科学地反映经济活动与财务收支的一种专门方法。

二、选择题

1. 非流动资产又包括(   )。
   A. 固定资产　　　B. 无形资产　　　C. 长期投资　　　D. 货币资金
   E. 结算资金

2. 房地产会计信息质量要求包括(   )。
   A. 多样性　　　B. 可比性　　　C. 实质重于形式　　　D. 谨慎性
   E. 及时性

3. 会计核算的组织形式有(   )。
   A. 记账凭证核算形式　　　　　　　B. 汇总记账凭证核算形式
   C. 科目汇总表核算形式　　　　　　D. 日记总账核算形式
   E. 多栏式日记账核算形式

三、简答题

1. 房地产企业的经营业务内容包括哪些？其主要特点有哪些？
2. 房地产会计的任务包括哪几个方面？
3. 房地产会计核算的基本前提有哪些？
4. 房地产开发过程主要分为哪几个阶段？

模块二 房地产企业货币资金的核算

学习目标

通过对本模块内容的学习，了解银行存款现金管理内容；理解现金的内部控制，银行存款的结算方式；掌握库存现金的核算内容及方法、银行存款的核算内容及方法，了解其他货币资金的种类及核算方法；满足初级会计师岗位的基本职业素养与要求。

知识要点

1. 库存现金的核算内容及方法。
2. 银行存款的核算内容及方法。

案例导入

保利房地产（集团）股份有限公司，公司业务以商品住宅开发为主，并适度发展持有经营性物业。多年来，公司将全国化战略与专业化运作相结合，形成了以广州、北京、上海为中心，覆盖35个城市的全国化战略布局，打开全国市场的同时业务也拓展到包括房地产开发、建筑设计、工程施工、物业管理、销售代理及商业会展、酒店经营等相关行业领域。

截至2019年第一季度，公司货币资金达1 289亿元，较2017年年末增加90%；净负债率（永续债视为负债）基本维持90%左右；货币资金/一年内到期债务的比例高达3.2倍，偿债能力相对突出。2018年公司平均融资成本小幅提升至5.03%，2019年公司新完成2笔债券融资票面利率分别为3.60%、3.875%，相比2018年明显改善。2020年公司始终保持着卓越的理念、提供优质的服务和高质量的产品，受到了消费者的广泛喜爱，因此公司的货币资金充沛，融资成本边际改善，公司的规模和业绩也逐步增长。

讨论：房地产企业会计中货币资金由几部分组成？各组成部分的核算方法如何？货币资金在管理与核算过程中应遵循哪些相关规定？

模块二　房地产企业货币资金的核算

单元一　库存现金的核算

一、现金的管理

现金是货币资金的重要组成部分，是流动性最强的一项资产，可立即用来购买所需物资、支付有关费用、偿还债务等。库存现金是指单位为了满足经营过程中零星支付需要而保留的现金。对库存现金进行监督盘点，可以确定库存现金的真实存在性和库存现金管理的有效性，对评价企业的内控制度具有积极的作用。

根据《现金管理暂行条例》的规定，现金管理主要包括现金的使用范围、库存现金的限额、坐支现金等内容。

1. 现金的使用范围

根据《现金管理暂行条例》的规定，开户单位可以在下列范围内使用现金：

(1)职工工资、津贴。
(2)个人劳务报酬。
(3)根据国家规定颁发给个人的科学技术、文化艺术、体育等各种奖金。
(4)各种劳保、福利费用以及国家规定的对个人的其他支出。
(5)向个人收购农副产品和其他物资的价款。
(6)出差人员必须随身携带的差旅费。
(7)结算起点(1 000元)以下的零星支出。
(8)中国人民银行确定需要支付现金的其他支出。

除上述现金结算范围内的其他款项支付，一律不准使用现金结算，而应当通过开户银行进行转账结算。

2. 库存现金的限额

库存现金的限额是指企业保留库存现金的最高数额。根据我国相关规定，企业日常零星开支所需库存现金数额，由开户银行根据企业的实际需要及距离银行的远近、交通是否方便等情况核定，一般以企业3～5天的零星开支所需支出的现金确定。边远地区和交通不方便的地区，限额可以多于5天，但不得超过15天的需要量。日常零星开支需要量不包括企业每月发放的工资和不定期差旅费等大额现金支出。

库存现金的限额一般按年调整，年内如遇特殊原因需要增加库存现金限额时，应向开户银行提出申请，经批准后进行调整。

3. 坐支现金

坐支现金是指企业用经营业务收入的现金直接支付自身的支出。

企业现金收入应在当日送存银行，当日送存银行有困难的，由银行确定送存时间。企业使用现金可以从本单位库存现金限额中支付或从开户银行提取现金，不得坐支现金。

因特殊情况需要坐支现金的，应事先报经开户银行审查批准，由开户银行核定其坐支范围和限额。企业应该按规定定期向开户银行报告其坐支现金情况。

4. 现金管理的其他规定

(1)不得挪用现金和不符合财务手续的原始凭证抵库。

(2)不得公款私存，将单位收入的现金存入个人储蓄账户。

(3)不得私设小金库保留账外现金。

(4)不准私人借用公款，单位之间不得转借现金。

(5)不准编造、谎报用途套取现金。

(6)不准用银行账户代其他单位、个人收入或主持现金等。

企业应当定期或不定期地进行现金盘点，确保现金账面余额与实际库存现金余额相符。开户银行有权对企业的现金收支情况和库存现金限额的遵守情况进行检查，对违反规定的，开户银行可进行相应的罚款和处罚。

二、现金的内部控制

企业在严格执行国家颁布的《现金管理暂行条例》的同时，必须根据本企业的具体情况，建立、健全现金内部控制制度，主要包括现金收入和现金支出两部分。

1. 现金收入的内部控制

(1)现金收款凭证的填制与收款的职责要分开。会计填制记账凭证并经另一会计审核无误后，由出纳收款。

(2)管理好收据和发票。领用收据和发票必须登记领用数量和起讫编号，并由领用人签字。收据、发票的存根要回收，经收据、发票的保管人员签收后妥善保管。空白的收据、发票要定期盘存，以防短缺。

(3)建立收据和发票销号制度。收据和发票销号是指定期将收据和发票的存根联与已入账的收款联按编号、金额逐张核对注销。所有的现金收入都要开具收款收据或发票。

(4)所有现金收入必须当天入账。收入应按开户行的规定送存银行。

2. 现金支出的内部控制

(1)必须按现金管理规定的范围使用现金。

(2)出纳、记账、采购工作应分别由专人负责，不得由一人兼任。

(3)所有的付款业务都必须取得原始凭证，原始凭证必须由经办人签字证明，经有关领导审核同意。会计人员审核签字后，出纳才能据此凭证付款，并加盖现金付讫章。

(4)存入的保证金、押金等账目应定期清理和核对。

三、现金收付业务的核算

1. 现金的账户设置

现金业务的核算应设置"库存现金"账户，对库存现金的收支和结存情况进行核算。收入现金时，借记"库存现金"科目，贷记"银行存款"等科目；支出现金时，借记"银行存款""其他应付款""管理费用"等科目，贷记"库存现金"科目。该账户余额在借方，表示企业库存现金的实有数。

企业内部周转使用的备用金应记入"其他应收款"账户，不在本账户核算。

2. 现金收付业务的核算方法

(1)提取现金。从银行提取现金时，首先由出纳员填写现金支票，然后交由保管印鉴人员在签发单位签章处按预留印鉴分别签章。签章不能缺漏，必须与银行预留的印鉴相符；支票背面要由取款单位或收款人签章。

【例 2-1】某房地产开发公司 2019 年 2 月 2 日开出现金支票一张，从银行提取现金 5 000 元备用。根据支票存根联，作会计分录如下：

借：库存现金　　　　　　　　　　　　　　　　　　　　　　　　　5 000
　　贷：银行存款　　　　　　　　　　　　　　　　　　　　　　　　5 000

(2) 存入现金。将现金存入银行时，首先由出纳人员清点票币，确定送存金额，款项清点无误后，由出纳员填写现金解款单(解款单一式三联：第一联为回单联；第二联为银行收入传票联；第三联为银行出纳留存联)。然后将款项同解款单一起交银行收款，银行核对无误后，在解款单上盖章，并将解款单回单联交存款单位作记账凭证。

【例 2-2】某房地产公司 2019 年 3 月 5 日收到零星收入款项 4 566 元，出纳填写进账单后将款项于当日送存银行。作会计分录如下：

借：银行存款　　　　　　　　　　　　　　　　　　　　　　　　　4 566
　　贷：库存现金　　　　　　　　　　　　　　　　　　　　　　　　4 566

四、现金日常支出的核算

房地产企业的日常支出主要有差旅费支出和其他费用支出。

1. 差旅费支出

差旅费支出有以下两种情况：

(1) 员工出差前按出差预计费用，预借一定数量的现金作差旅费用款，待出差回来后报销时多退少补。

【例 2-3】2019 年 5 月 8 日采购员王某预借差旅费 2 000 元。会计依据经领导批准的借款单，作会计分录如下：

借：其他应收款——王××　　　　　　　　　　　　　　　　　　2 000
　　贷：库存现金　　　　　　　　　　　　　　　　　　　　　　　　2 000

员工出差回企业后，按规定填制差旅费报销单，会计对报销单审核无误后填制记账凭证。其差旅费实际报销的数量与预借数抵消后，多退少补。

(2) 员工自行垫支差旅费，报销时支付员工垫支的差旅费款项。

【例 2-4】王某出差回企业报销差旅费为 2 400 元，则会计依据其报销单填制现金付款凭证，作会计分录如下：

借：管理费用——差旅费　　　　　　　　　　　　　　　　　　　2 400
　　贷：其他应收款——王××　　　　　　　　　　　　　　　　　2 000
　　　　库存现金　　　　　　　　　　　　　　　　　　　　　　　　400

若王某所报销的差旅费为 2 950 元，则会计依据其报销单填制现金收款凭证，作会计分录如下：

借：库存现金　　　　　　　　　　　　　　　　　　　　　　　　　50
　　管理费用——差旅费　　　　　　　　　　　　　　　　　　　2 950
　　贷：其他应收款——王××　　　　　　　　　　　　　　　　　3 000

2. 其他费用支出

其他费用支出主要是企业在日常经营活动中发生的一些零星采购及其他的开支项目。其他费用支出一般由企业设计适合本企业的费用报销单,报销人员依据其自制的或传来的原始凭证,填写费用报销单,经企业或部门相关领导批准后,到财务部门报销。会计对报销人员提供的费用报销单审核无误后,编制记账凭证。

五、现金日记账

为了加强对现金的管理,随时掌握现金的收付和库存余额,房地产开发企业必须设置"现金日记账"进行明细分类核算。

现金日记账一般采用"三栏式"格式,按照现金收付的时间或出纳人员受理时间,序时、逐笔登记;现金日记账的借方登记现金的增加额,贷方登记现金的减少额,余额在借方。现金日记账应当做到日清月结,账款相符;每次记账后,都应当将账面余额与库存现金的实有数额进行核对。

登记现金日记账时应注意以下几点:
(1)日记账应逐笔分项记录,不得将收付款凭证合并登记,也不能将收付款凭证金额相抵后以差额登记,每一笔账都要注明记账凭证的日期、摘要、金额及对应科目。
(2)逐日、逐笔、序时登记,做到日清月结。
(3)现金日记账账簿要每年更换,不得使用活页式账簿。
(4)为了防止字迹模糊,墨迹未干时不要翻动账页。
(5)根据审核无误的收付款凭证登记现金日记账。

现金日记账若采用多栏式,则应设置两本账簿,即现金收入日记账和现金支出日记账。

阅读材料

"现金日记账"格式

视频:现金日记账格式

"现金日记账"的格式见表2-1。

表2-1 现金日记账

单位:元

××年		凭证		摘要	对方科目	收入	支出	结存
月	日	种类	号数					
×	×			月初余额				500
	×	现收	1	从银行提取现金	银行存款	1 000		1 500
	×	现付	1	购办公用品	管理费用		200	1 300
	×	现付	1	送存银行	银行存款		800	500
	×			本日合计		1 000	1 000	500

出纳员每天将"现金日记账"登记完毕,结出余额,应及时与库存现金核对,做到日清月结,账款相符。

六、库存现金的清查方法

为了保证企业的现金做到账款相符,应对库存现金进行清查,以确定库存现金的安全、完整。

模块二 房地产企业货币资金的核算

现金的清查主要是采用实地盘点方法,其主要内容有:出纳人员每日的清点核对、账款核对和清查小组定期或不定期的清查与核对。现金清查结束后,应根据清查的结果与现金日记账核对的情况填制"库存现金查点报告表",并由清查人员和出纳共同签章方能生效。

房地产开发企业每日终了应当对库存现金进行清查,发现有待查明原因的现金短缺或溢余时,应当及时进行会计处理。

(1)发现现金短缺时,应当借记"待处理财产损溢——待处理流动资产损溢"科目,贷记"库存现金"科目。

1)属于应由责任人或者保险公司赔偿的部分,借记"其他应收款"科目,贷记"待处理财产损溢——待处理流动资产损溢"科目。

2)属于无法查明的其他原因,经批准后借记"管理费用"科目,贷记"待处理财产损溢——待处理流动资产损溢"科目。

【例2-5】 某房地产企业进行现金盘点,发现短款178元,原因待查。

借:待处理财产损溢——待处理流动资产损溢　　　　　　178
　　贷:库存现金　　　　　　　　　　　　　　　　　　　　178

经查,属于无法查明的原因,经批准后结转:

借:管理费用——现金短缺　　　　　　　　　　　　　　178
　　贷:待处理财产损溢——待处理流动资产损溢　　　　　　178

(2)发现现金溢余时,应当借记"库存现金"科目,贷记"待处理财产损溢——待处理流动资产损溢"科目。

1)属于应支付给个人或单位的,应借记"待处理财产损溢——待处理流动资产损溢"科目,贷记"其他应付款"科目。

2)属于无法查明原因的现金溢余,经批准后借记"待处理财产损溢——待处理流动资产损溢"科目,贷记"营业外收入"科目。

【例2-6】 某房地产企业盘点发现库存现金余额大于账存余额54元,原因待查。

借:库存现金　　　　　　　　　　　　　　　　　　　　54
　　贷:待处理财产损溢——待处理流动资产损溢　　　　　　54

经查,属于少付职工林某的款项:

借:待处理财产损溢——待处理流动资产损溢　　　　　　54
　　贷:其他应付款——应付现金溢余　　　　　　　　　　　54

单元二　银行存款的核算

一、银行存款的管理

银行存款是指企业存放在银行或其他金融机构的货币资金。按照国家有关规定,凡是独立核算的单位都必须在当地银行或其他金融机构开设账户,以办理存款、取款和转账结算业务。

银行存款账户可分为基本存款账户、一般存款账户、临时存款账户和专用存款账户。

(1)基本存款账户是企业办理日常转账结算和现金收付的账户,企业的工资、奖金等现金的支取必须通过基本存款账户办理。

(2)一般存款账户是企业基本存款账户以外的银行借款转存、与企业不在同一地点的附属非独立核算单位开立的账户。企业可以通过该账户办理转账结算和现金缴存业务,但不能办理现金支取业务。

(3)临时存款账户是企业因临时经营活动需要开立的账户,企业可以通过该账户办理转账结算和符合现金管理规定的现金收付业务。

(4)专用存款账户是企业因特定用途需要开立的账户。

银行存款的管理应注意以下问题:

(1)一个房地产开发企业只能选择一家银行的一个营业机构开立一个基本存款账户,不得在多家银行机构开立基本存款账户。

(2)不得在同一家银行的几个分支机构开立一般存款账户。

(3)房地产开发企业收入的款项,应当在国家规定的时间内送存到开户银行。

(4)支出的款项除规定可以用现金支付的外,应当按照银行规定,通过银行办理转账结算。

(5)企业支付款项时,银行存款账户内必须有足够的资金。

房地产开发企业必须遵守银行的结算纪律,中国人民银行颁布的《支付结算办法》有以下规定:

(1)单位和个人办理支付结算,不准签发没有资金保证的票据或远期支票,套取银行信用。

(2)不准签发、取得和转让没有真实交易和债权债务的票据,套取银行和他人资金。

(3)不准无理拒绝付款,任意占用他人资金。

(4)不准违反规定开立和使用账户。

二、银行结算方式

根据相关规定,企业发生货币资金收付业务时,可以采用的银行结算方式主要有银行汇票、商业汇票、银行本票、支票、汇兑、托收承付、委托收款、信用卡等。

1. 银行汇票

银行汇票是指汇款人将款项交存当地出票银行,由出票银行签发的,由其在见票时,按照实际结算金额无条件支付给收款人或持票人的票据。

银行汇票具有使用灵活、票随人到、兑现性强等特点,适用于先收款后发货或钱货两清的交易。单位和个人的各种款项结算,均可使用银行汇票。

银行汇票的付款期限为1个月,逾期的票据,兑付银行不予办理;受理银行汇票的企业应注意审查票据的有效性,其中包括以下几点:

(1)银行汇票和解讫通知是否齐全,汇票号码和记载的内容是否一致。

(2)收款人是否确为本单位或本人。

(3)银行汇票是否在提示付款期内。

(4)必须记载的事项是否齐全。

(5)出票人签章是否符合规定,是否有压数机压印的出票金额,并与大写出票金额一致。

(6)出票金额、出票日期、收款人名称是否更改,更改的其他记载事项是否有原记载人签章证明。

2. 商业汇票

商业汇票是指由出票人签发、委托付款人在指定日期无条件支付确定的金额给收款人或持票人的票据。

在银行开立存款账户的法人以及其他组织之间需具有真实的交易关系或债权债务关系，才能使用商业汇票。商业汇票的付款期限由交易双方商定，但最长不得超过6个月。商业汇票的提示付款期限为自汇票到期日起10日内。

存款人领购商业汇票，必须填写"票据和结算凭证领用单"并加盖预留银行印鉴，存款账户结清时，必须将剩余的空白商业汇票全部交回银行注销。

商业汇票可以由付款人签发并承兑，也可以由收款人签发交由付款人承兑。定日付款或出票后定期付款的商业汇票，持票人应当在汇票到期日前向付款人提示承兑；见票后定期付款的商业汇票，持票人应当自出票日起1个月内向付款人提示承兑。汇票未按规定期限提示承兑的，持票人丧失对其前手的追索权。付款人应当自收到提示承兑的汇票之日起3日内承兑或者拒绝承兑。付款人拒绝承兑的，必须出具拒绝承兑的证明。

商业汇票可以背书转让。符合条件的商业汇票的持票人可持未到期的商业汇票连同贴现凭证，向银行申请贴现。

在银行开立存款账户的法人以及其他组织之间，必须具有真实的交易关系或债权债务关系才能使用商业汇票；商业汇票的付款期限最长不超过6个月；商业汇票承兑后，承兑人负有到期无条件支付票款的责任。如承兑人或承兑申请人账户不足以支付票款，凡属商业承兑汇票的，银行将汇票退给收款人，由其自行处理；凡属银行承兑汇票的，承兑银行除凭票向持票人无条件付款外，还要对出票人尚未支付的汇票金额按照每天0.5‰计收利息。

3. 银行本票

银行本票是由银行签发、承诺自己在见票时无条件支付确定金额给收款人或持票人的票据。

银行本票分为定额和不定额两种。定额银行本票面额有1 000元、5 000元、10 000元和50 000元四种。

银行本票采用记名方式，允许背书转让，付款期限最长不超过两个月。

采用银行本票方式的，收款单位按照规定受理银行本票后，应将银行本票连同进账单送交银行办理转账，根据盖章退回的进账单第一联和有关原始凭证编制收款凭证；付款单位在填送"银行本票申请书"并将款项交存银行，收到银行签发的银行本票后，根据申请书存根联编制付款凭证。企业因银行本票超过付款期限或其他原因要求退款时，在交回本票和填制的进账单经银行审核盖章后，根据进账单第一联编制收款凭证。

4. 支票

支票是出票人委托银行或其他金融机构见票时无条件支付一定金额给收款人或持票人的票据。

支票可分为现金支票、转账支票和普通支票三种。现金支票只能用于支付现金；转账支票只能用于转账；普通支票可用于支付现金或转账。

采用支票方式的，对于收到的支票，应在收到支票的当日填制进账单连同支票送交银行，根据银行盖章退回的进账单第一联和有关的原始凭证编制收款凭证，或根据银行转来的由签发人送交银行支票后，经银行审查盖章的进账单第一联和有关原始凭证编制收款凭证；对于付出的支票，应根据支票存根和有关原始凭证及时编制付款凭证。

房地产企业财会部门签发支票时，应使用蓝黑墨水或碳素墨水，将支票上的各要素填写齐全，并在支票上加盖其预留银行印鉴。出票人留银行的印鉴是银行审核支票付款的依据。银行也可以与出票人约定使用支付密码，作为银行审核支付支票金额的条件。禁止签发空头支票。

【例2-7】 某房地产开发公司业务员由某市采购一批材料，价款为10万元，增值税为1.3万元。材料已验收入库，作会计分录如下：

借：库存商品——甲材料　　　　　　　　　　　　　　　　100 000
　　应交税费——应交增值税(进项税额)　　　　　　　　　　13 000
　　贷：银行存款　　　　　　　　　　　　　　　　　　　　　113 000

5. 汇兑

汇兑是汇款人委托银行将其款项支付给收款人的结算方式。

汇兑可分为信汇和电汇两种。信汇是指汇款人委托银行通过邮寄方式将款项划转给收款人；电汇是指汇款人委托银行通过电报将款项划转给收款人。汇兑结算方式适用于异地之间的各种款项结算。

房地产开发企业采用汇兑时，应填写银行印发的汇款凭证，列明收款单位名称、汇款金额及汇款的用途等项目，送达开户银行，委托银行将款项汇往收汇银行。收汇银行将汇款收进单位存款户后，向收款单位发出收款通知。

【例2-8】 某房地产开发公司以信汇方式支付设备款及运费202 000元。作会计分录如下：

借：应付账款——乙公司　　　　　　　　　　　　　　　　202 000
　　贷：银行存款　　　　　　　　　　　　　　　　　　　　　202 000

6. 托收承付

托收承付是根据购销合同由收款人发货后委托银行向异地付款人收取款项，由付款人向银行承认付款的结算方式。

托收承付结算方式的收款单位和付款单位，必须是国有企业、供销合作社及经营管理较好，并经开户银行审查同意的城乡集体所有制工业企业。办理托收承付结算的款项应是商业交易或因商品交易而产生的劳务供应的款项。其他款项如代销、寄销、赊销商品，不得办理托收承付结算。

托收承付款项可分为邮寄和电报两种。其由收款人根据需要选择使用；收款单位办理托收承付，必须具有商品发出的证件或其他证明。

一般情况下，房地产开发企业使用托收承付结算方式购入货物，按照合同规定支付货款。

7. 委托收款

委托收款是收款人委托银行向付款人收取款项的结算方式。

委托收款可分为邮寄和电报划回两种。采用委托收款结算方式的，收款单位对于托收款项，应在收到银行的收账通知时，根据收账通知编制收款凭证；付款单位在收到银行转来的委托收款凭证后，根据委托收款凭证的付款通知联和有关原始凭证，编制付款凭证。在付款期满前提前付款，应于通知银行付款之日编制付款凭证。拒绝付款，属于全部拒付的，不做账务处理；属于部分拒付的，企业应在付款期内出具部分拒付理由书并退回有关单位，根据银行盖章退回的拒付理由书第一联编制付款凭证。

8. 信用卡

信用卡是指商业银行向个人和单位发行的，凭以向特约单位购物、消费和向银行存取现金且具有消费信用的特制载体卡片。信用卡可分为单位卡和个人卡,也可分为金卡和普通卡。

在我国金融机构开立基本账户的单位均可申领单位卡。持卡人资格由申领单位法定代表人或其委托的代理人书面指定和注销,持卡人不得出租或转借信用卡。单位卡账户的资金一律从其基本存款账户转账存入,需要向其账户续存资金的,也一律从其基本存款账户转账存入,不得交存现金,不得将销货收入的款项存入其账户。单位卡一律不得用于10万元以上的商品交易、劳务供应款项的结算,不得支取现金。

以个人名义领取的信用卡就是个人卡。与单位卡对公账户用不同,个人卡是对个人用的,这里不详细介绍。

【例2-9】 某房地产开发公司以信用卡购买办公用品1 000元,收到付款凭证及发票。作会计分录如下:

借:管理费用——办公费　　　　　　　　　　　　　　　　　　　　1 000
　　贷:其他货币资金——信用卡存款　　　　　　　　　　　　　　　　1 000

三、银行存款的核算方法

房地产企业应按照国家有关支付结算办法,正确地进行银行存款收支业务的结算。银行存款核算的依据是企业会计人员根据不同的银行结算方式的规定,填制或取得银行印发的收款或付款结算凭证,会计主管或指定人员必须认真审核收付款的结算凭证;只有经过审核正确的各项银行结算凭证,才能据以填制反映企业银行存款收付业务的记账凭证(收款凭证或付款凭证)并据以登账。企业银行存款的核算包括银行存款的总分类核算和序时核算。

1. 总分类核算

银行存款的总分类核算应设置"银行存款"账户,借方登记银行存款的增加数,贷方登记银行存款的减少数,期末余额在借方,反映银行存款的实际结存数。有外币存款的企业,应在"银行存款"账户下分人民币和各种外币设置"银行存款日记账"进行明细核算。

【例2-10】 某房地产公司送来拨付工程进度款200 000元的转账支票一张,随同填制的进账单一并送存银行。作会计分录如下:

借:银行存款　　　　　　　　　　　　　　　　　　　　　　　　　200 000
　　贷:预收账款——某房地产公司　　　　　　　　　　　　　　　　200 000

【例2-11】 接到银行收账通知,收到上月出售给某房地产公司预制构件的货款23 000元。作会计分录如下:

借:银行存款　　　　　　　　　　　　　　　　　　　　　　　　　23 000
　　贷:应收账款——某房地产公司　　　　　　　　　　　　　　　　23 000

【例2-12】 通过银行转账支付上月购入某钢材公司的钢材款项120 000元。作会计分录如下:

借:应付账款——某钢材公司　　　　　　　　　　　　　　　　　　120 000
　　贷:银行存款　　　　　　　　　　　　　　　　　　　　　　　　120 000

【例2-13】 填制现金缴库单,将库存多余的现金7 200元送存银行。作会计分录如下:

借:银行存款　　　　　　　　　　　　　　　　　　　　　　　　　7 200
　　贷:现金　　　　　　　　　　　　　　　　　　　　　　　　　　7 200

> **阅读材料**

总分类核算与明细分类核算的关系

在经济管理中，仅有总括性的核算资料是不够的。例如，各种材料物资，如果只有总括性的货币指标，没有详细的货币和实物数量指标，就不便于合理组织各种材料物资的采购、供应和管理；各种应收应付账款，如果只有总括性的核算资料，没有应收应付对象的详细资料，就不便于应收款的及时催收和应付款的支付。因此，在总分类核算的基础上，还必须同时进行明细分类核算。

视频：会计科目分类及明细

明细分类核算是根据明细分类科目设置明细分类账户来进行的。它既可以提供详细的货币指标，还可以提供实物数量指标。总分类核算是明细分类核算的综合反映，明细分类核算是总分类核算的具体反映；总分类账户是主体账户，明细分类账户是从属账户，二者之间是前者统驭，后者被统驭，即统驭与被统驭的关系。

根据总分类核算和明细分类核算的关系，在登记总分类账户和明细分类账户时，必须遵循平行登记的原则。其要点如下：

(1)依据一致。依据一致即必须根据同一记账凭证登记总分类账户和明细分类账户，如果明细账要根据原始凭证(如发票等)登记，该原始凭证必须是该记账凭证的附件。

(2)同时登记。同时登记即对每笔经济业务，一方面要记入有关总分类账户；另一方面要记入它所属的明细分类账户。

(3)方向相同。方向相同就是将经济业务记入某一总分类账户及其所属明细分类账户时，要记在相同的方向，是借方都要记借方，是贷方都要记贷方。

(4)金额相等。金额相等即记入某一总分类账户的金额与记入它所属明细分类账户的金额合计数都要相等。

2. 序时核算

分类核算能够使各种繁杂的经济业务得以归类反映，但是，它将一笔经济业务分散地记录在有关账户的借方和贷方，不能集中地反映经济业务的完整内容和每笔经济业务发生的先后顺序。因此，分类核算和序时核算有必要同时并用。

序时核算就是对各项经济业务按其发生或完成的先后顺序进行登记的核算。序时核算通过设置序时账(又称日记账、流水账)来登记。为登记全部经济业务而设置的日记账称为普通日记账(或称分录簿)；为只登记某一类经济业务而设置的日记账称为特种日记账，如现金日记账、银行存款日记账等。

在设置了普通日记账进行序时核算的情况下，首先根据事先编制的会计分录逐笔登记普通日记账，然后根据普通日记账中每笔会计分录的先后顺序逐一过账，登记到有关分类账中去。其基本的记账程序如下：

原始依据→会计分录→序时核算→分类核算

为了便于普通日记账和分类账的相互核对，应分别在各自的账页中设"账页"栏，登记对方的账页数。

银行存款三栏式日记账的格式见表2-2。

模块二 房地产企业货币资金的核算

表 2-2 银行存款三栏式日记账金额   单位：元

2015年		凭证		摘要	结算凭证		对方账户	账页	借方	贷方	余额
月	日	种类	号数		种类	号数					
8	1			月初余额							500 000.00
8	1	记	1	提取现金	现支	02651979	现金	1		5 000.00	495 000.00
8	1	记	4	存入现金	交款	02620	现金	1	500.00		495 500.00
8	2	记	13	收备料款	进账	054812	预收账款	2	200 000.00		695 500.00
8	2	记	14	收回货款	进账	054813	应收账款	3	23 000.00		718 500.00
8	3	记	15	存入现金	现支	012345	现金	1	1 200.00		719 700.00
8	4	记	16	工程款	收账	—	应收账款	1	850 000.00		1 569 700.00
8	4	记	17	借款		—	长期借款		500 000.00		2 069 700.00
8	5	记	18	付钢材款		—	应付账款			120 000.00	1 949 700.00
8	10	记	19	预付板材		—	预付账款			80 000.00	1 869 700.00
8	12	记	20	付税金		—	应交税金			60 000.00	1 809 700.00
8	14	记	21	提现			现金			35 000.00	1 774 700.00
8	20	记	22	还借款			短期借款			100 000.00	1 674 700.00
8	730	记	23	付咨询费			管理费用			5 000.00	1 669 700.00
8	30			本月合计					1 574 700.00	405 000.00	1 669 700.00

银行存款日记账应该定期与开户银行送达的对账单进行核对（每月至少核对一次）。期末，银行存款日记账与银行存款总账的余额核对相符。银行存款的核算必须做到账证相符、账账相符、账实相符。

四、银行存款的清查方法

为了保证银行存款的安全、完整，杜绝各种记账错误和不法行为的发生，必须对银行存款定期进行清查。银行存款的清查是采用与开户银行核对账目的方法进行的，即将企业登记的"银行存款日记账"与开户银行送来的对账单逐笔进行核对。通过核对，若发现双方账目不一致，其原因有两个：一是双方账目可能发生错记、漏账；二是由于未达账项所致。

未达账项是指企业与银行对同一笔收付款业务，由于结算凭证在传递时间上的差异，使得一方先得到结算凭证已经入账，另一方尚未取得结算凭证尚未入账的项目。未达账项的情况包括：银行已经收款入账，而企业尚未收款入账；银行已经付款入账，而企业尚未付款入账；企业已经收款入账，而银行尚未收款入账；企业已经付款入账，而银行尚未付款入账。

企业在进行银行存款日记账与开户银行对账单核对发生未达账项时，可以通过编制银行存款余额调节表的形式做余额的核对，即根据银行存款日记账与开户银行对账单的记录发生的未达账项填制在"银行存款余额调节表"内，若调节后双方余额一致，则表明记账正确；否则，则需要进一步检查。

【例 2-14】 2017 年 8 月 30 日，某房地产公司"银行存款日记账"的账面余额为 1 669 700 元；开户银行对账单余额为 1 683 000 元。经逐笔核对，发现有下列未达账项：

（1）公司收到客户支付货款 23 000 元的转账支票，银行尚未入账；

(2)银行已代公司支付到期货款 20 700 元,公司尚未入账;
(3)银行已收到外单位汇来产品货款 52 000 元,公司尚未入账;
(4)公司开出转账支票支付咨询费 5 000 元,持票人尚未到银行办理转账手续。

根据上述资料编制"银行存款余额调节表",见表2-3。

表 2-3　银行存款余额调节表

2017 年 8 月 30 日　　　　　　　　　　　　　　　金额单位:元

项　目	金　额	项　目	金　额
公司银行存款日记账余额	1 669 700.00	银行对账单余额	1 683 000.00
加:银行已收,企业未收	52 000.00	加:企业已收,银行未收	23 000.00
减:银行已付,企业未付	20 700.00	减:企业已付,银行未付	5 000.00
调节后余额	1 701 000.00	调节后余额	1 701 000.00

"银行存款余额调节表"只能用来与开户银行对账单余额进行核对,检查其账户记录是否一致,不能据此来更改企业"银行存款日记账"或更改开户银行对账单的记录。对于未达账项的入账只有当结算凭证达到并具有相关的记账凭证后才能进行。

房地产企业应定期对存放银行或其他金融机构的款项进行检查,以掌握其安全、完整情况或可能出现的损失因素。根据《企业会计制度》的规定,如果有确凿证据表明存放在银行或其他金融机构的款项已经部分不能收回或全部不能收回的,应当作为当期损失处理,记入"营业外支出"账户。例如,吸收存款的单位已宣告破产,其破产财产不足以清偿的部分或全部不能清偿。

【例 2-15】 经查明,某房地产企业存在某金融机构的款项 45 000 元,已经不能收回。作会计分录如下:

借:营业外支出　　　　　　　　　　　　　　　　　　　　　45 000
　　贷:银行存款　　　　　　　　　　　　　　　　　　　　　　　45 000

单元三　其他货币资金的核算

一、其他货币资金的定义及种类

其他货币资金是指企业除库存现金和银行存款外的货币资金。其包括外埠存款、银行汇票存款、银行本票存款、信用卡存款、信用证保证金存款、存出投资款、在途货币资金等。

(1)外埠存款是指企业到外地进行临时采购或零星采购时,汇往采购地银行开立采购专户的款项。在办理外埠存款事项时,首先到当地银行填写汇款委托书,将款项交于当地银行委托其汇往采购地银行开立专户,然后汇入银行;对于汇入的采购款项,按汇款单位开设采购专户。采购专户只付不收,款项付完后或将剩余款项汇回本企业的银行存款账户后,此账户便失去存在的意义。

(2)银行汇票存款是指企业为取得银行汇票按规定存入银行的款项。当企业需要取得银行汇票时,向银行提交"银行汇票委托书"并将款项交存开户银行后,取得银行汇票。

（3）银行本票存款是指企业为取得银行本票按规定存入银行的款项。当企业需要取得银行本票时，向银行提交"银行本票委托书"并将款项交存开户银行后，取得银行本票。

（4）信用卡存款是指企业为取得信用卡按规定存入银行的款项。当企业需要取得信用卡，办理信用卡事项时，按规定填制信用卡申请表，连同支票和有关资料一并送交发卡银行，取得信用卡。

（5）信用证保证金存款是指企业为取得信用证按规定存入银行的保证款。企业应根据经营业务的需要，向银行申请开立信用证并交纳信用证保证金。建筑施工企业向银行申请开立信用证，按规定向银行提交开证申请书、信用证申请人承诺书和购销合同，同时交付信用证保证金。

（6）存出投资款是指企业已经存入证券公司但尚未进行短期投资的现金。

（7）在途货币资金是指企业在与所属单位之间和上下级之间汇解款项业务中，已经汇出且月末尚未到达的那部分资金。

二、其他货币资金的管理

在房地产企业中，有些货币资金的存放地点和用途与银行存款不同，例如，有的货币资金存放于外地而不在本地，有的货币资金的存放有特定的用途而不能通用。为了与企业的现金和银行存款相区别，在会计核算上将因存放地点和用途不同的货币资金称为"其他货币资金"，即其他货币资金是指除现金、银行存款外的各种货币资金。

企业对其他货币资金的管理主要表现在以下几个方面：

（1）根据业务需要合理选择结算工具。

（2）及时办理结算，对逾期尚未办理结算的银行汇票、银行本票等，应按规定及时转回。

（3）严格按会计制度的规定核算其他货币资金的各项收支业务。

三、其他货币资金的核算方法

为了反映房地产企业关于其他货币资金的增减变化和结存情况，房地产企业应根据《企业会计制度》的规定，设置"其他货币资金"总分类账户，核算其他货币资金的各项收支业务。"其他货币资金"账户的借方记录其他货币资金的增加，贷方记录其他货币资金的结转，期末余额在借方，反映企业实际持有的其他货币资金。房地产企业应按照其他货币资金反映的内容，分别设置"外埠存款""银行汇票存款""银行本票存款""信用卡存款""信用证保证金存款""存出投资款"和"在途货币资金"等明细账户进行分类核算。

【例2-16】 某房地产公司采购员到武汉市采购一批建筑材料，需在武汉工商银行江汉支行开设临时采购账户，委付银行汇款 1 250 000 元。作会计分录如下：

借：其他货币资金——采购户　　　　　　　　　　　　　　1 250 000
　　贷：银行存款　　　　　　　　　　　　　　　　　　　　1 250 000

采购员以外埠存款采购材料物资，价款 1 000 000 元，增值税 130 000 元，货款共计 1 130 000 元，发生运费 30 000 元。作会计分录如下：

借：材料采购　　　　　　　　　　　　　　　　　　　　　1 160 000
　　贷：其他货币资金——采购户　　　　　　　　　　　　　1 160 000

外埠采购结束，将外埠存款清户，收到银行转来收账通知，余额 90 000 元入账时的会计分录如下：

借：银行存款 90 000
　　贷：其他货币资金——采购户 90 000

【例2-17】 某房地产开发公司申请办理银行汇票，将银行存款 400 000 元转为银行汇票存款。作会计分录如下：

借：其他货币资金——银行汇票 400 000
　　贷：银行存款 400 000

收到收款单位发票，采购材料付款 395 000 元，材料已入工地仓库。作会计分录如下：

借：原材料 395 000
　　贷：其他货币资金——银行汇票 395 000

收到多余款项退回通知，将 5 000 元收妥入账。作会计分录如下：

借：银行存款 5 000
　　贷：其他货币资金——银行汇票 5 000

模块小结

本模块主要介绍了房地产企业货币资金的核算，主要包括库存现金的核算、银行存款的核算和其他货币资金的核算三个方面内容。

(1)现金业务的核算应设置"库存现金"账户，收入现金时，借记"库存现金"科目，贷记"银行存款"等科目；支出现金时，借记"银行存款""其他应付款""管理费用"等科目，贷记"库存现金"科目。

(2)企业银行存款的核算包括银行存款的总分类核算和序时核算。

(3)银行存款的总分类核算应设置"银行存款"账户，借方登记银行存款的增加数，贷方登记银行存款的减少数，期末余额在借方，反映银行存款的实际结存数。有外币存款的企业，应在"银行存款"账户下分人民币和各种外币设置"银行存款日记账"进行明细核算。

(4)银行存款的序时核算就是银行存款的明细核算，房地产企业应设置"银行存款日记账"，由出纳人员按照业务发生的先后顺序逐日逐笔登记，每日终了时结出余额，并定期(一般是每月月末)同银行对账单核对相符。

(5)企业对其他货币资金的管理主要表现在以下几个方面：
1)根据业务需要合理选择结算工具。
2)及时办理结算，对逾期尚未办理结算的银行汇票、银行本票等，应按规定及时转回。
3)严格按会计制度的规定核算其他货币资金的各项收支业务。

思考与练习

一、填空题

1. _____是指单位为了满足经营过程中零星支付需要而保留的现金。
2. _____是指企业保留库存现金的最高数额。
3. _____是指企业用经营业务收入的现金直接支付自身的支出。

模块二 房地产企业货币资金的核算

4. 建立、健全现金内部控制制度，主要包括_____和_____两部分。
5. 现金收付业务的核算方法有_____、_____。
6. 房地产企业的日常支出，主要有_____和_____。
7. _____是指汇款人将款项交存当地出票银行，由出票银行签发的，由其在见票时，按照实际结算金额无条件支付给收款人或持票人的票据。
8. _____是由银行签发、承诺自己在见票时无条件支付确定金额给收款人或者持票人的票据。
9. 支票分为_____、_____和_____三种。
10. _____是汇款人委托银行将其款项支付给收款人的结算方式。

二、选择题

1. 根据《现金管理暂行条例》的规定，现金管理主要包括（　　）。
   A. 现金的使用范围　　　　　　　B. 库存现金的限额
   C. 坐支现金　　　　　　　　　　D. 现金收入
   E. 现金支出
2. 现金管理的规定正确的是（　　）。
   A. 不得挪用现金和不符合财务手续的原始凭证抵库
   B. 不得公款私存，将单位收入的现金存入个人储蓄账户
   C. 不得私设小金库保留账外现金
   D. 不准私人借用公款，单位之间不得转借现金
   E. 不应在当日送存银行，需当日送存银行的，由银行确定送存时间
3. 现金收入的内部控制包括（　　）。
   A. 现金收款凭证的填制与收款的职责要分开
   B. 管理好收据和发票
   C. 建立收据和发票销号制度
   D. 所有现金收入必须当天入账
   E. 出纳、记账、采购工作应分别由专人负责，不得由一人兼任
4. 银行存款账户分为（　　）。
   A. 基本存款账户　　　　　　　　B. 一般存款账户
   C. 临时存款账户　　　　　　　　D. 固定存款账户
   E. 专用存款账户
5. 关于银行存款的管理错误的是（　　）。
   A. 一个房地产开发企业只能选择一家银行的一个营业机构开立一个基本存款账户，不得在多家银行机构开立基本存款账户
   B. 不得在同一家银行的几个分支机构开立一般存款账户
   C. 房地产开发企业收入的款项，应当在国家规定的时间内送存到开户银行
   D. 支出的款项应当按照银行规定，通过银行办理转账结算，不可以用现金支付
   E. 企业支付款项时，银行存款账户内必须有足够的资金

三、简答题

1. 简述库存现金的使用范围。
2. 登记库存现金日记账时应注意哪些问题？

3. 库存现金清查的内容有哪些？
4. 银行结算有哪几种方式？
5. 其他货币资金有哪几种类型？

一、实训目的
货币资金的核算练习

二、实训资料
(一)某房地产开发公司2017年7月31日"现金"账户余额为1 200元，"银行存款"账户余额为85 000元。

(二)8月份发生的有关经济业务如下：

(1)1日，张同出差预借差旅费600元，用现金支付。

(2)2日，出现金支票从银行提取现金600元，补充库存现金。

(3)5日，开出转账支票，支付购买材料款5 000元。

(4)8日，接到银行转来的委托收款通知，支付自来水公司上月水费2 000元。

(5)10日，开出银行汇兑结算凭证，将款项5 000元汇往异地某城市开立采购资金专户，并派采购员李强到该城市作零星采购。

(6)12日，向开户银行提交银行汇票委托书，办理银行汇票手续，并将取得的面额20 000元的银行汇票交采购员李丹结付设备款。

(7)14日，张同出差归来报销差旅费650元，冲销原预借款600元，补付现金50元。

(8)16日，采购员李强采购归来，凭据报销采购材料款4 500元，并转回采购专户余额500元。

(9)20日，收到银行转来的银行汇票及有关账单，结付采购员李丹采购设备价款19 500元，收回余额500元。

(10)28日，向税务部门办理纳税申报，开发转账支票，支付本月应交增值税8 000元。

三、实训要求
1. 根据实训资料(一)设置现金、银行存款总账，登记其8月月初的余额。
2. 根据实训资料(二)编制会计分录，并据以登记现金、银行存款总账。
3. 根据有关会计分录，登记其他货币资金明细账。
4. 结出现金、银行存款总账和其他货币资金各明细账的发生额和余额。

模块三 房地产企业应收与预付款项核算

学习目标

通过对本模块内容的学习,了解应收票据、应收账款、应收债权、预付账款的基本知识,掌握应收票据、应收账款、应收债权、预付账款的核算方法,培养分析问题、解决问题的能力和认真负责、严谨细致的职业素养。

知识要点

1. 应收票据的核算。
2. 应收账款的核算。
3. 应收债权的核算。
4. 预付账款的核算。

案例导入

恒达房地产公司近来资金链十分紧张,财务总监正犯愁呢。恰巧这时销售总监打来电话说销售部刚签了个大单,合同总额为5亿,原来是某医药研发公司为了引进高端人才而购买的。财务总监心想这下有希望了。谁知购房的医药研发公司资金也很紧张,不能立即支付房款。财务总监了解了该公司的财务状况及信用情况后说:"现在不付也可以,但是我们要求结算方式采用……"。

一天,公司销售经理带回消息,说绿城公司因被三家贷款银行起诉,公司宣告破产。公司总经理知道后非常着急,说:"完了,这下完了!绿城公司欠我们的540万元货款泡汤了。"财务主管说:"上个月知道他们公司财务状况不好,我们已经提了50%的坏账准备。哎,现在我们只能……"。

讨论:(1)房地产公司应采用哪种结算方式才能缓解资金紧缺状况?
(2)现在房地产公司该如何处置这笔应收账款?

模块三 房地产企业应收与预付款项核算

单元一 应收票据的核算

一、应收票据概述

应收票据是指企业因销售商品、开发产品或提供劳务而收到的票据。其是由债权人持有的、在一定日期可向出票人或承兑人收回票款的书面证明。在会计上主要是指企业持有尚未到期的商业汇票。

商业汇票按承兑人的不同可分为由付款人承兑的商业承兑汇票和由银行承兑的银行承兑汇票；按是否带息分为带息商业汇票和不带息商业汇票。带息商业汇票在票面上载明利率及付息日期，到期时持票人可获得票面价值及应计利息；不带息商业汇票到期时，持票人只能获得票面价值。

我国商业汇票的期限一般为 6 个月，利息金额相对来说不大，用现值记账不但计算复杂而且其折价还要逐期摊销，核算比较烦琐。对于带息的应收票据，按照现行制度规定，应于期末（即在中期期末和年度终了）按应收票据的票面价值和确定的利率计提利息，计提的利息应增加应收票据的账面价值。

在我国会计实务中，不对应收票据计提坏账准备，其原因是应收票据发生坏账的风险较应收账款小。但对可能收不回的应收票据应转作应收账款，对应收账款计提坏账准备。

二、应收票据到期日与到期值的计算

视频：应收票据

1. 到期日

由于应收票据的票据期限是指商业汇票签发日至到期日为止的时间间隔，应收票据"到期日"的确定有两种表示方法，即按月表示和按日表示。

按月表示的应收票据的"到期日"，是指以到期月份中与签发日相同的日期。例如，2019 年 7 月 20 日出票的 3 个月票据，到期日为 2019 年 10 月 20 日。对于月末签发的商业汇票到期日，无论月份大小，均以到期月份的月末那一天为"到期日"。例如，2019 年 2 月 28 日签发的、期限为 6 个月的票据，"到期日"为 2019 年 8 月 31 日。

按日表示的应收票据的"到期日"，应从签发日起按实际经历天数计算，遵循"算头不算尾，算尾不算头"的原则，即签发日和到期日只能算一天。例如，2020 年 5 月 3 日签发，为期 60 天的商业汇票，按"算头不算尾"的原则，5 月份算 29 天（31－2），6 月份 30 天，7 月份还有 1 天，所以，到期日为 7 月 2 日（5 月 3 日含在内）；另一种算法到期日应是 7 月 2 日（5 月 3 日不含在内）。

对于带息应收票据计算利息所采用的利率一般是年利率。在确定票据"到期日"的方法时，采用的利率在时间上要与之适应。例如，按月确定到期日，则利率为月利率（年利率÷12）；按日确定"到期日"，计算利息使用的利率要换算成日利率（年利率÷360）。

2. 到期值

不带息应收票据的到期值就是票据的面值，即到期值＝票面面值。

带息应收票据的到期值应该是面值加上利息，其计算公式如下：

$$带息票据到期价值＝面值＋利息$$
$$带息票据利息＝面值×利率×票据期限$$

上式中,"票据期限"是指签发日至到期日的时间间隔;"利率"一般是指年利率,在具体计算时,应该换算成与票据期限相适应的利率。例如,票据期限为3个月,如果年利率为6％,可换算为5‰(6％÷12)月利率。

【例3-1】 某房地产开发企业收到一张银行承兑汇票,其面值为500 000元。票面利率为6％,期限为60天,该票据的出票日为10月1日。该票据的到期日、利息及到期值计算如下:

票据到期日=60-(31-1)=30,所以,该票据的到期日应为11月30日。

票据利息=500 000×6％×60÷360=5 000(元)

票据到期值=500 000+5 000=505 000(元)

三、应收票据的核算方法

为了反映和监督应收票据的增减变化情况,企业应设置"应收票据"账户。该账户借方登记应收票据的面值及按期计提的利息,贷方登记背书转让或到期收回,或因未能收取的票款而转作应收账款的应收票据的账面价值,期末借方余额反映未到期应收票据的账面价值。

企业除应设置"应收票据"总账外,为了便于加强对各种应收票据的管理与控制,还应设置"应收票据登记簿",按不同票据种类进行明细分类核算,逐笔记录每一应收票据的种类、编号及出票日、到期日、面值、利率、付款人、承兑人、背书人、交易合同号数及贴现情况、收款情况等具体内容。待应收票据到期收取票款后,再将应收票据在登记簿中逐笔注销。

1. 不带息票据的核算

不带息票据的到期值等于票面面值。不带息应收票据在票据到期收回票款时,借记"银行存款"等科目,贷记"应收票据"科目。

【例3-2】 2020年5月1日销售一批材料给某房地产公司,货已经发出,价款为29 250.50元。收到该公司交来期限为3个月的银行承兑汇票一张。

(1)收到票据应作会计分录如下:

借:应收票据——银行承兑汇票——某房地产公司　　29 250.50
　　贷:其他业务收入　　29 250.50

(2)票据到期收回款项应作会计分录如下:

借:银行存款　　29 250.50
　　贷:应收票据——银行承兑汇票——某房地产公司　　29 250.50

2. 带息票据的核算

对于带息票据的核算,企业应于中期期末和年度终了时按规定计算票据利息并增加应收票据的账面价值,同时冲减财务费用。对于带息应收票据的核算应计算票据利息。在到期收回款项时,按应收到的本息借记"银行存款"科目;按应收票据的账面价值贷记"应收票据"科目;按其差额贷记"财务费用"科目。若汇票到期,承兑人违约拒付或无力偿还票款,收款企业应将到期票据的账面价值转入"应收账款"科目。

【例3-3】 甲房地产企业于2020年9月1日销售商品房给乙公司,发票上注明的销货款为254万元,收到乙公司商业承兑汇票一张,期限为6个月,假设该商业承兑汇票年利率为12％。作会计处理如下:

(1)年度终了(2020年12月31日),计提票据利息:

票据利息=2 540 000×12％×4÷12=101 600(元)

借：应收票据　　　　　　　　　　　　　　　　　　　101 600
　　贷：财务费用　　　　　　　　　　　　　　　　　　　101 600

(2)票据到期日，甲房地产开发企业收回票款：

应收票据的到期值＝2 540 000×(1＋12％÷12×6)＝2 692 400(元)
剩余的票据利息＝2 540 000×12％×2÷12＝50 800(元)

借：银行存款　　　　　　　　　　　　　　　　　　　2 692 400
　　贷：应收票据　　　　　　　　　　　　　　　　　　　2 641 600
　　　　财务费用　　　　　　　　　　　　　　　　　　　　　50 800

3. 应收票据贴现的核算

应收票据贴现是指票据持有人因急需资金，将未到期的票据背书后转让给银行，银行受理后，从票面金额中扣除按银行的贴现率计算确定的贴现息后，将余额付给贴现企业的一种企业的融资活动。贴现所得指企业从银行获得的票据到期值扣除贴现利息后的余额，计算公式如下：

贴现所得＝票据到期值－贴现利息

在贴现活动中，企业付给银行的利息称为贴现利息(或贴现息)，其计算公式如下：

贴现利息＝票据到期值×贴现利率×贴现期

式中　贴现利率——银行计算贴现利息的利率称为贴现利率，一般以年利率表示；
　　　贴现期——从贴现日到票据到期日的间隔时间或票据到期日减去企业已持有票据期限。

将票据转让既转让了票据拥有利益的权利，同时，也转让了票据存在的风险，即到期是否能够收到款项的不确定性风险。由应收票据的贴现而可能产生的风险处理方式有"无追索权"和"有追索权"两种。

(1)"无追索权"是指贴现企业在向银行办理了贴现手续，取得贴现所得后，如果付款方到期不能支付票款，与贴现企业无关，贴现企业不负担偿付票款的连带责任的一种方式。因此，应收票据一经贴现就可以在账簿记录中消除，不需要揭示与此有关的或有负债的金额。

(2)"有追索权"是指当付款人到期无力偿付票款时，贴现企业在法律上要承担连带清偿责任，即贴现企业必须向贴现银行偿还这一债务。一方面在票据贴现时冲销已入账的应收票据；另一方面在当期的资产负债表附注中注明因贴现应收票据而产生的或有负债的金额。

企业会计制度规定：企业将应收票据贴现后，应按实际收到的贴现所得款借记"银行存款"科目，按应收票据账面余额(注意：应收票据账面余额＝面值＋已计提利息)贷记"应收票据"科目，按其差额借记或贷记"财务费用"科目。

【例3-4】　某房地产公司因急需资金，于2020年11月30日将2020年10月31日收到的一张为期3个月，票面价值为105 000元，年利率为5％的商业承兑汇票的带息票据拿到银行申请贴现，年贴现利率为7.2％。

各相关数据的计算如下：

贴现期限＝3－1＝2(月)
到期值＝105 000×(1＋5％÷12×3)＝106 312.50(元)
贴现利息＝106 312.50×7.2％×2÷12＝1 275.75(元)
贴现所得＝106 312.50－1 275.75＝105 036.75(元)

账务处理如下：

(1)取得贴现所得：

借：银行存款　　　　　　　　　　　　　　　　　　　105 036.75

贷：应收票据——商业承兑汇票——某房产公司   1 050 000
             财务费用   36.75

(2) 已贴现带息票据到期时，根据承兑人是否付款，视其不同情况作账务处理：

如果承兑人付款，则贴现企业不作任何账务处理。

如果承兑人无力偿付票款，在贴现企业"银行存款"账上有足够资金时，则贴现银行将退票回扣款，贴现企业的账务处理如下：

         借：应收账款——某房产公司   106 312.50
         贷：银行存款   106 312.50

如果本企业银行存款不足，则按贴现协议，作为企业向银行借的短期借款，按应收票据的到期值（或加上有关手续）作账务处理如下：

         借：应收账款——某房产公司   106 312.50
         贷：短期借款   106 312.50

4. 应收票据转让的核算

如果企业需要向外购买材料或偿还应付账款，也可以将持有的应收票据转让给对方，作为支付的工具。凡是票据的转让都需要经过背书手续，如果付款人到期不能兑付，背书人要承担连带的付款责任。

企业将持有的应收票据转让时，应按购入材料的价值或原应付账款金额借记"材料采购""应付账款"等科目，按应收票据的账面价值贷记"应收票据"科目，如有差额，借记或贷记"银行存款"等科目。

【例3-5】 某房地产公司于2020年11月20日购买一批材料，将持有为期3个月，票面面值为45 000元的银行承兑汇票背书转让，发票价格为45 300元，差额用现金补付，同时用现金支付运杂费220元。作会计分录如下：

         借：物资采购——主要材料   45 520
         贷：应收票据——银行承兑汇票   45 000
             库存现金   520

【例3-6】 2020年12月10日购买一批生产工具，将2020年11月10日取得的为期6个月、票面面值为8 000元、票面利率为6%的商业承兑汇票背书转让，发票价格为8 000元，发生运杂费120元，差额现金付讫。应作如下账务处理：

应收票据账面余额＝8 000×(1+6%÷12)＝8 040(元)

         借：物资采购——生产工具   8 120
         贷：应收票据——商业承兑汇票   8 040
             库存现金   80

单元二　应收账款的核算

应收账款是在企业已经向对方提供了产品、劳务和服务的前提条件下，向对方收取的款项，是企业经营活动中形成的债权，构成企业的资产内容。同时，应收账款是由赊销而形成的一种商业信用方式，是企业流动资产的重要组成部分。房地产开发企业的应收账款是指因转让、销售开发产品，提供出租房屋和提供劳务等业务，应向购买、接受和租用单位或个人收取的款项。

视频：应收账款

一、应收账款的核算方法

为了核算各项应收账款，企业应设置"应收账款"账户。该账户属于资产类账户，借方记录应收账款的增加，贷方记录应收账款的收回和转出，期末余额一般在借方，表示尚未收回的应收账款。

"应收账款"账户应按照不同的客户（单位或个人）设置明细账，进行明细分类核算。

(1)建筑施工企业办理工程完工、出售产品、提供劳务等结算业务。

【例 3-7】 公司月末根据"工程价款结算账单"向某房地产公司结算应收工程款 650 000 元。作会计分录如下：

借：应收账款——某房地产公司　　　　　　　　　　　　650 000
　　贷：工程结算收入　　　　　　　　　　　　　　　　　　　650 000

【例 3-8】 本月赊销给某房地产公司库存积压的带肋钢筋 6 t，单价为 3 200 元，并通过银行支付代垫包装费 300 元、运杂费 1 500 元。作会计分录如下：

借：应收账款——某房地产公司　　　　　　　　　　　　 21 000
　　贷：其他业务收入　　　　　　　　　　　　　　　　　　　 19 200
　　　　银行存款　　　　　　　　　　　　　　　　　　　　　　1 800

(2)收回应收账款的业务。

【例 3-9】 某房产公司送来支付上月购买 63 000 元产品价款的支票，已存入银行。作会计分录如下：

借：银行存款　　　　　　　　　　　　　　　　　　　　　63 000
　　贷：应收账款——某房产公司　　　　　　　　　　　　　　　63 000

【例 3-10】 公司收到某房产公司前欠的工程价款 95 000 元的支票，送存银行。作会计分录如下：

借：银行存款　　　　　　　　　　　　　　　　　　　　　95 000
　　贷：应收账款——某房产公司　　　　　　　　　　　　　　　95 000

二、销售折扣的核算方法

企业为了扩大销售量和尽快收回资金，在销售产品时往往给客户附有一定的优惠条件，即折扣。折扣可分为商业折扣和现金折扣。

商业折扣是企业出于推销商品、增加销售量的目的，采用从商品价目表上规定的价格中扣减一定数额的方式作为出让给客户的利益条件。例如：商品价目表上标明的单位价格是 500 元，当商业折扣为 5% 时出售给客户的单位价格为 $500\times(1-5\%)=475$（元）；当商业折扣为 10% 时出售给客户的单位价格为 $500\times(1-10\%)=450$（元）。商业折扣往往是根据客户购货量的增加而逐渐提高的。但是，企业在确定商业折扣率时，不仅要考虑产品的销售，还要考虑资金成本与资金收益之间的关系，应确定既能够吸引客户又符合企业自身承受能力的商业折扣率。

商业折扣是在交易之前确定的，按此确定的交易价格进行产品交易，企业应收取的价款是扣除了商业折扣后的实际销售价格。这样，商业折扣不反映在买卖双方的账上，由此对应收账款入账价值的确定也没有实质性的影响。

【例3-11】某公司购买本公司甲产品，单价为300元，数量为150件，根据该客户的购买量，公司给予10%的商业折扣，公司应收产品价款为300×(1－10%)×150＝40 500(元)。作会计分录如下：

借：应收账款——某公司　　　　　　　　　　　　　　　　　　　40 500
　　贷：其他业务收入　　　　　　　　　　　　　　　　　　　　　40 500

现金折扣是指企业为了鼓励客户在一定期限内尽快偿还货款，而对其付款额给予一定的扣减。现金折扣的一般表示内容为"折扣/付款期限"，例如，客户在10天内付款，便可以按售价的2%折扣；客户在20天内付款，便可以按售价的1%折扣；在30天内付款，则不给予折扣。

现金折扣有一定的付款期限，应收账款必须及时入账，其入账金额的确定要依据客户是享受现金折扣还是不享受现金折扣的不同情况而定。

因此，在提供现金折扣条件下，应收账款的入账金额的确定便有总价法和净价法两种。我国的会计实务中，通常采用总价法。

阅读材料

总价法和净价法

总价法是将未减去现金折扣前的金额作为实际售价，记作应收账款的入账价值。现金折扣只有客户在折扣期内付款时才予以确认。这种方法将现金折扣理解为鼓励客户而获得的经济效益。销售方把给予客户的现金折扣视为融资的理财费用，会计上应当作为财务费用处理。我国的会计实务中，通常采用总价法。

净价法是将扣减最大现金折扣后的金额作为实际售价，并记作应收账款的入账价值。这种方法将客户取得现金折扣看作普遍现象，认为客户一般都会为了享受折扣而提前付款；如果客户未享受折扣超过折扣期限而多付的金额，销售方将其视为提供信贷而获得的收入，并于收到账款时，作为财务费用的减项。

【例3-12】某企业将一批价值为300 000元的预制构件销售给××房地产公司，为了及时收回货款，公司在合同中承诺给予购货方如下现金折扣条件："2/10, 1/20, n/30"。

按总价法确认应收账款的入账金额的会计分录如下：

借：应收账款——××房地产公司　　　　　　　　　　　　　　300 000
　　贷：其他业务收入　　　　　　　　　　　　　　　　　　　　300 000

(1)××房地产公司若在合同规定的前10天内支付款项，则按售价的2%享受现金折扣，实际收到价款294 000[300 000×(1－2%)]元。作会计分录如下：

借：银行存款　　　　　　　　　　　　　　　　　　　　　　　294 000
　　财务费用　　　　　　　　　　　　　　　　　　　　　　　　6 000
　　贷：应收账款——××房地产公司　　　　　　　　　　　　　300 000

(2)××房地产公司若在合同规定的前20天内支付款项，则按售价的1%享受现金折扣，实际收到价款297 000[300 000×(1－1%)]元。作会计分录如下：

借：银行存款　　　　　　　　　　　　　　　　　　　　　　　297 000

|财务费用|3 000|
|贷：应收账款——××房地产公司|300 000|

(3) ××房地产公司在超过合同规定的现金折扣期限付款，实际收到价款300 000元。

借：银行存款　　　　　　　　　　　　　　　　　　　　　　300 000
　　贷：应收账款——××房地产公司　　　　　　　　　　　300 000

【例3-13】以上例的资料说明净价法的核算。

按净价法确认应收账款的入账金额。

借：应收账款——××房地产公司　　　　　　　　　　　　294 000
　　贷：其他业务收入　　　　　　　　　　　　　　　　　294 000

(1) 如果在10天内收到货款：

借：银行存款　　　　　　　　　　　　　　　　　　　　　294 000
　　贷：应收账款——××房地产公司　　　　　　　　　　294 000

(2) 如果在20天内收到货款：

借：银行存款　　　　　　　　　　　　　　　　　　　　　297 000
　　贷：应收账款——××房地产公司　　　　　　　　　　294 000
　　　　财务费用　　　　　　　　　　　　　　　　　　　3 000

(3) 如果××房地产公司超过合同规定的现金折扣期限付款：

借：银行存款　　　　　　　　　　　　　　　　　　　　　300 000
　　贷：应收账款——××房地产公司　　　　　　　　　　294 000
　　　　财务费用　　　　　　　　　　　　　　　　　　　6 000

三、销售折让及销售退回的核算方法

销售折让是指企业销售商品后，由于商品的品种、质量与合同不符或由于其他原因，对购货方在价格上给予的减让。在实际发生销售折让时，应根据折让金额调整应收账款的入账价值。

【例3-14】接到××房地产公司的函告，说明购买带肋钢筋6 t，单价3 200元，其中，有1 t带肋钢筋的规格与合同不符，并提出条件：或退货或在价格上给予减让。公司经核实后，通知对方同意在价格上折让10%。则

借：其他业务收入　　　　　　　　　　　　　　　　　　　320
　　贷：应收账款——××房地产公司　　　　　　　　　　320

销售退回是指企业售出的商品，由于质量、品种不符合要求等原因而发生的退货。

如果销售退回发生在企业已经确认收入的情况下，一般情况下直接冲减退回当月的销售收入、销售成本，调整尚未收取的应收账款金额。

【例3-15】以上例资料，如果××房地产公司要求退货处理。则

借：其他业务收入　　　　　　　　　　　　　　　　　　　3 200
　　贷：应收账款——××房地产公司　　　　　　　　　　3 200

四、坏账损失的核算方法

坏账是指企业无法收回或收回的可能性极小的应收及预付款项。由于发生坏账而产生的损失，称为坏账损失。坏账损失是一种费用，我国将其列为信用减值损失。企业在确认坏账时，

按照现行会计准则规定，符合下列条件之一的，应予以确认：

(1)债务人死亡，以其遗产清偿后仍然无法收回；

(2)债务人破产，以其破产财产清偿后仍然无法收回；

(3)债务人较长时期内未履行其偿债义务，并有足够的证据表明无法收回或收回的可能性极小。

视频：坏账准备

坏账损失的核算方法有两种，即直接转销法和备抵法。现行会计准则规定，企业只能采用备抵法进行核算。

(一)直接转销法

直接转销法又称一次转销法，是指企业发生坏账损失时，将实际发生的损失直接从应收账款中转销，计入当期的管理费用。

(二)备抵法

备抵法是指在各会计期末采用一定的方法按期估计坏账损失，计入当期损益，同时形成坏账准备，待坏账实际发生时，冲销已提的坏账准备和相应的应收款项的方法。

采用备抵法核算坏账损失时，首先应按期估计坏账损失。估计坏账损失的方法主要有三种，即销售百分比法、账龄分析法和应收账款余额百分比法。

1. 销货百分比法

销货百分比法是指按赊销金额的一定百分比估计坏账损失的方法。其一般是根据以往的经验和有关资料，按赊销金额中估计可能会发生的坏账数额除以赊销金额来确定的。

【例3-16】 某房地产开发公司根据以往的经验和有关资料，估计坏账损失率为5%，本期发生的商品房赊销金额为600万元。

$$本期应估计的坏账损失额 = 600 \times 5\% = 30(万元)$$

2. 账龄分析法

账龄分析法是指对应收款项按账龄的长短进行分组并分别确定坏账比率，据以计算确定减值金额、计提坏账准备的一种方法。账龄分析法是以账款被拖欠的时间越长，发生坏账的可能性就越大为前提的。尽管应收款项能否收回及能收回多少，并不完全取决于欠款时间的长短，但就一般情况而言，这一前提还是可以成立的。

举例说明账龄分析法的操作方法，见表3-1。

表3-1　账龄分析法的操作方法

应收账款账龄	账面金额/元	估计损失比例/%	估计损失金额/元
未到期	120 000	0.2	240
超过1～30天	25 000	0.3	75
超过31～60天	4 500	1	45
超过61～120天	6 000	2.5	150
超过121～180天	5 000	4	200
超过181天以上	2 800	15	420

续表

应收账款账龄	账面金额/元	估计损失比例/%	估计损失金额/元
破产或追索中	2 000	40	800
合计	165 300		1 930

3. 应收账款余额百分比法

应收账款余额百分比法是根据会计期末应收账款的余额乘以估计的坏账比率，即当期估计的坏账损失，据此提取坏账准备金。估计坏账率可以按照以往的数据资料加以确定，也可以根据规定的百分率计算。会计期末，企业应提取的坏账准备大于其账面余额的，按其差额提取；应提取的坏账准备小于其账面余额的，按其差额冲回坏账准备。

【例3-17】 某房地产公司2018年12月31日应收账款的余额为6 000万元，提取坏账准备的比率为1%。第二年5月10日发生坏账8万元，予以核销；2019年12月31日应收账款的余额为5 000万元，坏账准备率仍为1%。2020年10月6日上年核销的坏账又收回。2020年12月31日应收账款的余额为7 000万元。编制会计分录如下：

(1) 2018年12月31日提取坏账准备：

借：信用减值损失　　　　　　　　　　　　　　　　　　600 000
　　贷：坏账准备　　　　　　　　　　　　　　　　　　　　　　600 000

(2) 2019年5月10日冲销坏账：

借：坏账准备　　　　　　　　　　　　　　　　　　　　80 000
　　贷：应收账款　　　　　　　　　　　　　　　　　　　　　　80 000

(3) 2019年12月31日按应收账款的余额计提坏账准备：

坏账准备余额为50 000 000×1‰=500 000(元)

应提的坏账准备金为500 000－520 000=－20 000(元)

第二年末"坏账准备"账户余额应为500 000元，但在期末提取坏账准备前，"坏账准备"账户尚有贷方余额520 000元，超出期末应提坏账准备数，故冲回多提的坏账准备20000元。编制会计分录如下：

借：坏账准备　　　　　　　　　　　　　　　　　　　　20 000
　　贷：信用减值损失　　　　　　　　　　　　　　　　　　　　20 000

(4) 2020年10月6日上年已冲销的坏账又收回：

借：应收账款　　　　　　　　　　　　　　　　　　　　80 000
　　贷：坏账准备　　　　　　　　　　　　　　　　　　　　　　80 000

借：银行存款　　　　　　　　　　　　　　　　　　　　80 000
　　贷：应收账款　　　　　　　　　　　　　　　　　　　　　　80 000

(5) 2020年12月31日按照应收账款余额计提坏账准备：

坏账准备余额为70 000 000×1‰=700 000(元)

应提的坏账准备为700 000－580 000=120 000(元)

第三年末"坏账准备"账户余额应为700 000元，在期末提取坏账准备前，"坏账准备"账户已有贷方余额580 000元，还需补提坏账准备120 000元。编制会计分录如下：

借：信用减值损失　　　　　　　　　　　　　　　　　　120 000
　　贷：坏账准备　　　　　　　　　　　　　　　　　　　　　　120 000

模块三 房地产企业应收与预付款项核算

阅读材料

直接转销法和备抵法的优点及缺点

直接转销法的优点是账务处理简单、实用、易于理解，核算结果比较客观、真实；其缺点是不符合权责发生制及收入与费用相互配比的会计原则；在坏账已经发生但没有确认时，虚增了利润，资产负债表中的应收账款也不真实。

采用备抵法的主要优点有以下几项：

(1)预计坏账损失计入信用减值损失，遵循了权责发生制原则及收入与费用相互配比的原则，使企业盈亏核算更为真实。

(2)使应收账款实际占用的资金数更加接近实际情况，有利于加快企业资金周转，提高资金的使用效益。

(3)资产负债表中列示应收账款净额，有利于报表使用者了解企业真实的财务状况，分析企业实际的偿债能力，以便作出正确的决策。

单元三 预付账款及其他应收款的核算

一、预付账款的核算

预付账款是指房地产开发企业按照工程合同预付给承包单位的款项。其包括预付工程款和预付备料款，以及按照购货合同规定预付给供应单位的购货款。

预付账款应当按实际发生额记账。企业的预付账款，如有确凿证据表明其不符合预付账款性质，或者因供货单位破产、撤销等原因已无望再收到所购货物的，应将原计入预付账款的金额转入其他应收款。当预付账款符合坏账损失的确认条件时，应计提坏账准备。

为了核算和监督预付账款的增减变化情况，房地产开发企业应设置"预付账款"账户。其借方登记企业预付给承包单位的款项、拨付承包单位抵作备料款的材料及预付给供应单位的货款；贷方登记企业与承包单位结算工程价款时，从应付的工程款中扣回预付的工程款和备料款及用预付购货款抵作应付供应单位购货款的数额。期末余额如果在借方，反映企业已经预付但尚未结算的款项；如为贷方余额，反映企业尚未补付的款项。本账户应分别设置"预付承包单位款"和"预付供应单位款"两个明细账户，分别按工程承包单位和物资供应单位名称设置明细账进行核算。

预付账款不多的企业可不设置"预付账款"账户，而是将预付的款项直接记入"应付账款"账户的借方，但在期末编制资产负债表时，要将"预付账款"和"应付账款"的金额分别列示。

房地产开发企业预付账款在会计处理上有以下两种方法，企业可根据具体情况加以选择。

1. 单独设置"预付账款"账户的会计处理

(1)企业预付给承包单位账款的核算。

1)预付承包单位工程款和备料款时：

借：预付账款——预付承包单位款

贷：银行存款

2)拨付承包单位抵作备料款的材料时：

借：预付账款——预付承包单位款

　　贷：原材料

3)企业与承包单位结算工程价款时，根据承包单位提出的"工程价款结算账单"结算工程款时：

借：开发成本

　　贷：应付账款——应付工程款

同时，从应付工程款中扣回预付的工程款和备料款：

借：应付账款——应付工程款

　　贷：预付账款——预付承包单位款

房地产企业预付承包单位款项核算的会计处理流程图，如图3-1所示。

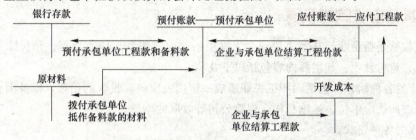

图3-1　房地产企业预付承包单位款项核算的会计处理流程图

(2)企业预付给供应单位预付账款的核算。

1)预付给供应单位货款时：

借：预付账款——预付供应单位款

　　贷：银行存款

2)收到所购物资的发票账单时：

借：材料采购

　　贷：应付账款

同时：

借：应付账款

　　贷：预付账款——预付供应单位款

2. 不单独设置"预付账款"账户的会计处理

(1)发生预付款项时：

借：应付账款

　　贷：银行存款(或原材料)

(2)企业与工程单位结算工程款时：

借：开发成本

　　贷：应付账款

【例3-18】　预付款和结算工程价款。

甲房地产开发公司按合同规定，预付承包施工企业工程款 3 000 000元，拨付原材料 900

000 元，10 个月后，承包施工企业转来"工程价款结算账单"，结算已完工工程款 5 250 000 元（包括材料款）。企业做如下会计分录：

(1) 预付工程款和拨付原材料时：

借：预付账款——预付承包工程款	3 900 000
贷：银行存款	3 000 000
原材料	900 000

(2) 结算工程款时：

借：开发成本	5 250 000
贷：应付账款——应付工程款	5 250 000
借：应付账款——应付工程款	3 900 000
贷：预付账款——预付承包工程款	3 900 000

二、其他应收款的核算

其他应收款是指企业与其他单位或个人发生的除应收账款、应收票据、预付账款等外的其他各种应收、暂付款项。其主要内容包括以下几项：

(1) 应收的各种赔款。包括因职工失职造成一定损失应向其收取的赔款，以及因企业财产等遭受损失而应向供应单位、运输机构、保险公司等收取的赔款。

(2) 应收的各种罚款。

(3) 应收出租包装物的租金。

(4) 应向职工收取的各种代垫款项，如为职工垫付的水电费，应由职工负担的医药费、房租费等。

(5) 预付给职能部门或职工个人的款项。

(6) 存出保证金，如租入包装物支付的押金。

(7) 预付账款转入，是指已不符合预付账款性质而按规定转入的预付账款。

(8) 其他各种应收、暂付款项。

企业应加强对其他应收款的检查，对预计可能发生的坏账损失，应计提坏账准备；对于不能收回的其他应收款，应当查明原因，追究责任，并按规定的审批程序确认坏账损失，冲销提取的坏账准备。

为了总括地核算和监督其他应收款的增减变动和结余情况，企业应设置"其他应收款"账户。借方登记企业实际发生的各种其他应收款；贷方登记企业收回或转销的各种其他应收款；期末借方余额反映企业尚未收回的各种其他应收款项。本账户应按其他应收款的项目分类，并按不同的债务人设置明细账。企业各部门使用的备用金、预付职工的差旅费通常也在"其他应收款"账户下核算。如果企业备用金数额收支业务频繁，也可不在本账户核算，单独设置"备用金"账户进行核算。

【例 3-19】 某房地产开发企业因自然灾害造成部分材料物资毁损，损失金额 120 000 元，应由保险公司理赔 50 000 元，其余由企业自行负担。会计分录如下：

借：其他应收款——保险公司	50 000
营业外支出	70 000
贷：待处理财产损溢	120 000

模块三 房地产企业应收与预付款项核算

拓展阅读

首开股份，即北京首都开发股份有限公司，是北京首都开发控股(集团)有限公司控股的大型房地产开发经营企业，具有国家一级房地产开发资质，于2001年3月12日在上海证交所挂牌上市。2007年12月27日，北京首都开发股份有限公司取得中国证券监督管理委员会批准，向公司实际控股人北京首都开发控股(集团)有限公司发行股票购买其房地产主营业务资产，成为北京首都开发控股(集团)有限公司房地产业务的运作平台。2008年6月，北京首都开发股份有限公司荣获"2008沪深房地产上市公司综合实力TOP10"。截至2014年6月30日，该企业应收账款账面价值为120 547 016.64元，预付款项账面价值为609 385 120.46元，其他应收款账面价值为3 662 530 593.56元。该企业规定期末余额达到4 000万元以上的应收账款为单项金额重大的应收款项，在计提坏账准备时，应单独进行减值测试，有客观证据表明发生了减值的，需根据其未来现金流量现值低于其账面价值的差额计提坏账准备。单项金额虽不重大，但客户信用状况恶化时，应根据其未来现金流量现值低于其账面价值的差额计提坏账准备。根据审计报告显示，企业按账龄分析法计提坏账准备共计11 033 985.05元，其中1~2年内应收账款的坏账准备164 800元，2~3年内应收账款的坏账准备752 916.30元，3年以上的应收账款计提的坏账准备为10 116 268.75元。企业的预付款项按账龄披露，1年以内的预付款项占比最大，约为96.53%，金额为588 243 170.46元，其中因工程尚未完工等原因，北京建工集团有限责任公司占比最高，预付款项金额为480 911 237.99元。

讨论：该公司对于应收款项计提坏账准备的政策符合会计准则的规定吗？房地产开发企业所涉及的应收及预付款项包括哪些内容？其经济业务是如何进行会计处理的？应收及预付款项计提坏账准备有哪些方法？企业应该如何选择？

模块小结

本模块主要介绍了应收票据、应收账款、应收债权的核算三个方面内容。
(1)应收票据是指企业因销售商品、产品或提供劳务而收到的票据。
(2)不带息应收票据在票据到期收回票款时，借记"银行存款"等科目，贷记"应收票据"科目。
(3)带息应收票据在到期收回款项时，按应收到的本息借记"银行存款"科目；按应收票据的账面价值贷记"应收票据"科目，按其差额贷记"财务费用"科目。若汇票到期，承兑人违约拒付或无力偿还票款，收款企业应将到期票据的账面价值转入"应收账款"科目。
(4)应收票据贴现时，应按实际收到的贴现所得款借记"银行存款"科目，按应收票据账面余额(注意：应收票据账面余额=面值+已计提利息)贷记"应收票据"科目，按其差额借记或贷记"财务费用"科目。
(5)企业将持有的应收票据转让时，应按购入材料的价值或原应付账款金额借记"材料采购""应付账款"等科目，按应收票据的账面价值贷记"应收票据"科目，如有差额，借记或贷记"银行存款"等科目。

(6)应收账款是在企业已经向对方提供了产品、劳务和服务的前提条件下,向对方收取的款项。

(7)在有现金折扣的情况下,应收账款的确认一般有总价法和净价法两种方法。

(8)总价法是将原售价金额作为实际售价,据以确认应收账款入账价值的方法。这种方法把给客户的现金折扣视为融资的理财费用,会计上作为"财务费用"处理,我国的会计实务中规定采用此方法。净价法是将扣减现金折扣后的金额作为实际售价,据以确认应收账款入账价值的方法。这种方法把客户取得折扣视为正常现象,认为客户一般会提前付款,而将由于客户超过折扣期限而多收入的金额视为提供信贷获得的收入,冲减财务费用。

(9)应收债权的核算包括以应收债权为质押取得借款的核算、应收债权出售的核算和应收债权贴现的核算三部分。

思考与练习

一、填空题

1. _____ 是指企业因销售商品、产品或提供劳务而收到的票据。
2. 商业汇票按承兑人的不同可分为 _____ 和 _____;按是否带息分为 _____ 和 _____。
3. 由于应收票据的票据期限是指商业汇票签发日至到期日的时间间隔,应收票据的"到期日"的确定有两种表示方法,即 _____ 和 _____ 按日表示。
4. 由应收票据的贴现而可能产生的风险处理方式有 _____ 和 _____ 两种。
5. 企业为了扩大销售量和尽快收回资金,在销售产品时往往给客户附有一定的优惠条件,即 _____。
6. _____ 是指企业销售商品后,由于商品的品种、质量与合同不符或由于其他原因,对购货方在价格上给予的减让。

二、简答题

1. 某企业收到银行承兑汇票,面值为 100 000 元,利率为 6%,期限为 60 天,出票日期为 2020 年 10 月 1 日,计算该票据的到期日、利息及到期值。
2. 总价法和净价法的区别是什么?
3. 商业折扣与现金折扣有什么区别?两者对会计处理各有什么影响?
4. 估计坏账的方法有哪几种?会计处理有哪些方法?

模块实训

【实训一】

一、实训目的

应收账款、应收票据、预付账款及其他应收款的核算练习。

二、实训资料

某房地产开发企业 20××年 5 月发生的有关经济业务如下:

(1)3日，按工程合同规定预付给A建筑公司工程款200 000元，开出转账支票支付。

(2)5日，出售商品房给甲公司，价款600 000元，收到房款400 000元，其余房款暂欠。

(3)8日，按工程合同规定拨付库存原材料一批给A建筑公司，价款100 000元，抵作备料款。

(4)15日，收到甲公司签发的商业承兑汇票一张，面额200 000元，作为其购买商品房的剩余房款，付款期为8月15日。

(5)16日，将开发完成的写字楼出租给乙公司使用，本年应收租金100 000元，已收到40 000元，其余60 000元按合同规定于年末支付。

(6)17日，职工李强出差预借差旅费1 000元，用现金支付。

(7)19日，向某钢铁厂采购钢材，通过银行转账支付定金50 000元。

(8)24日，李强出差归来，凭据报销差旅费1 200元，除冲销原预借1 000元外，补付现金200元。

(9)25日，因企业急需资金使用，将15日收到的甲公司商业汇票到银行申请贴现，贴现年利率为12%。

(10)30日，与A建筑公司结算工程款300 000元，抵扣原预付工程款200 000元，预付备料款50 000元，余额50 000开出转账支票支付。

三、实训要求

根据上述资料，编制会计分录。

【实训二】

一、实训目的

练习应收账款坏账的处理。

二、实训资料

某房地产开发公司采用应收账款余额百分比法核算坏账损失，坏账准备计提比例为5%，2019年年末应收账款余额为200万元。该公司采用备抵法核算坏账。

(1)2020年3月23日，公司确认坏账损失16万元，经批准予以核销。当年年末应收账款余额为230万元。

(2)2021年6月7日上年已转销的应收账款10万元收回。当年年末应收账款余额150万元。

三、实训要求

根据上述资料，计算各年末应提坏账准备并进行相应的会计处理。

模块四 房地产企业存货的核算

学习目标

通过对本模块内容的学习，了解存货的基本知识，掌握原材料的核算、其他物资的核算以及存货的清查和期末计价。

知识要点

1. 原材料按实际成本计价的核算。
2. 原材料按计划成本计价的核算。
3. 周转材料的核算。
4. 委托加工物资的核算。
5. 存货清查及期末计价的核算。

案例导入

××房地产建筑建材有限公司成立与2012年，是一家从事建筑材料设备销售的公司，拥有一批最好的产品和专业的销售和技术团队，公司自成立以来，不断壮大，公司的技术、产品、售后服务等都在不断完善，目前，××房地产建筑建材有限公司已成为了建筑材料设备行业的知名企业。我们从公司存货账面、账龄、周转率、计提资产减值准备发分析。

公司存货分析 单位：百分比

年份	存货/总资产	主营业务收入/平均存货	主营业务成本/平均存货	总资产增长率
2018	24.7%	20.7%	16.78%	25.58%
2019	25.9%	19.4%	16.75%	27.45%
2020	26.4%	19.13%	16.78%	38.74%

在(2018—2020)年里，××房地产建筑建材有限公司在存货上呈现一种上升的趋势，这一

数据表明存货在增多,其存货的增长率太快,如果对其控制不当,会造成存货出现积压的状况。主营业务成本 平均存货余额=存货周转率,如果存货周转率低,就说明公司的存货周转速度过慢,企业在对存货进行变现过程中的能力过弱。反之亦然。我们从表中能够明白,××房地产建筑建材有限公司公司存货周转率呈现一种下滑趋势。为什么会造成这样的状况?

讨论:××房地产建筑建材有限公司存在的问题即原因分析。

单元一 存货的基本知识

一、存货的概念和范围

房地产开发企业的存货是指在开发经营过程中,为房产建设而储存的各种资产。由于存货在企业流动资产中占较大比重,是房地产企业流动资产的重要组成部分,其价值的计算直接影响到资产负债表中资产价值的真实性,所以,存货会计的核心是计价,即正确地确认收入、发出及结存存货的价值。

对于自行开发并建设的房地产开发企业,其存货包括各种原材料、库存设备、低值易耗品、委托加工材料、在建开发产品、已完工开发产品、出租开发产品和周转房等。不承担施工项目的房地产开发公司的存货内容主要是在建开发产品和已完工开发产品。另外,在固定资产标准以下的工具、设备、用品、器皿等低值易耗品也包括在存货范围之内。

存货的特点是具有流动性,处于不断地购置、耗用、重置过程。存货的价值随着实物的耗用而转移,随着销售的实现而及时得到补偿。

存货范围的确认应以企业对存货是否具有法定所有权为依据。凡在盘存日,法定所有权属于企业的一切物品,无论其存放于何处或处于何种状态,都应作为企业的存货;反之,凡法定所有权不属于企业的物品,即使尚未远离企业,也不应包括在本企业存货范围之内。房地产企业为购建固定资产储备的材料物资、特准储备物资和专项储备物资,虽有存货的某些特征,但不属于企业的存货。

二、存货的种类

房地产企业为销售和耗用而储存的存货品种繁多,按存货经济用途将其分类见表4-1。

表4-1 存货按经济用途分类

类 别	说 明
原材料	房地产企业用于房地产开发经营的各种材料,如钢材、木材、水泥等
低值易耗品	未达到固定资产标准的各种用具、物品等劳动资料,如工具、管理用具等
已完工开发产品	房地产企业已经完成全部开发过程,并已经验收合格达到设计标准,可以按照合同规定的条件移交购货单位,或者可以作为商品对外销售的产品
出租开发产品	房地产企业开发完成,用于出租经营的土地和房屋

续表

类　别	说　明
周转房	房地产企业开发完成，用于安置拆迁居民周转使用的房屋
在建开发产品	房地产企业正在开发建设过程中的土地和房屋

房地产企业存货按来源渠道的不同，可分为库存存货、在途存货、委托加工存货、自制存货等。

三、存货的计价方法

1. 存货数量的盘存方法

企业存货的数量需要通过盘存来确定，常用的存货数量盘存方法主要有实地盘存制和永续盘存制两种。

实地盘存制是指会计期末通过对全部存货进行实地盘点，以确定期末存货的结存数量，然后分别乘以各项存货的单价，计算出期末存货的成本，记入各有关存货账户，倒轧本期已耗用或已销售存货的成本，所以又称定期盘存制。采用这种方法，平时对有关存货账户只记借方，不记贷方，每一期期末，通过实地盘点确定存货数量，据以计算期末存货成本，然后计算出当期耗用或销货成本，记入有关存货账户的贷方。其计算公式如下：

$$期初存货＋本期购货－期末存货＝本期耗用或销货$$

期初存货成本和本期购货成本这两项数字都不难从账上取得，待通过实地盘存，确定期末存货成本，则本期销货成本即可用上述公式进行计算。

永续盘存制又称账面盘存制，是指对存货项目设置经常性的库存记录，即分别以品名规格设置存货明细账，逐笔或逐日地登记收入发出的存货，并随时记列结存数。通过会计账簿资料，就可以完整地反映存货的收入、发出和结存情况。采用永续盘存制并不排除对存货的实物盘点，为了核对存货账面数据，加强对存货的管理，每年至少应对存货进行一次全面盘点。

视频：永续盘存制

实地盘存制与永续盘存制的优点及缺点见表 4-2。

表 4-2　实地盘存制与永续盘存制的优点及缺点

名　称	优　点	缺　点
实地盘存制	简化存货的日常核算工作（但加大了期末的工作量）	一是不能随时反映存货收入、发出和结存的动态，不便于管理人员掌握情况；二是容易掩盖存货管理中存在的自然和人为的损失。由于"以存计销"和"以存计耗"倒挤成本，从而使非正常销售或耗用的存货损失、差错，甚至偷盗等原因所引起的短缺，全部计入耗用或销货成本之内，掩盖了仓库管理上存在的问题，削弱了对存货的控制；三是采用这种方法只能到期末盘点时结转耗用或销货成本，而不能随时结转成本。因此，实地盘存制的实用性较差，仅适用于那些自然消耗大、数量不稳定的鲜活商品等

续表

名　称	优　点	缺　点
永续盘存制	有利于加强对存货的管理。在各种存货明细记录中，可以随时反映每一存货收入、发出和结存的状态。通过账簿记录中的账面结存数，结合不定期的实地盘点，将实际盘存数与账存数相核对，可以查明溢余或短缺的原因；通过账簿记录还可以随时反映出存货是否过多或不足，以便及时合理地组织货源，加速资金周转	存货明细记录的工作量较大，尤其是在存货品种规格繁多的企业

2. 存货成本的计价方法

存货成本的计价包括取得时计价、发出时计价和期末计价三个方面。

房地产企业存货有不同的来源渠道（包括外购存货、自制存货、委托加工存货等），其取得成本的构成也不同。从理论上讲，凡与存货形成有关的支出均应计入存货的价值。

（1）外购存货的实际成本由购买价款、相关税费、运输费、装卸费、保险费及其他可归属于存货采购成本的费用。

（2）自制存货实际成本包括制造或建造过程中发生的各项实际支出。如自营施工建设的开发项目所发生的材料费、人工费、机械使用费、其他直接费和施工间接费。

（3）委托加工存货实际成本包括实际耗用的原材料或半成品成本、往返运杂费和加工费等。采用出包方式施工的开发项目实际成本应为支付承包施工企业的工程价款。

（4）投资者投入的存货实际成本为评估确认或合同、协议约定的价值。

（5）接受捐赠的存货实际成本为发票账单所列金额加上企业负担的运杂费、保险费和税金；无发票账单的，按同类存货的市场价格计价。

（6）盘盈的存货实际成本为重置完全成本。

（7）以物易物形成的存货，按《非货币性交易准则》的规定确定换入存货的入账价值。

（8）企业领用或发出的存货，可以按实际成本核算或按计划成本核算。如采用计划成本核算，会计期末应调整为实际成本。按实际成本核算的，就需要确定或选择一定的方法，计算发出存货的价值。在实际成本核算方式下，企业可以采用的发出存货成本的计价方法包括个别计价法、先进先出法、月末一次加权平均法、移动加权平均法等。

1) 个别计价法是假设存货具体项目的实物流转与成本流转相一致，按照各种存货逐一辨认各批发出存货和期末存货所属的购进批别或生产批别，分别按其购入或生产时所确定的单位成本计算各批发出存货和期末存货成本的方法。个别计价法的成本计算准确，符合实际情况，但在存货收发频繁的情况下，其发出成本分辨的工作量较大。因此，这种方法适用于一般不能替代使用的存货、为特定项目专门购入或制造的存货及提供的劳务。

2) 先进先出法是指先购入的存货应先发出（销售或耗用），对发出存货进行计价的一种方法。先进先出法可以随时结转存货的发出成本，但较烦琐；如果存货收发业务较多且存货单价不稳定，其工作量较大。在物价持续上涨时，期末存货成本接近于市场价格，而发出成本偏低，会高估企业当期利润和存货价值；反之，会低估企业存货价值和当期利润。

视频：先进先出法

模块四 房地产企业存货的核算

【例4-1】 某公司某种存货的数据资料见表4-3,用先进先出法计算5月发出的存货成本。

表4-3 某种存货的数据资料

数量单位:千克　　　　　　　　　　　　　　　　　　　　　　　　　　金额单位:元

日期	收入			发出			结存		
	数量	单位成本	金额	数量	单位成本	金额	数量	单位成本	金额
5月1日存货							300	2.00	
5月4日购货	300	2.20							
5月10日发货				500					
5月20日购货	300	2.30							
5月28日发货				400					
5月30日购货	200	2.50							

采用先进先出法计算本月发出的存货成本为

$(300×2+200×2.2)+(100×2.2+300×2.3)=1\,040+910=1\,950(元)$

月末结存成本为

$200×2.5=500(元)$

采用先进先出法计算的存货成本见表4-4。

表4-4 采用先进先出法计算的存货成本

数量单位:千克　　　　　　　　　　　　　　　　　　　　　　　　　　金额单位:元

日期	收入			发出			结存		
	数量	单位成本	金额	数量	单位成本	金额	数量	单位成本	金额
5月1日存货							300	2.00	600.00
5月4日购货	300	2.20	660.00				300 300	2.00 2.20	600.00 660.00
5月10日发货				300 200	2.00 2.20	600.00 440.00	100	2.20	220.00
5月20日购货	300	2.30	690.00				100 300	2.20 2.30	220.00 690.00
5月28日发货				100 300	2.20 2.30	220.00 690.00			
5月30日购货	200	2.50	500.00				200	2.50	500.00

3)月末一次加权平均法只在月末一次计算加权平均单价,比较简单,有利于简化成本计算工作。但由于平时无法从账上提供发出和结存存货的单价及金额,所以不利于存货成本的日常管理与控制。

月末一次加权平均法的计算公式如下：

存货单位成本=[月初库存存货的实际成本+∑(本月各批进货的实际单位成本×本月各批进货的数量)]÷(月初库存存货数量+本月各批进货数量之和)

本月月末库存存货成本=月末库存存货的数量×存货单位成本

本月发出存货成本=本月发出存货的数量×存货单位成本

或　　　=月初库存存货的实际成本+∑(本月各批进货的实际单位成本×本月各批进货的数量)-本月月末库存存货成本

【例4-2】 沿用表4-3的数据资料，用月末一次加权平均法计算存货成本，见表4-5。

存货单位成本=(300×2+300×2.2+300×2.3+200×2.5)÷(300+300+300+200)
　　　　　　=2.227(元)

本月月末库存存货成本=200×2.227=446(元)

本月发出存货成本=600+1 850-446=2 004(元)

采用月末一次加权平均法计算的存货成本见表4-5。

表4-5　采用月末一次加权平均法计算的存货成本

数量单位：千克　　　　　　　　　　　　　　　　　　　　　　　　金额单位：元

日期	收入			发出			结存		
	数量	单位成本	金额	数量	单位成本	金额	数量	单位成本	金额
5月1日存货							300	2.00	600.00
5月4日购货	300	2.20	660.00				600		
5月10日发货				500			100		
5月20日购货	300	2.30	690.00				400		
5月28日发货				400					
5月30日购货	200	2.50	500.00				200		
合　计	800		1 850.00	900	2.227	2 004.00	200	2.227	446.00

4)移动加权平均法是指以每次进货的成本加上原有库存存货的成本，除以每次进货数量加上原有库存存货的数量，据以计算加权平均单位成本，作为下次进货前计算各次发出存货成本依据的一种方法。采用移动加权平均法能够使企业管理者及时了解存货的结存情况，计算的平均单位成本以及发出和结存的存货成本比较客观，但由于每次收货都要计算一次平均单价，计算工作量较大，对收发货较频繁的企业不适用。其计算公式如下：

$$存货单位成本=\frac{原有库存存货实际成本+本次进货实际成本}{原有库存存货数量+本次进货数量}$$

本次发出存货成本=本次发出存货数量×本次发货前存货单位成本

本月月末库存存货成本=月末库存存货的数量×本月月末存货单位成本

【例4-3】 沿用表4-3的数据资料，用移动加权平均法计算存货成本，见表4-6。

模块四 房地产企业存货的核算

表 4-6 采用移动加权平均法计算的存货成本

数量单位：千克　　　　　　　　　　　　　　　　　　　　　　　　　　　　金额单位：元

日期	收入			发出			结存		
	数量	单位成本	金额	数量	单位成本	金额	数量	单位成本	金额
5月1日存货							300	2.00	600.00
5月4日购货	300	2.20	660.00				600	2.10	1 260.00
5月10日发货				500	2.10	1 050.00	100	2.10	210.00
5月20日购货	300	2.30	690.00				400	2.25	900.00
5月28日发货				400	2.25	900			
5月30日购货	200	2.50	500.00				200	2.50	500.00

阅读材料

存货成本的构成

原材料、库存商品、低值易耗品等通过购买而取得，成本由采购成本构成；产成品、在产品、半成品、委托加工物资等通过进一步加工而取得的存货，成本应有采购成本、加工成本，以及使存货达到目前场所和状态所发生的其他成本组成。

1. 存货采购成本的构成

存货采购成本包括购买价款、相关税费、运输费、装卸费、保险费及其他可归属于存货采购成本的费用。

一般情况下，购买价款是指企业购入的材料或设备等的发票账单上列明细的价款，但不包括按规定可以抵扣的增值税款。发生购货折扣的情况下，购货价格是指已扣除商业折扣但包括现金折扣的金额。在折扣期内付款获得的现金折扣，作为理财收益，不抵减该项存货的成本。

相关税费是指企业购买、自制或委托加工存货发生的消费税、资源税和不能从销项税额中抵扣的增值税进项税额等。

可归属于存货采购成本的费用是指企业购入存货在入库前所要支付的各种费用，包括购入存货发生的包装费、运输费、装卸费、保险费及其他可归属于存货采购成本的费用，如存货采购过程中发生的仓储费、运输途中的合理损耗、入库前的挑选整理费用等。若这些费用能分清负担对象的，应直接计入相应存货的采购成本；不能分清负担对象的，应选择合理的分配方法，如按所购存货的重量或采购价格比例，分配计入有关存货的采购成本。

2. 存货加工成本的构成

存货加工成本由直接费和间接费构成，其实质是企业在进一步加工存货的过程中追加发生的生产成本或开发成本。

3. 存货的其他成本

存货的其他成本是指除采购成本、加工成本外的，使存货达到目前场所和状态所发生的其他支出。但要注意的是，下列费用在发生时不应计入存货成本，而应当在其发生时确认为当期费用：

（1）非正常消耗，如自然灾害而发生的直接材料、直接人工及制造费用。由于这些费用的发生不是使该存货达到目前场所和状态的必要的支出，不应计入存货成本，而应计入当期损益。

(2)仓储费用。企业在采购入库后发生的储存费用，应计入当期损益。但在生产中为达到下一个生产阶段所必需的仓储费用则应计入存货成本。

(3)不能归属于存货达到目前场所和状态的其他支出。

单元二　原材料的核算

一、材料按实际成本计价的核算

材料的日常核算通常可以采用实际成本法或计划成本法，企业可以根据其经营特点和管理需要来选择。在实际成本法下，从存货收发凭证到明细分类账全部按照实际成本计价。实际成本法一般适用于规模较小、存货品种简单、采购业务不多的企业。

1. 材料取得的核算

在实际成本法下，取得原材料通过"原材料"和"在途物资"科目进行核算。"原材料"账户核算库存的各种材料，包括原料及主要材料、辅助材料、外购半成品（外购件）、修理用备件（备品备件）、包装材料、燃料等的实际成本，并应当按照材料的保管地点（仓库）及材料的类别、品种和规格等进行明细核算。本科目的期末借方余额，反映企业库存材料的实际成本。"在途物资"科目核算的是企业采用实际成本（或进价）进行材料等物资日常核算的，货款已付尚未验收入库的购入材料等物资的采购成本。该科目应当按照供应单位进行明细核算。本科目有期末借方余额，反映企业已付款，但尚未到达或尚未验收入库的在途材料等物资的采购成本。

(1)购入材料的核算。材料的采购业务，首先由工程管理部门按照开发项目、施工进度和材料消耗定额提出需要量，由采购部门结合材料的库存情况，按期编制材料供应计划和用款计划，与供应单位签订供销合同保证及时到货。然后，经仓库部门根据供应单位的发票、运输机构的提货单、银行的结算凭证和运费账单等，办理材料验收入库和货款结算两个方面的手续。会计部门根据验收入库单和供应单位寄来的发票账单进行结算和记账。

由于企业采购材料的结算方式和采购地点不同，材料到达并入库与货款支付的时间通常不完全一致，其账务处理也不同。

1）发票账单与材料同时达到。在企业货款已付或开出、承兑商业汇票，材料已验收入库后，应根据发票账单等结算凭证确认的材料成本，借记"原材料"科目，根据取得的增值税发票上显示的进项税额，借记"应交税费——应交增值税（进项税额）"科目，按照实际支付的款项或应付票据面值，贷记"银行存款"或"应付票据"等科目；对于小规模纳税人购入材料按应支付的金额，借记"原材料"科目，贷记"银行存款"或"应付票据"等科目。

2）货款已付而材料未到。在企业已经付款或已经开出、承兑商业汇票，但材料尚未运达或尚未验收入库时，应根据发票账单等结算凭证确认的材料成本，借记"在途物资""应交税费——应交增值税（进项税额）"科目，贷记"银行存款"或"应付票据"等科目。对于小规模纳税人购入材料按应支付的金额，借记"在途物资"科目，贷记"银行存款"或"应付票据"等科目。待材料到达并验收入库后，再根据收料单，借记"原材料"科目，贷记"在途物资"科目。

3）材料已到而货款未付。在材料已到达并已验收入库，但发票账单等结算凭证未到，款项尚未支付的情况下，企业应于月末，按材料的暂估价值，借记"原材料"科目，贷记"应付账款——暂估应付账款"科目。下月月初用红字作同样的记账凭证予以冲回。待下月付款或开出商业汇票后，按正常程序重新入账，借记"原材料""应交税费——应交增值税（进项税额）"科目，贷记"银行存款"或"应付票据"等科目；对于小规模纳税人购入材料按应支付的金额，借记"原材料"科目，贷记"银行存款"或"应付票据"等科目。

4）预付货款采购。在预付材料价款时，按照实际支付的价款，借记"预付账款"科目，贷记"银行存款"科目。待已经预付货款的材料验收入库时，根据发票账单所列示的价款和税款，借记"原材料""应交税费——应交增值税（进项税额）"科目，贷记"预付账款"科目；预付款不足的，应补付货款，按补付货款借记"预付账款"科目，贷记"银行存款"科目；退回上项多付款项时，借记"银行存款"科目，贷记"预付账款"科目。

【例4-4】某房地产开发公司为一般纳税人，采购工字钢一批，取得的增值税专用发票上注明的材料价款为300 000元，增值税额为39 000元，发票等结算凭证已经收到，贷款已通过银行转账支付，应编制以下会计分录：

借：原材料　　　　　　　　　　　　　　　　　　　　　300 000
　　应交税费——应交增值税（进项税额）　　　　　　　 39 000
　　贷：银行存款　　　　　　　　　　　　　　　　　　　　339 000

【例4-5】沿用上例资料，假设在该次采购中，购入材料的发票账单已经收到，贷款已支付，但材料尚未运到，公司应于收到发票账单时，编制以下会计分录：

借：在途物资　　　　　　　　　　　　　　　　　　　　300 000
　　应交税费——应交增值税（进项税额）　　　　　　　 39 000
　　贷：银行存款　　　　　　　　　　　　　　　　　　　　339 000

上述材料到达并验收入库时，再作以下会计处理

借：原材料　　　　　　　　　　　　　　　　　　　　　300 000
　　贷：在途物资　　　　　　　　　　　　　　　　　　　　300 000

（2）自制并已验收入库的原材料的核算。自制并已验收入库的原材料，按实际成本，借记"原材料"科目，贷记"生产成本"或"开发成本"等科目。委托外单位加工完成并已验收入库的原材料，按实际成本，借记"原材料"科目，贷记"委托加工物资"科目。

（3）以其他方式增加的材料的核算。以其他方式增加的材料，在材料验收入库时，按实际成本，借记"原材料"科目，按不同方式下确定的材料的实际成本，贷记有关科目。如投资者投入的原材料，应按投资各方确认的价值记入"原材料"科目，贷记"实收资本（或股本）"等科目。

2. 材料发出的核算

企业各项目施工在领用材料时，要填制"领料单"，经单位主管批准后向仓库领用。"领料单"一般应一式三份，在仓库发料后填列实发数量，由发料人和领料人分别签章后一份留存仓库，一份由领料单位留存，一份交会计部门。

企业各项目在领用材料时，要填制"领料单"，经单位主管批准后向仓库领用。"领料单"一般应一式三份，在仓库发料后填列实发数量，由发料人和领料人分别签章后一份留存仓库，一份留存领料单位，一份交会计部门。

企业对拨给工程承包单位抵作预付备料款或预付工程款的材料，应填制"拨给承包单位材料发料单"，经工程管理部门批准后，向仓库办理领料手续。"拨给承包单位材料发料单"一般应一式四份，在仓库发料后填列实发数量，由发料人和领料人分别签章后一份留存仓库，一份交承

包单位据以验收,一份由承包单位验收签章后留存领料部门,一份交会计部门。企业出售不需用材料时,应由供应部门填制加盖销售材料戳记的"领料单"(或"销售材料发料单"),向仓库办理领料手续。各单位领用的材料,如有多余时,要填制"退料单",及时办理退库手续。"退料单"一般应一式三份,一份在仓库验收后退回退料单位,一份留存收料仓库,一份在退库后送会计部门。对开发现场下月继续需用的已领未用材料,如需要按月计算各开发项目的各月耗用材料,可办理假退料手续,即同时填制月末退料单和下月领料单,在材料账卡办理假领假退手续,或填制"已领未用材料清单",据以在本月领用材料中减去,不在材料账卡中作退料、领料的记录。

对于开发商品房领用材料,按实际成本,借记"开发成本""开发间接费用""销售费用""管理费用"等科目,贷记"原材料"科目。对于发出委托外单位加工的原材料,借记"委托加工物资"科目,贷记"原材料"科目。对于基建工程等部门领用材料,按实际成本,借记"在建工程"等科目,贷记"原材料"科目。对外出售材料时,按收到或应收价款,借记"银行存款"或"应收账款"等科目,按实现的营业收入,贷记"其他业务收入"科目,按应交的增值税额,贷记"应交税费——应交增值税(销项税额)"科目,结转出售材料的实际成本时,借记"其他业务成本"科目,贷记"原材料"科目。

材料日常收发按实际成本计价时,材料的明细分类核算要同时设置"材料卡片"和"材料明细分类账"。材料卡片由仓库登记,只进行数量核算。材料明细分类账由会计部门登记,同时进行数量和金额的核算。采用这种方法,账卡资料能相互核对,有一定的制约作用,但核算工作有重复。为了避免重复记账,可以采用"账卡合一"的做法,即取消材料卡片,只设置一本既有数量又有金额的材料明细分类账,放在仓库,由仓库人员登记,会计人员定期稽核,或由仓库人员登记数量,由会计人员登记金额。

仓库管理人员在材料入库或出库后,应及时根据收料凭证和发料凭证逐笔登记材料明细分类账,并计算结存金额,然后将收发料凭证夹在登记的账页中。会计人员要定期到仓库进行稽核和计价。

二、材料按计划成本计价的核算

计划成本法是指企业存货的收入、发出和结存均按预先制订的计划成本计价,同时另设"材料成本差异"科目,分类登记实际成本与计划成本的差额。待月份终了,再将本月发出存货应负担的成本差异进行分摊,随同本月发出存货的计划成本记入有关账户,从而将发出存货的计划成本调整为实际成本。采用计划成本法的企业必须先制定每一品种的存货的计划成本目录,严格规定存货的分类、名称、规格、计量单位和计划单位成本,一经制定在年度内不得随意调整。采用计划成本法有利于考核企业材料供应部门和用料部门的工作效果,也有利于减轻存货品种繁多、收发频繁的企业的会计核算的工作量。

视频:材料成本差异

为了反映材料采购业务的增减变动及结转情况,核算其采购成本,企业应设置以下账户:

(1)"材料采购"账户。该账户用以核算企业购入材料的采购成本。借方反映外购材料的实际成本,以及月终结转入库材料实际采购成本小于计划成本的差额;贷方反映验收入库材料的计划成本、短缺和损失,以及月终结转入库材料实际采购成本大于计划成本的差额。

(2)"原材料"账户。该账户用以核算企业各种库存材料的计划成本。借方反映购入并验收入

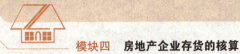

库材料的计划成本,贷方反映出库材料的计划成本。

(3)"材料成本差异"账户。该账户用于核算企业已入库各种材料的实际成本与计划成本之间的差异。借方登记超支差异及发出材料应负担的节约差;贷方登记节约差异及发出材料应负担的超支差异。期末如为借方余额,反映企业库存材料的实际成本大于计划成本的差异(即超支差异);如为贷方余额,反映企业库存材料实际成本小于计划成本的差异(即节约差异)。此账户应分别按材料类别或品种进行明细核算。

在计划成本法下,存货的总分类核算和明细分类核算均按计划成本计价。

原材料收发业务的总分类核算:

(1)外购原材料。企业购入材料,由于采用的结算方式和供货地点不同,经常出现付款与收料在时间上的不一致,因而其会计处理也有所不同。

1)单料已到,货款已付。这种情况属于收料和付款同时进行的业务,一般在当地采购时较为常见。当发票和结算凭证已经收到并已付款,材料已经验收入库时,应根据有关凭证记账。

【例4-6】 某房地产开发公司从外地购入钢材一批,买价为200 000元,增值税税额为26 000元,供货单位代垫运杂费为20 000元,增值税税额为1 800元,计划成本为200 000元。款项已通过银行转账支付,钢材已验收入库。账务处理如下:

  借:材料采购——钢材   220 000
    应交税费——应交增值税(进项税额)   27 800
    贷:银行贷款   247 800
  借:原材料——钢材   200 000
    贷:材料采购——钢材   200 000

结转材料成本差异:

  借:材料成本差异   20 000
    贷:材料采购——钢材   20 000

2)单料已到,货款未付。这种情况材料已经验收入库,应根据有关凭证记账。

【例4-7】 某房地产开发公司从外地购入水泥一批,货款为100 000元,增值税税额为13 000元,代垫运杂费为3 000元,增值税税额为270元,计划成本为110 000元,已收到结算凭证,水泥已验收入库,但企业存款不足尚未付款。账务处理如下:

  借:材料采购——水泥   103 000
    应交税费——应交增值税(进项税额)   13 270
    贷:应付账款   116 270
  借:原材料——水泥   110 000
    贷:材料采购——水泥   110 000

结转材料成本差异:

  借:材料采购——水泥   7 000
    贷:材料成本差异   7 000

以后支付款项时,做如下财务处理:

  借:应付账款   116 270
    贷:银行存款   116 270

3)先预付款,后收料结算。

【例4-8】 某房地产开发公司向钢铁厂订购钢材一批,货款100 000元,按合同规定预付货款 40 000 元，已通过银行转账支付。财务处理如下：

借：预付账款　　　　　　　　　　　　　　　　　　　　　　　　　40 000
　　贷：银行存款　　　　　　　　　　　　　　　　　　　　　　　　40 000

收到钢铁厂按合同规定发来的钢材，货款为 100 000 元，增值税税额为 13 000 元，代垫运杂费为 3 000 元，增值税税额为 270 元，共计 116 270 元，扣除企业已预付的 40 000 元货款，余额 76 270 元已通过银行转账支付，该批钢材计划成本 100 000 元。账务处理如下：

借：材料采购——钢材　　　　　　　　　　　　　　　　　　　　 103 000
　　应交税费——应交增值税(进项税额)　　　　　　　　　　　　　 13 270
　　贷：预付存款　　　　　　　　　　　　　　　　　　　　　　　　40 000
　　　　银行存款　　　　　　　　　　　　　　　　　　　　　　　　76 270

同时：

借：原材料——钢材　　　　　　　　　　　　　　　　　　　　　　100 000
　　贷：材料采购——钢材　　　　　　　　　　　　　　　　　　　 100 000

结转材料成本差异：

借：材料成本差异　　　　　　　　　　　　　　　　　　　　　　　　3 000
　　贷：材料采购——钢材　　　　　　　　　　　　　　　　　　　　 3 000

(2)材料的发出。在企业采用计划成本对材料进行日常核算的情况下，发出材料同样主要有以下几种情形：对于开发商品房领用材料，按计划成本，借记"开发成本""开发间接费用""销售费用""管理费用"等科目，贷记"原材料"科目；对于发出委托外单位加工的原材料，按计划成本，借记"委托加工物资"科目，贷记"原材料"科目；对于基建工程等部门领用材料，按计划成本，借记"在建工程"等科目，贷记"原材料"科目；对外出售材料结转成本时，按出售材料的计划成本，借记"其他业务成本"科目，贷记"原材料"科目。

在实务中，为了简化核算，企业平时发出原材料不编制会计分录，通常在月末，根据领料单等编制"发料凭证汇总表"结转发出材料的计划成本，按计划成本分别记入"开发成本""开发间接费用""销售费用""管理费用""其他业务成本"等科目，贷记"原材料"科目，同时结转材料成本差异。

【例 4-9】　根据"发料凭证汇总表"(表 4-7)，处理如下账务。

表 4-7　发料凭证汇总表　　　　　　　　　　　　　　　　　　　　单位：元

借方科目＼材料类别	主要材料	结构件	机械配件	其他材料	合计
开发成本	210 000	155 000		10 000	375 000
开发间接费用	12 000		10 000	20 000	42 000
管理费用				13 000	13 000
合计	222 000	155 000	10 000	43 000	430 000

借：开发成本　　　　　　　　　　　　　　　　　　　　　　　　　 375 000
　　开发间接费用　　　　　　　　　　　　　　　　　　　　　　　　42 000
　　管理费用　　　　　　　　　　　　　　　　　　　　　　　　　　13 000

贷：原材料——主要材料 222 000
　　　　　——结构件 155 000
　　　　　——机械配件 10 000
　　　　　——其他材料 43 000

上述发出材料的成本是按计划成本计价核算的，还应将领用材料应负担的成本差异按月分摊下去。

本期材料成本差异率＝(期初材料成本差异＋当月入库成本差异)/
　　　　　　　　(期初原材料计划成本＋当月入库材料计划成本)×100%

本期发出材料应负担的成本差异＝本月发出材料的计划成本×
　　　　　　　　材料成本差异率

本期发出材料的实际成本＝本月发出材料的计划成本 ±
　　　　　　　　本月发出材料应负担的成本差异

本期结存材料的实际成本＝(月初结存材料的计划成本 ＋ 本月增加材料的计划成本－
　　　　　　　　本月发出材料的计划成本)×(1＋材料成本差异率)

视频：材料成本差异率

【例4-10】 承接[例4-5][例4-6][例4-7]，某房地产开发公司为增值税一般纳税人，某月月初结存原材料计划成本为90 000元，成本为节约差异6 000元，结合上述资料，则：

材料成本差异率＝(－6 000＋20 000－7 000＋3 000)/(90 000＋200 000＋110 000＋100 000)×100%＝2%

结转发出材料的成本差异，应编制如下会计分录：

借：开发成本 7 500
　　开发间接费用 840
　　管理费用 260
　　贷：材料成本差异 8 600

本例中，开发成本应分摊的材料成本差异超支额为7 500元(375 000×2%)，开发间接费用应分摊的材料成本超支额为840元(42 000×2%)，管理费用应分摊的材料成本超支额为260元(13 000×2%)。

单元三　其他物资的核算

一、周转材料的核算方法

周转材料是指企业能够多次使用、不符合固定资产定义，逐渐转移其价值但仍保持原有形态的材料物品。企业的周转材料包括包装物和低值易耗品，以及企业的钢模板、木模板、脚手架等。

作为存货核算和管理的低值易耗品，一般分为一般工具、专用工具、替换设备、管理用具、劳动保护用品和其他用具等。

为了反映和监督低值易耗品的增减变动及其结存情况，企业应当设置"周转材料——低值易耗品"科目，借方登记低值易耗品的增加，贷方登记低值易耗品的减少，期末余额在借方，通常反映企业期末结存低值易耗品的金额。

低值易耗品等企业的周转材料符合存货定义和条件的，按照使用次数分次计入成本费用。金额较小的，可在领用时一次计入成本费用，但为加强实物管理，应当在备查簿中进行登记。会计分录如下：

借：开发间接费用
　　销售费用
　　管理费用
　　其他业务成本
　　贷：低值易耗品

视频：周转材料

采用分次摊销法摊销低值易耗品，低值易耗品在领用时摊销其账面价值的单次平均摊销额。分次摊销法适用于可供多次反复使用的低值易耗品。在采用分次摊销法的情况下，需要单独设置"周转材料——低值易耗品——在用""周转材料——低值易耗品——在库""周转材料——低值易耗品——摊销"明细科目。常用的分次摊销法为五五摊销法，即分两次摊销，在领用时，将其价值的50%摊入有关的成本费用账户，报废时，再摊销其余的50%（扣除收回的残值），记入有关成本费用账户。

【例4-11】 某房地产企业对低值易耗品采用五五摊销法。2020年9月该企业管理部门领用实际成本为16 000元的低值易耗品一批，使用时间为10个月。

领用时：
借：周转材料——低值易耗品——在用　　　　　　　　　　　　16 000
　　贷：周转材料——低值易耗品——在库　　　　　　　　　　　16 000
第一次领用时摊销其价值的一半：
借：管理费用　　　　　　　　　　　　　　　　　　　　　　　　8 000
　　贷：周转材料——低值易耗品——摊销　　　　　　　　　　　　8 000
这批低值易耗品报废时，摊销剩余的一半，同时结转低值易耗品的价值：
借：管理费用　　　　　　　　　　　　　　　　　　　　　　　　8 000
　　贷：周转材料——低值易耗品——摊销　　　　　　　　　　　　8 000
借：周转材料——低值易耗品——摊销　　　　　　　　　　　　 16 000
　　贷：周转材料——低值易耗品——在用　　　　　　　　　　　16 000
如收回残值200元，应该冲减管理费用：
借：库存现金　　　　　　　　　　　　　　　　　　　　　　　　 200
　　贷：管理费用　　　　　　　　　　　　　　　　　　　　　　　200

二、委托加工物资的核算方法

委托加工物资是指企业委托外单位加工的各种材料、商品等物资。与材料或商品销售不同，委托加工材料发出后，虽然其保管地点发生位移，但材料或商品仍属于企业存货范畴。经过加工，材料或商品不仅实物形态、性能和使用价值可能发生变化，加工过程中也要消耗其他材料，发生加工费、税费，导致被加工材料或商品的成本增加。

视频：委托加工物资（一）

企业委托外单位加工物资的成本包括加工中实际耗用物资的成本、支付的加工费用及应负担的运杂费、支付的税费等。委托加工物资核算内容主要包括拨付加工物资、支付加工费用和税金、收回加工物资和剩余物资等。

为了反映和监督委托加工物资增减变动及其结存情况，企业应当设置"委托加工物资"科目，借方登记委托加工物资的实际成本，贷方登记加工完成验收入库的物资的实际成本和剩余物资的实际成本，期末余额在借方，反映企业尚未完工的委托加工物资的实际成本等。委托加工物资也可以采用计划成本或售价进行核算，其方法与库存商品相关业务会计处理基本相同。

视频：委托加工物资（二）

【例 4-12】 某房地产开发企业委托外单位加工一批材料，发出材料的计划成本为 20 000 元，材料成本差异率为 2.5%，支付加工费 5 000 元，增值税专用发票上注明的增值税税额为 650 元，支付往返运杂费 2 000 元，增值税税额为 180 元。

(1) 发出材料时：

借：委托加工物资　　　　　　　　　　　　　　20 500
　　贷：原材料　　　　　　　　　　　　　　　　　20 000
　　　　材料成本差异　　　　　　　　　　　　　　　　500

(2) 支付加工费、运杂费时，作会计分录如下：

借：委托加工物资　　　　　　　　　　　　　　 7 000
　　应交税费——应交增值税　　　　　　　　　　　 830
　　贷：银行存款　　　　　　　　　　　　　　　　 7 830

(3) 加工完毕验收入库时：

借：原材料　　　　　　　　　　　　　　　　　27 500
　　贷：委托加工物资　　　　　　　　　　　　　　27 500

单元四　存货的清查和期末计价

一、存货的清查

（一）存货清查概述

存货清查，是指通过对存货的实地盘点，确定存货的实有数量，并与账面结存数核对，从而确定存货实存数与账面结存数是否相符的一种专门方法。企业中，由于存货种类繁多、数量大、收发频繁，在日常收发过程中可能发生计量错误、计算错误、自然损耗，以及损坏变质、贪污、盗窃等情况，使得账实不符，形成存货的盘盈、盘亏。对于存货的盘盈、盘亏，应当填写存货盘点报告，及时查明原因，按照规定程序报批处理。存货盘点报告表的格式见表 4-8。

视频：存货清查

表 4-8　存货盘点报告表

仓库：　　　　　年　月　日　　　　　　　　　　　　　　　　　　　金额单位：元

存货名称	规格型号	单位	单价	账面数	实存数	盘盈数		盘亏数		盈亏原因
						数量	金额	数量	金额	

盘点人：　　　　　　　　审核人：　　　　　　　　部门主管：

（二）存货清查结果的核算

为了反映企业在财产清查中查明的各项存货的盘盈、盘亏和毁损情况，企业应设置"待处理财产损溢"账户，借方登记存货的盘亏、毁损金额及盘盈的转销金额；贷方登记存货的盘盈金额以及盘亏的转销金额。企业清查的各种存货损益，应在期末结账前处理完毕，期末处理后，本账户应无余额。

1. 存货盘盈的核算

企业盘点后发现，存货实存数大于账存数，即发生盘盈，此时，应根据"存货盘点报告表"，借记"原材料"等账户，贷记"待处理财产损溢"账户；在按管理权限报经批准后，借记"待处理财产损溢"账户，贷记"管理费用"账户。

【例 4-13】企业在财产清查中，盘盈钢材一批，价值为 6 000 元，主要是由于收发计量差错造成的。

（1）批准处理前：

借：原材料——钢材　　　　　　　　　　　　　　　　　　　　　6 000
　　贷：待处理财产损溢——待处理流动资产损溢　　　　　　　　　6 000

（2）经批准后冲销管理费：

借：待处理财产损溢——待处理流动资产损溢　　　　　　　　　　6 000
　　贷：管理费用　　　　　　　　　　　　　　　　　　　　　　　6 000

2. 存货盘亏和毁损的账务处理

企业盘点后发现，存货实存数小于账存数，即发生盘亏，此时应根据造成盘亏的原因，分以下情况进行处理：

(1)属于自然损耗产生的定额内合理损耗,经批准后计入管理费用,借记"管理费用"账户,贷记"待处理财产损溢"账户。

(2)属于计量、收发差错和管理不善等原因造成的材料短缺或毁损,能确定过失人的,应由过失人赔偿,借记"其他应收款——××"账户;属于保险责任范围内,应向保险公司索赔,借记"其他应收款——保险公司"账户;扣除过失人、保险公司的赔偿以及残料价值后的差额,即净损失,借记"管理费用"账户,贷记"待处理财产损溢""应交税费——应交增值税(进项税额转出)"等账户。

(3)属于自然灾害造成的存货非常损失,应先扣除残料价值和可以收回的保险赔款,将净损失计入营业外支出,借记"营业外支出"账户,贷记"待处理财产损溢"等账户。

请注意:属于自然损耗产生的定额内合理损失,以及自然灾害造成的非常损失,其增值税进项税额允许抵扣,不进行税额转出。

【例4-14】 甲房地产开发公司在存货清查中发现盘亏乙种材料50千克,实际成本40元/千克,应转出的进项税额260元,经核查属于材料保管员的过失造成,按规定由个人赔偿50%,剩余50%计入管理费用,应作如下会计处理:

(1)批准处理前:

借:待处理财产损溢——待处理流动资产损溢　　　　　　　　　　2 000
　　贷:原材料——乙种材料　　　　　　　　　　　　　　　　　　2000

(2)批准处理后:

借:其他应收款　　　　　　　　　　　　　　　　　　　　　　　1 130
　　管理费用　　　　　　　　　　　　　　　　　　　　　　　　1 130
　　贷:待处理财产损溢——待处理流动资产损溢　　　　　　　　　2000
　　　　应交税费——应交增值税(进项税额转出)　　　　　　　　 260

二、存货的期末计价

(一)成本与可变现净值孰低法

存货的期末计价,是指资产负债表日存货的价值确定。存货应当按照成本与可变现净值孰低计量。其中,成本是指期末存货的实际成本;可变现净值是指在日常活动中,存货的估计售价减去至完工时估计将要发生的成本、估计的销售费用以及相关税费后的金额。可变现净值的特征表现为存货的预计未来净现金流量,而不是存货的售价或合同价。

不同情况下存货可变现净值的确定:

(1)开发产品和用于出售的材料等直接用于出售的存货,在正常生产和开发经营过程中,应当以该存货的估计售价减去估计的销售费用和相关税费后的金额确定其可变现净值。

(2)用于生产的材料、在建开发产品或自制半成品等需要经过加工的存货,在正常生产和开发经营过程中,应当以所生产和开发的产成品的估计售价减去至完工时估计将要发生的成本、估计的销售费用以及相关税费后的金额确定其可变现净值。

(3)为执行销售合同或者劳务合同而持有的存货,其可变现净值通常以合同价格为基础计算。企业持有存货的数量多于销售合同订购数量的,超过部分的存货可变现净值应当以一般销售价格为基础计算;若少于销售合同订购数量的,其可变取净值应以合同市场价格为基础核算。

当存货成本低于其可变现净值时,不须做账务处理,资产负债表中的存货按期末账面价值列示。存货成本高于其可变现净值的,应当计提存货跌价准备,计入当期损益。以前减记存货价值的影响因素已经消失的,减记的金额应当予以恢复,并在原已计提的存货跌价准备金额内转回,转回的金额计入当期损益。

当存货存在下列情形之一的,应当计提存货跌价准备:
(1)该存货的市场价格持续下跌,并且在可预见的未来无回升的希望。
(2)企业使用该项原材料生产的产品成本大于产品的销售价格。
(3)因产品更新换代,企业原有库存原材料已不适应新产品的需要,而该原材料的市场价格又低于其账面成本。
(4)因企业所提供的商品或劳务过时或消费者偏好改变而使市场的需求发生变化,导致市场价格逐渐下跌。
(5)其他足以证明该项存货实质上已经发生减值的情形。

视频:存货期末计量

(二)存货跌价准备的会计处理

企业应当设置"存货跌价准备"账户,核算存货跌价准备。该账户贷方登记计提的存货跌价准备金额,借方登记实际发生的存货跌价损失金额和冲减的存货跌价准备金额,期末余额一般在贷方,反映企业已计提但尚未转销的存货跌价准备。

当存货成本高于其可变现净值时,企业应当按照存货可变现净值低于成本的差额,借记"资产减值损失——计提的存货跌价准备"账户,贷记"存货跌价准备"账户。

转回已计提的存货跌价准备金额时,按恢复增加的金额,借记"存货跌价准备"账户,贷记"资产减值损失——计提的存货跌价准备"账户。

企业结转存货销售成本时,对于已计提存货跌价准备的,借记"存货跌价准备"账户,贷记"主营业务成本""其他业务成本"等账户。

当存货的可变现净值低于成本时,应计提存货跌价准备。

某当期应补提或冲销的存货跌价准备=(存货实际成本-可变现净值)-"存货跌价准备"账户已有贷方余额

当结果为正时,即为当年实际应提取数,计提时:
借:资产减值损失——计提存货提价准备
　　贷:存货跌价准备
当结果为负时,即为当年应冲减数,冲回时:
借:存货跌价准备
　　贷:资产减值损失——计提存货提价准备

当存货的市价上升,存货的可变现净值恢复至成本或以上时,应将存货跌价准备已有数额全额冲减。

当存货存在下列情形之一的,表明存货的可变现净值为零,应将存货账面价值全部转入当期损益:
(1)已霉烂变质的存货。
(2)已过期且无转让价值的存货。
(3)生产中已不再需要,并且已无使用价值和转让价值的存货。
(4)其他足以证明已无使用价值和转让价值的存货。

模块小结

（1）房地产开发企业的存货是指在开发经营过程中，为房产建设而储存的各种材料物资。

（2）存货按经济用途分类有原材料、低值易耗品、已完工开发产品、出租开发产品、周转房和在建开发产品。

（3）存货成本的计价包括取得时计价、发出时计价和期末计价三个方面。

（4）为了反映材料采购业务的增减变动及结转情况，核算其采购成本，企业应设置"在途物资""材料采购""原材料""材料成本差异"等账户。

（5）周转材料损耗价值的摊销可采用定额摊销法、按期摊销法和按次摊销法三种方法。

（6）委托加工物资是指企业购入的物资需要委托其他单位加工后才能使用，即发往其他单位并委托其他单位进行加工的物资。

（7）企业的各项存货由于管理不善、计量差错、记账错误等原因，往往会出现账面记录和实物结存数不一致的情况，从而使账实不符。为了保证存货的安全和完整，做到账实相符，需要定期或不定期地进行存货清查。

（8）按规定，房地产企业期末可按成本与可变现净值孰低法计价，当可变现净值低于成本时，应确认存货跌价损失，计提存货跌价准备。

思考与练习

一、填空题

1. 企业存货的数量需要通过盘存来确定，常用的存货数量盘存方法主要有_____和_____两种。

2. 企业存货的数量需要通过盘存来确定，常用的存货数量盘存方法主要有_____和_____两种。

3. 存货成本的计价包括_____、_____和_____三个方面。

4. _____是指原材料、委托加工物资和库存设备，如库存的各类建筑材料、各类配套的机器设备等。

5. _____是企业通过原材料对储备供应过程进行的核算。

6. 房地产开发企业采用计划成本进行材料采购核算，要设置_____账户和_____账户。

7. _____是指企业能够多次使用、逐渐转移其价值但仍保持原有形态、不确认为固定资产的材料。

8. _____是指单位价值在规定的限额以下，容易损耗的物品。

9. 企业购入的物资有时需要经过加工后才能使用，有时需要将一部分物资委托其他单位代为加工，这种发往其他单位并委托其他单位进行加工的物资，会计上称为_____。

二、选择题

1. 在实际成本核算方式下，企业可以采用的发出存货成本的计价方法包括（　　）等。

　　A. 个别计价法　　　　　　　　B. 集体计价法

C. 先进先出法 D. 月末一次加权平均法
E. 移动加权平均法
2. 为了反映设备和材料采购业务的增减变动及结转情况，核算其采购成本，企业应设置（　　）账户。
A."材料采购"账户 B."采购保管费"账户
C."库存设备"账户 D."原材料"账户
E."材料成本统一"账户
3. 周转材料损耗价值的摊销可采用（　　）。
A. 定额摊销法 B. 周转摊销法
C. 按期摊销法 D. 按次摊销法
E. 按年摊销法

三、简答题

1. 简述存货的特点和范围。
2. 房地产企业存货按来源渠道的不同可分为哪些？
3. 简述实地盘存制与永续盘存制的优缺点。
4. 材料与设备的核算内容主要有哪几个方面？
5. 某房地产企业预计全年发生的材料、设备采购费为 56.5 万元，预计全年采购材料、设备的买价和运杂费为 2 650 万元，则该年度的采购费预定分配率是多少？如某月购入一台 17.5 万元的机械，运杂费 3 000 元，则该设备分配的采购费是多少？
6. 某房地产公司所属施工单位，2013 年 3 月共领用模板 100 m³，每立方米模板价格为 308 元，在 3、4 月份完成立模数量分别为 3 000 m²、1 200 m²，每平方米摊销为 5 元，4 月末完工，盘点现场还有 44 m³ 模板可以使用，估计余值为 8 800 元。试作会计分录。
7. 2014 年 5 月，小叶应聘到甲企业，该企业的财务主管为了让她尽快熟悉企业会计工作，把 2013 年的账务及本年已发生的业务拿给小叶让她熟悉，一段时间后，小叶发现企业的业务处理中存在一些问题，请指出有哪些问题并做出正确的会计处理。

(1) 2013 年 5 月 20 日，企业购进一批 A 材料，采购成本为 351 000 元，材料验收入库时发现合理损耗 3 000 元，货款已通过银行存款支付。具体账务处理如下：

借：原材料——A 材料　　　　　　　　　　　　　　　　　　　348 000
　　管理费用　　　　　　　　　　　　　　　　　　　　　　　　3 000
　贷：银行存款　　　　　　　　　　　　　　　　　　　　　　351 000

(2) 企业于 2013 年 10 月 20 日与甲公司签订销售合同：由该企业于 2014 年 2 月 10 日向甲公司销售 A 产品 20 台，销售价格为每台 120 000 元。2013 年年末，20 台 A 产品的账面成本为 2 500 000 元。2013 年 12 月 31 日，A 产品的市场售价为每台 140 000 元，预计销售每台 A 产品尚需发生的相关税费为 5 000 元。

企业 2013 年 12 月 31 日确认 A 产品的账面价值为 250 000 元。企业的计算过程如下：
2013 年 12 月 31 日，A 产品的可变现净值＝(140 000－5 000)×20＝2 700 000(元)
由于期末 A 产品的可变现净值 2 700 000 元大于其账面成本 2 500 000 元，因此，2013 年 12 月 31 日 A 产品的账面价值为 2 500 000 元。

(3) 2013 年年底，企业对一批价值为 330 000 元的原材料进行核查，发现有减值迹象，经测算其可变现净值为 274 000 元，于是对其提了 56 000 元的存货跌价准备，2014 年 2 月底，其可

变现净值为 315 000 元,于是企业冲回 41 000 元的存货跌价准备。具体账务处理如下:

2013 年年底的业务处理:

借:资产减值损失　　　　　　　　　　　　　　　　　　　　56 000
　　贷:存货跌价准备　　　　　　　　　　　　　　　　　　　　　56 000

2014 年 2 月的业务处理:

借:存货跌价准备　　　　　　　　　　　　　　　　　　　　41 000
　　贷:资产减值损失　　　　　　　　　　　　　　　　　　　　　41 000

(4)企业有未售商品房,账面余额 4 500 000 元,无跌价准备,目前该商品房供销两旺,未发现减值情况。但企业处于谨慎性考虑,按 5% 提取跌价准备 225 000 元。

借:资产减值损失　　　　　　　　　　　　　　　　　　　　225 000
　　贷:存货跌价准备　　　　　　　　　　　　　　　　　　　　225 000

(5)2013 年 12 月 15 日,企业出售一批产品,收到价款 245 000 元,该批产品账面成本为 240 000 元,计提的存货跌价准备为 36 000 元。具体账务处理如下:

借:银行存款　　　　　　　　　　　　　　　　　　　　　　245 000
　　贷:主营业务收入　　　　　　　　　　　　　　　　　　　　245 000
借:主营业务成本　　　　　　　　　　　　　　　　　　　　240 000
　　贷:库存商品　　　　　　　　　　　　　　　　　　　　　　240 000

模块实训

【实训一】

一、实训目的

材料按实际成本计价核算训练。

二、实训资料

某房地产公司材料按实际成本计价核算,2020 年 10 月份有关账户的月初余额资料见表 4-9。

表 4-9　2020 年 10 月月初余额资料

总分类账户	明细分类账户	借方余额/元
原材料	主要材料	
	结构构件	
	机械配件	
	其他材料	
在途物资	主要材料(钢材)	702 000
预付账款	预付购货款(砂石厂)	80 000
应付账款	应付购货款(水泥厂)	300 000

2020 年 10 月份发生下列有关材料采购和发出的经济业务:

(1)10 月 1 日,上月向水泥厂购入的 500 t 水泥,因发票账单未到,月末按暂估价 300 000 元验收入库，本月初予以冲回。

(2)10月3日，上月已付价款600 000元、增值税为78 000元的一批钢材，现已收到验收入库。

(3)10月8日，收到砂石厂发来上月预付款80 000元的中砂1 000 m³，价款为100 000元、增值税为13 000元，经验收无误入库并补付货款。

(4)10月9日，向某机械加工公司购入机械配件一批，价款为100 000元，增值税为13 000元，款项通过银行支付，材料已验收入库。

(5)10月11日，收到上月水泥厂500 t水泥的结算账单，单价为650元/t，计325 000元，增值税为42 250元，款项通过银行支付。

(6)10月15日，向某单位购入施工用脚手架一批，价款为150 000元，增值税为19 500元，货款通过银行支付，材料验收入库。

(7)10月16日，向某预制构件厂购入预制构件一批，价款为450 000元，增值税为58 500元，款项通过银行支付，材料验收入库。

(8)10月19日，向某钢铁公司购入钢材100 t，单价为5 500元/t，计550 000元，增值税为71 500元，代垫运杂费为3 500元，货款通过银行已支付，材料尚未收到。

(9)10月25日，向某钢铁公司购入的钢材100 t已运到，经验收，缺少2 t，经核实系运输途中丢失，应向运输部门索赔，其余钢材验收入库。

(10)10月31日，采用汇兑结算方式向某五金公司购入钢管一批，货款为190 000元，增值税为24 700元，发票账单已收到付款，材料尚未到达。

(11)10月31日，根据本月各种领料凭证，按受益对象编制的"发出材料汇总表"见表4-10。

表4-10 发出材料汇总表

2020年10月31日 单位：元

受益对象	主要材料	结构构件	机械配件	其他材料	小计
××工程耗用	900 000	500 000			1 400 000
机械作业耗用			250 000	60 000	310 000
辅助生产耗用	80 000		90 000	9 000	179 000
建造临时设施耗用	50 000				50 000
施工管理耗用			8 000	5 000	13 000
企业管理部门耗用			15 000	10 000	25 000
合计	1 030 000	500 000	363 000	84 000	1 977 000

三、实训要求

根据上述资料，作出有关材料按实际成本计价材料采购和发出的会计处理。

【实训二】

一、实训目的

设备采购与收发的核算练习。

二、实训资料

某房地产开发企业预计××年全年采购设备的买价和运杂费为4 500万元，全年设备采购保管费为10万元，采购保管费按预定分配率进行分配。该年3月份，发生了下列设备采购和收发业务：

(1)3月5日，采购设备一批，买价及运杂费为25万元，通过银行转账支付。

(2)3月8日，采购设备一验收入库，发票账单尚未收到，按合同价格10万元暂估入账。

(3)3月10日，采购设备采用验单付款方式，收到采购设备的有关账单，与合同核对相符，发票金额15万元通过银行转账支付，设备尚未收到。

(4)3月15日，收到3月8日验收入库设备的发票账单，买价及运杂费共105 000元，通过银行转账支付。

(5)3月20日，采购设备一批验收入库，买价及运杂费5万元，开出商业汇票进行结算。

(6)3月25日，3月10日付款的采购设备运到，验收入库。

(7)3月28日，采购人员报销差旅交通费1 000元，用现金支付。

(8)3月31日，将本月采购的设备全部交付安装公司安装。

三、实训要求

根据3月份发生的设备采购和收发业务，编制会计分录。

模块五 房地产企业固定资产、无形资产和其他资产核算

学习目标

通过对本模块内容的学习，了解固定资产和无形资产的定义，熟悉固定资产和无形资产的类别，掌握固定资产和无形资产的核算。

知识要点

1. 固定资产的核算。
2. 无形资产的核算。

案例导入

××房地产公司为一般纳税人，它将使用过的大型固定资产淘汰，销售给物资回收公司，该固定资产系增值税转型之前购入，进项税金没有抵扣。那么，销售使用过的固定资产如何缴纳增值税呢？第一种观点认为，一般纳税人销售使用过的且进项税金未抵扣的固定资产，应该按照4%减半来征收增值税；第二种观点认为，虽然是一般纳税人销售使用过的且进项税金未抵扣的固定资产，但是在销售后该固定资产原有用途不能够继续延续，而是作为废旧物资来处理，因此，应该按照适用税率来征收增值税，而不是采用简易征收的方式。

讨论： 以上哪种观点正确呢？

单元一 固定资产的核算

一、固定资产的定义及特征

固定资产是指为生产商品、提供劳务、出租或经营管理而持有，使用寿命超过一个会计年度的有形资产。其包括房屋及建筑物、机器设备、运输设备、工器具等。房地产开发企业的固定资产是从事房地产开发经营的重要物质条件。作为房地产开发企业主要劳动资料的固定资产应具有以下基本特征：

(1)使用寿命超过一个会计年度。固定资产使用寿命超过一个会计年度，意味着固定资产属于非流动资产，随着使用和磨损，通过计提折旧方式逐渐减少账面价值。固定资产使用寿命，是指企业使用固定资产的预计期间，或者该固定资产所能生产产品或提供劳务的数量。如，自用房屋建筑物的使用寿命，表现为企业对该建筑物的预计使用年限；某些机器设备或运输设备等固定资产的使用寿命，表现为该固定资产所能生产产品或提供劳务的数量，如汽车等，是按其预计行驶里程估计寿命的。

(2)取得目的是用于开发经营活动而不是为了出售，这是房地产开发企业在房屋建筑物及设备等固定资产的核算中区别于开发产品的重要标志。房地产开发企业开发的商品房、出租房和周转房，虽然也都具有使用期限较长的特征，但是它们的取得都是为了出售，只宜作为开发产品管理和核算。

房地产开发经营的特点决定了对外销售开发产品可以采用出售和出租两种方式，也决定了出租房、周转房和商品房三者之间用途的不稳定性。房地产开发企业可以根据自身的开发经营情况、资金情况及房产市场销售等情况，决定这些开发产品的用途。如将出租房变为商品房对外进行出售或将商品房变为出租房对外进行出租。对周转房也是如此，当商品房暂时未出售之前，可临时用于安置动迁户，待动迁户回迁或安置完毕之后，再将空出的周转房作为出租房或商品房用于对外出租或出售。最终是为了出售的这类房屋不符合固定资产的定义，因而不属于固定资产。

通常，机器设备的备品、备件和维修设备被确认为存货，但需要与相关固定资产组合发挥效用的某些备品、备件和维修设备，应当确认为固定资产。

二、固定资产的分类

固定资产种类繁多、规格不一。企业的固定资产根据不同的管理需要和核算要求，有不同的分类标准，主要有以下几种分类方法：

(1)按固定资产的经济用途的不同，可分为生产经营用固定资产和非生产经营用固定资产。

生产经营用固定资产是指直接服务于企业生产经营过程的各种固定资产，如生产经营用的房屋、建筑物、设备、器具和工具等。非生产经营用固定资产是指不直接服务于企业生产经营过程的各种固定资产，如职工宿舍、食堂、浴室、理发室等使用的房屋、设备和其他固定资产等。

(2)按固定资产使用情况的不同，可分为使用中的固定资产、未使用固定资产和不需用固定资产。

使用中的固定资产是指正在使用中的经营性和非经营性固定资产，由于季节性经营或在修理等原因，暂停使用的固定资产仍属于企业使用中的固定资产；企业经营性出租给其他企业使用的固定资产和内部替换使用的固定资产也属于使用中的固定资产。未使用固定资产是指已完工或已购建的尚未正式使用的新增固定资产，以及因进行改建、扩建等原因暂停使用的固定资产，如企业购建的尚未正式使用的固定资产、经营任务变更停止使用的固定资产及主要的备用资产。不需用固定资产是指本企业多余或不适用的各种固定资产。

(3)按固定资产使用权的不同，可分为自有固定资产和租入固定资产。

自有固定资产是指企业拥有的，可供企业自由地支配使用的固定资产。租入固定资产是指企业采用租赁的方式从其他企业租入的固定资产，此类固定资产只有使用权，而无所有权，租入固定资产又可分为经营性租入固定资产和融资性租入固定资产。

(4)综合分类。实际工作中，通常将固定资产按经济用途和使用情况进行综合分类。采用这一分类方法，可把企业的固定资产分为七大类：

1)生产经营用固定资产。

2)非生产经营用固定资产。

3)租出固定资产。

4)不需用固定资产。

5)未使用固定资产。

6)融资租入固定资产。

7)土地，是指过去已经估价单独入账的土地。而因征地而支付的补偿费，应计入与土地有关的房屋、建筑物的价值内，不单独作为土地价值入账。另外，企业取得的土地使用权应作为无形资产管理，也不作为固定资产管理。

由于企业界的经营性质不同，经营规模各异，对固定资产的分类不可能完全一致，企业可根据各自的具体情况和经营管理、会计核算的需要进行必要的分类。

三、固定资产的初始计量

固定资产应当按照历史成本进行初始计量。所谓历史成本，亦称原始价值。考虑到固定资产价值较大，其价值会随着服务能力的下降而逐渐减少，还需要揭示固定资产的折余价值。因此，固定资产的计价主要有以下三种方法。

(1)按原始价值计价。原始价值也称作历史成本或实际成本，是指企业购建某项固定资产达到预定可使用状态前所发生的一切合理、必要的支出。一般包括固定资产买价、进口关税、运杂费、保险费、包装费、安装成本和资本化的借款费用等。这种计价方法具有客观性和可验证性，是固定资产的基本计价方法。

(2)按重置完全价值计价。重置完全价值也称作现时重置成本，是指存现时的生产技术条件下，重新购建同样的固定资产所需要的全部支出。这种计价方法可以比较真实地反映固定资产的现时价值，但其具体操作比较复杂，不易实行。因此，这种方法一般仅在清查财产中发现盘盈的固定资产、无法确定其原始价值时使用。

(3)按净值计价。固定资产净值也称折余价值，是指固定资产原始价值或重置完全价值减去累计折旧后的净额。这种方法可以反映企业实际占用在固定资产上的资金，主要用于计算固定资产盘盈、盘亏、减值和毁损等溢余或损失等。

用净值与原始价值或重置完全价值相比较，还可以了解固定资产的新旧程度，便于企业适时地对固定资产进行更新。

四、固定资产取得的核算

固定资产取得来源不同，其价值构成的具体内容也就有所差异，在对其进行会计处理时应加以区别，以便准确计量固定资产取得时的历史成本。

模块五 房地产企业固定资产、无形资产和其他资产核算

1. 外购的固定资产

企业外购的固定资产,应按实际支付的购买价款、相关税费、使固定资产达到预定可使用状态前所发生的可归属于该项资产的运输费、装卸费、安装费和专业人员服务费等,作为固定资产的取得成本。其中,相关税费不包括按照现行增值税制度规定,可以从销项税额中可抵扣的增值税进项税额。

(1)购入不需要安装的固定资产。企业作为一般纳税人,购入不需要安装的固定资产时,应按支付的购买价款、使固定资产达到预定可使用状态前所发生的可归属于该项资产的运输费、装卸费和专业人员服务费等,作为固定资产的成本,借记"固定资产"科目,取得增值税专用发票、海关完税证明或公路发票等增值税扣税凭证,并经税务机关认证可抵扣的,应按专用发票上注明的增值税进项税额,借记"应交税费——应交增值税(进项税额)"科目,贷记"银行存款""应付账款""应付票据"等科目。

【例 5-1】 2020 年 10 月 1 日,某房地产开发公司购入一台不需要安装的设备,取得的增值税专用发票上注明的设备价款为 100 万元,增值税进项税额为 13 万元,发生运输费 5 000 元,款项全部付清。假定不考虑其他相关税费,账务处理如下:

该公司购置设备的成本=1 000 000+5 000=1 005 000(元)

借:固定资产　　　　　　　　　　　　　　　　　　　　1 005 000
　　应交税费——应交增值税(进项税额)　　　　　　　　 130 000
　　贷:银行存款　　　　　　　　　　　　　　　　　　　　　1 135 000

(2)购入需要安装的固定资产。企业作为一般纳税人,购入需要安装的固定资产时,应在购入的固定资产取得成本的基础上加上安装调试成本作为入账成本。按照购入需要安装的固定资产的取得成本,借记"在建工程"科目,按购入固定资产时可抵扣的增值税进项税额,借记"应交税费——应交增值税(进项税额)"科目,贷记"银行存款""应付账款""应付票据"等科目;按照发生的安装调试成本,借记"在建工程"科目,按取得的外部单位提供的增值税专用发票上注明的增值税进项税额,借记"应交税费——应交增值税(进项税额)"科目,贷记"银行存款"等科目;耗用了本单位的材料或人工的,按应承担的成本金额,借记"在建工程"科目,贷记"原材料""应付职工薪酬"等科目。安装完成达到预定可使用状态时,由"在建工程"科目,转入"固定资产"科目,借记"固定资产"科目,贷记"在建工程"科目。

【例 5-2】 某房地产开发公司购入需要安装的设备一台,发票价格为 3 000 000 元,增值税税额为 39 000 元,支付运杂费 5 000 元,运杂费的增值税税额为 450 元,累计支付安装费 3 400元,其中,领用材料 1 000 元(含增值税),应付工人工资 2 400 元。账务处理如下:

(1)支付设备价款及运杂费时:

借:在建工程　　　　　　　　　　　　　　　　　　　　　305 000
　　应交税费——应交增值税(进项税额)　　　　　　　　　 39 450
　　贷:银行存款　　　　　　　　　　　　　　　　　　　　　 344 450

(2)发生安装费用时:

借:在建工程　　　　　　　　　　　　　　　　　　　　　　3 400
　　贷:原材料　　　　　　　　　　　　　　　　　　　　　　　1 000
　　　　应付职工薪酬　　　　　　　　　　　　　　　　　　　　2 400

(3)设备安装完成交付使用时:

借:固定资产　　　　　　　　　　　　　　　　　　　　　308 400

贷：在建工程　　　　　　　　　　　　　　　　　　　　　　308 400

2. 自行建造的固定资产

自行建造固定资产的成本，由建造该项资产达到预定可使用状态前所发生的必要支出构成，包括工程物资成本、人工成本、应予资本化的借款费用以及应分摊的间接费用等。

企业自行建造的固定资产包括自营建造和出包建造两种方式。

（1）自营建造。企业自营建造的固定资产应当按照建造该固定资产达到预定可使用状态前所发生的必要支出确定其工程成本，并单独核算。工程项目较多且工程支出较大的企业，应当按照工程项目的性质分别核算。企业自营建造工程主要通过"在建工程"账户进行核算。"在建工程"账户核算企业为进行各项固定资产购建工程所发生的实际支出，以及改、扩建工程等转入的固定资产的净值。

【例5-3】　某房地产企业自建仓库，以银行存款支付土地征用费60 000元，勘察设计费5 000元；领用库存材料100 000元；支付建造工人工资50 000元，福利费5 600元；应分摊的开发间接费用2 000元。仓库建成投入使用，作会计分录如下：

（1）支付土地征用及勘察设计费用：

借：在建工程　　　　　　　　　　　　　　　　　　　　　　65 000
　　贷：银行存款　　　　　　　　　　　　　　　　　　　　　65 000

（2）领用材料：

借：在建工程　　　　　　　　　　　　　　　　　　　　　　100 000
　　贷：原材料　　　　　　　　　　　　　　　　　　　　　　100 000

（3）分配工程人员工资：

借：在建工程　　　　　　　　　　　　　　　　　　　　　　55 600
　　贷：应付职工薪酬——工资　　　　　　　　　　　　　　　50 000
　　　　　　　　　　——职工福利费　　　　　　　　　　　　5 600

（4）分摊开发间接费用：

借：在建工程　　　　　　　　　　　　　　　　　　　　　　2 000
　　贷：开发间接费用　　　　　　　　　　　　　　　　　　　2 000

（5）仓库交付使用：

借：固定资产　　　　　　　　　　　　　　　　　　　　　　222 600
　　贷：在建工程　　　　　　　　　　　　　　　　　　　　　222 600

（2）出包建造。企业通过出包方式建造的固定资产，按应支付给承包企业的工程价款作为固定资产的实际成本。在出包方式下，"在建工程"科目主要反映企业与建造承包商办理工程价款结算的情况，企业支付给建造承包企业的工程价款作为工程成本，通过"在建工程"科目核算。

企业按合理估计的发包工程进度和合同规定向建造承包商结算的进度款，并由对方开具增值税专用发票，按增值税专用发票上注明的价款，借记"在建工程"科目，按照增值税专用发票上注明的增值税进项税额，借记"应交税费——应交增值税（进项税额）"科目，按应支付的实际金额，贷记"银行存款"等科目；工程达到预定可使用状态时，按实际发生的全部成本，借记"固定资产"科目，贷记"在建工程"科目。

【例5-4】　2020年11月，甲房地产开发公司准备自行建造一座厂房。

（1）购入工程物资一批，价款为350 000元，支付的增值税进项税额为45 500元，款项已用银行存款支付。

(2)1月至6月，工程先后领用工程物资 330 000 元，剩余工程物资转为该公司的存货。
(3)领用生产用原材料一批，价值为 32 000 元。
(4)辅助生产车间为工程提供有关的劳务支出 35 000 元。
(5)支付工程人员工资 65 800 元。
(6)6月底，工程达到预定可使用状态。

假定不考虑其他相关税费，甲房地产开发公司的账务处理如下：

1)购入为工程准备的物资：
借：工程物资　　　　　　　　　　　　　　　　　　　350 000
　　应交税费——应交增值税(进项税额)　　　　　　　 45 500
　　贷：银行存款　　　　　　　　　　　　　　　　　 395 500

2)工程领用物资：
借：在建工程——厂房　　　　　　　　　　　　　　　330 000
　　贷：工程物资　　　　　　　　　　　　　　　　　 330 000

3)工程领用原材料：
借：在建工程——厂房　　　　　　　　　　　　　　　 32 000
　　贷：原材料　　　　　　　　　　　　　　　　　　 32 000

4)辅助生产车间为工程提供劳务支出：
借：在建工程——厂房　　　　　　　　　　　　　　　 35 000
　　贷：开发成本——辅助生产成本　　　　　　　　　 35 000

5)支付工程人员工资：
借：在建工程——厂房　　　　　　　　　　　　　　　 65 800
　　贷：应付职工薪酬　　　　　　　　　　　　　　　 65 800

6)6月底，工程达到预定可使用状态：
借：固定资产——厂房　　　　　　　　　　　　　　　462 800
　　贷：在建工程——厂房　　　　　　　　　　　　　 462 800

7)剩余工程物资转作存货：
借：原材料　　　　　　　　　　　　　　　　　　　　 20 000
　　贷：工程物资　　　　　　　　　　　　　　　　　 20 000

3. 投资者投入的固定资产

投资者投入的固定资产是企业原始资本之一。在投资者投入固定资产时，固定资产的入账价值以投资各方确认的价值为准。

【例 5-5】　某房地产公司收到 A 公司投入的设备一台，该设备的账面原价为 250 000 元，已提折旧为 60 000 元；投资双方确认的原价为 240 000 元；净值为 200 000 元。作会计分录如下：
借：固定资产　　　　　　　　　　　　　　　　　　　200 000
　　贷：实收资本　　　　　　　　　　　　　　　　　 200 000

五、固定资产折旧的核算

固定资产折旧是指在固定资产的使用寿命内，按照确定的方法对应计折旧额进行的系统分摊。应计折旧额是指应当计提折旧的固定资产的原价扣除其预计净残值后的余额。如果已对固定资产计提了减值准备，还应当扣除已计提的固定资产减值准备的累计金额。

根据我国《企业会计准则——固定资产》的规定，除下列情况外，企业对所有固定资产计提折旧：

(1)已提足折旧仍继续使用的固定资产。

(2)按规定单独作价作为固定资产入账的土地。

已达到预定可使用状态的固定资产，如果尚未办理竣工决算，应当按照估计价值暂估入账，并计提折旧；待办理了竣工决算手续后，再按照实际成本调整原来的暂估价值，同时调整原已计提的折旧额。

企业一般应当按月提取折旧，当月增加的固定资产，当月不提折旧，从下月起计提折旧；当月减少的固定资产，当月照提折旧，从下月起不提折旧。固定资产提足折旧后，无论能否继续使用，均不再提取折旧；提前报废的固定资产也不再补提折旧。

根据规定，企业对未使用、不需用的固定资产也应计提折旧，计提的折旧额计入当期管理费用。

房地产开发企业应根据与固定资产有关的经济利益的预期实现方式，合理选择固定资产折旧方法，一般有年限平均法、工作量法、加速折旧法等。

1. 年限平均法

年限平均法又称直线法，是将固定资产的折旧额均衡地分摊到各期的成本费用的一种方法。这种方法计算的每期折旧额是等值的。其计算公式如下：

$$年折旧额 = \frac{固定资产原价 - 预计净残值}{预计使用年限}$$

$$年折旧率 = \frac{年折旧额}{固定资产原价} = \frac{1 - 预计净残值率}{预计使用年限} \times 100\%$$

$$月折旧率 = \frac{年折旧率}{12}$$

$$月折旧额 = 固定资产原价 \times 月折旧率$$

【例5-6】 某房地产企业分房原价为5 000万元，预计可使用40年，预计净残值率为4%。计算其折旧率。

$$年折旧率 = \frac{1 - 4\%}{40} = 2.4\%$$

$$月折旧额 = \frac{5\,000 \times 2.4\%}{12} = 10(万元)$$

固定资产的折旧率可分为个别折旧率、分类折旧率和综合折旧率。上述计算的折旧率是按某项固定资产单独计算的，称为个别折旧率；分类折旧率是指按固定资产类别(指性质、结构和使用年限接近的一类固定资产)分别计算的平均折旧率；综合折旧率是指某一期间企业全部固定资产折旧额与全部固定资产原值的比率。从折旧额计算的准确度而言，采用综合折旧率的计算结果准确性较差，而个别折旧率则更合理。

2. 工作量法

工作量法是根据固定资产的实际工作量计提折旧额的一种方法。其计算公式如下：

$$单位工作量的折旧额 = 固定资产原值 \times \frac{(1 - 净残值率)}{预计工作总量}$$

$$某项固定资产月折旧额 = 该项固定资产当月实际工作量 \times 单位工作量折旧额$$

模块五 房地产企业固定资产、无形资产和其他资产核算

企业如有专业运输车辆和不经常使用的大型机械设备，可采用行驶里程折旧法和台班折旧法作为工作量法的评判依据来进行计提折旧。

【例 5-7】 某房地产企业一辆材料运输车的原价为 100 000 元，预计总行驶里程为 50 万公里，其预计净残值率为 5%，本月行驶 2 000 千米。其计算如下：

$$每公里折旧额 = \frac{100\,000 - 100\,000 \times 5\%}{500\,000} = 0.19(元/千米)$$

$$本月折旧额 = 2\,000 \times 0.19 = 380(元)$$

3. 加速折旧法

加速折旧法又称快速折旧法或递减折旧法，是固定资产计提折旧前期多，以后逐年减速的方法。加速折旧法用以加速确认折旧费用，加速折旧的方法较多，常用的主要有双倍余额递减法与年数总和法。

双倍余额递减法是快速折旧的一种方法，是在不考虑固定资产残值的情况下，根据每期期初固定资产账面余额和双倍的直线法折旧率计算的固定资产折旧的一种方法。其计算公式如下：

$$年折旧率 = \frac{2}{预计使用年限} \times 100\%$$

$$月折旧率 = \frac{年折旧率}{12}$$

$$月折旧额 = 固定资产期初账面余额 \times 月折旧率$$

【例 5-8】 某房地产开发企业某项设备原价为 120 万元，预计使用寿命为 5 年，净残值率为 4%；假设该企业没有对该机器设备计提减值准备。

按双倍余额递减法计算折旧，则每年的折旧额计算如下：

年折旧率 = 2÷5×100% = 40%

第一年应提的折旧额 = 120×40% = 48(万元)

第二年应提的折旧额 = (120-48)×40% = 28.8(万元)

第三年应提的折旧额 = (120-48-28.8)×40% = 17.28(万元)

从第四年起改按年限平均法(直线法)计提折旧：

第四、五年应提的折旧额 = (120-48-28.8-17.28-120×4%)÷2 = 10.56(万元)

年数总和法又称年限合计法，是将固定资产的原值减去预计净残值的余额乘以一个以固定资产尚可使用寿命为分子、以预计使用寿命逐年数字之和为分母的逐年递减的分数计算每年的折旧额。其计算公式如下：

$$年折旧率 = \frac{尚可使用年限}{预计使用寿命的年数总和} \times 100\%$$

$$月折旧率 = \frac{年折旧率}{12}$$

$$月折旧额 = (固定资产原价 - 预计净残值) \times 月折旧率$$

【例 5-9】 某房地产企业有机器设备一台，原价为 60 000 元，预计使用年限为 5 年，预计净残值为 9 000 元。

若企业用年数总和法计算该项设备的折旧，则每年的折旧额计算如下：

第一年应计提的折旧额 = (60 000 - 9 000) × $\frac{5}{15}$ = 17 000(元)

第二年应计提的折旧额 = (60 000 - 9 000) × $\frac{4}{15}$ = 13 600(元)

第三年应计提的折旧额＝$(60\ 000-9\ 000)\times\dfrac{3}{15}=10\ 200$（元）

第四年应计提的折旧额＝$(60\ 000-9\ 000)\times\dfrac{2}{15}=6\ 800$（元）

第五年应计提的折旧额＝$(60\ 000-9\ 000)\times\dfrac{1}{15}=3\ 400$（元）

采用这两种加速折旧法的理由主要是考虑到固定资产在使用过程中，一方面它的效率或收益能力逐年下降；另一方面它的修理费用逐年增加。为了均衡固定资产在使用期限内各年的使用费，固定资产在早期所提的折旧额应大于后期所提的折旧额。采用加速折旧法可使固定资产资金能在投入使用前几年大部分回收，减少无形损耗的风险。

阅读材料

影响固定资产折旧的因素

影响固定资产折旧的因素主要有三个方面，即固定资产原值、固定资产的预计净残值和固定资产的预计使用年限。

1. 固定资产原值

固定资产原值一般为取得固定资产的原始成本，即固定资产的账面原价。以固定资产的原始成本作为计算折旧的基数，可以使折旧的计算建立在客观的基础上，不容易受会计人员主观因素的影响。

2. 预计净残值

预计净残值是指固定资产报废时，预计可以收回的残余价值扣除预计清理费用后的数额。固定资产账面原值减去预计净残值即固定资产应计提的折旧总额。

预计净残值是指假定固定资产预计使用寿命已满并处于使用寿命终了时的预期状态，企业目前从该项资产处置中获得的扣除预计处置费用后的金额。

3. 预计使用年限

预计使用年限是指固定资产预计经济使用年限，即折旧年限。固定资产使用年限的长短直接影响各期应计提的折旧数额。企业应根据国家的有关规定，结合本企业的具体情况，合理确定固定资产的使用年限。

企业应当根据固定资产的性质和使用情况，合理确定固定资产的使用寿命和预计净残值。固定资产的使用寿命、预计净残值一经确定，不得随意变更。但是，企业至少应当于每年年度终了，对固定资产的使用寿命、预计净残值和折旧方法进行复核。

六、固定资产后续支出的核算

房地产开发企业与固定资产有关的后续支出，通常包括固定资产在使用过程中发生的修理费用、更新改造支出、房屋装修费用等。

企业与固定资产有关的后续支出，满足固定资产准则规定的固定资产确认条件的，先通过"在建工程"科目按单项工程进行明细核算，待在建工程达到预定可使用状态，应结转在建工程成本时，借记"固定资产"等科目，贷记"在建工程——××工程"科目；不满足固定资产确认条件的，应在"管理费用"等科目核算。

固定资产的修理费用，通常不符合准则规定的固定资产的确认条件，应当在发生时记入当

模块五　房地产企业固定资产、无形资产和其他资产核算

期"管理费用"等科目，不得采用预提或待摊方式处理。

固定资产发生的更新改造支出、房屋装修费用等，一般数额较大，收益期较长（超过1年），能提高原固定资产的服务效能或延长原固定资产的使用年限，成本能可靠计量的，应当计入固定资产成本，同时将被替换部分的账面价值扣除；其他不符合固定资产确认条件的，应当在发生时计入当期"管理费用"。因更新改造等原因而延长了固定资产使用年限的，应调整其折旧年限和折旧率。

以经营租赁方式租入的固定资产发生的改良支出，如满足固定资产确认条件的装修费用等，应直接在"固定资产——经营租入固定资产改良"账户中进行核算。

【例5-10】　某房地产开发公司对某办公大楼进行装修改造，该大楼原价为350万元，预计使用年限为20年，预计净残值为15万元，已使用5年，一直采用年限平均法计算折旧。装修改造中发生装修支出100万元，增值税税率为9%，发生变价收入5万元，增值税税额为6 500元。所有款项都以银行存款支付完毕。装修改造后新大楼预计残值为20万元，预计延长可使用寿命5年，仍采用年限平均法计算折旧。有关账务处理如下：

(1)将原大楼投入改造：

　　累计已计提折旧额＝(3 500 000－150 000)/20×5＝837 500(元)

　　固定资产净值＝3 500 000－837 500＝2 662 500(元)

借：在建工程——办公大楼改造工程　　　　　　　　　　2 662 500
　　累计折旧　　　　　　　　　　　　　　　　　　　　　837 500
　　贷：固定资产——开发经营用　　　　　　　　　　　　　　3 500 000

(2)发生装修改造支出：

借：在建工程——办公大楼改造工程　　　　　　　　　　1 000 000
　　应交税费——应交增值税(进项税额)　　　　　　　　　　90 000
　　贷：银行存款　　　　　　　　　　　　　　　　　　　　1 090 000

(3)取得变现收入：

借：银行存款　　　　　　　　　　　　　　　　　　　　　56 500
　　贷：在建工程——办公大楼改造工程　　　　　　　　　　　50 000
　　　　应交税费——应交增值税(销项税额)　　　　　　　　　6 500

(4)改造完毕交付使用：

借：固定资产——开发经营用　　　　　　　　　　　　　3 612 500
　　贷：在建工程——办公大楼改造工程　　　　　　　　　　3 612 500

(5)调整折旧额：

　　改造后固定资产的年折旧额＝(3 612 500－200 000)÷20＝170 625(元)

七、固定资产处置的核算

固定资产处置，即固定资产的终止确认，包括固定资产的出售、报废、毁损、对外投资、非货币性资产交换、债务重组等。

企业在生产经营过程中，可能将不适用或不需用的固定资产对外出售转让，或因磨损、技术进步等原因对固定资产进行报废，或因遭受自然灾害而对毁损的固定资产进行处理。对于上述事项在进行会计处理时，应当按照规定程序办理有关手续，结转固定资产的账面价值，计算有关清理收入、清理费用及残料价值等，清理完毕，结转固定资产清理损益。

为了反映固定资产的处置过程，应设置"固定资产清理"账户。该账户借方反映报废清理固定资产的账面净值，以及处置过程中所发生的各种费用；贷方反映清理的残值收入及变价收入。清理结束时，需要计算固定资产处置的净收益或净损失，并转入"营业外收入""营业外支出"或"资产处置损益"科目。处置完毕，该账户无余额。

(1)固定资产的报废。固定资产的报废无论是正常报废，还是非正常报废，其会计处理的方法都基本相同。

【例5-11】某房地产企业有原价66 000元旧设备一台，已提折旧62 500元，因使用期满正常报废转入清理。清理中，发生清理费用2 000元，增值税税额为180元，其残值变价收入500元，增值税税额为65元，款项已由银行存款收付。作会计分录如下：

(1)报废转入清理时：
借：固定资产清理　　　　　　　　　　　　　　　　　　　　　3 500
　　累计折旧　　　　　　　　　　　　　　　　　　　　　　　62 500
　　贷：固定资产　　　　　　　　　　　　　　　　　　　　　　　66 000

(2)支付清理费用时：
借：固定资产清理　　　　　　　　　　　　　　　　　　　　　2 000
　　应交税费——应交增值税(进项税额)　　　　　　　　　　　　180
　　贷：银行存款　　　　　　　　　　　　　　　　　　　　　　2 180

(3)收到残值变价收入时：
借：银行存款　　　　　　　　　　　　　　　　　　　　　　　　565
　　贷：固定资产清理　　　　　　　　　　　　　　　　　　　　　500
　　　　应交税费——应交增值税(销项税额)　　　　　　　　　　　65

(4)结转清理净损益：
借：营业外支出　　　　　　　　　　　　　　　　　　　　　　5 000
　　贷：固定资产清理　　　　　　　　　　　　　　　　　　　　5 000

(2)固定资产的出售。企业因调整经营方针而改变生产品种，或考虑技术进步而更新设备等，会导致原有机器设备的不适用、不需用，可以将这些固定资产出售给其他企业。

【例5-12】某房地产企业出售一台原价150 000元的机床，机床已使用2年，计提折旧60 000元。由于转产，该设备今后将不再使用，将其清理出售。其间共发生清理费用1 000元，增值税税额90元，取得变价收入100 000元，增值税税额13 000元。假定该企业未对这台机床计提减值准备，会计分录如下：

(1)固定资产转入清理时：
借：固定资产清理　　　　　　　　　　　　　　　　　　　　90 000
　　累计折旧　　　　　　　　　　　　　　　　　　　　　　60 000
　　贷：固定资产　　　　　　　　　　　　　　　　　　　　　150 000

(2)支付清理费用时：
借：固定资产清理　　　　　　　　　　　　　　　　　　　　1 000
　　应交税费——应交增值税(进项税额)　　　　　　　　　　　　90
　　贷：银行存款　　　　　　　　　　　　　　　　　　　　　1 090

(3)收到出售收入时：

模块五 房地产企业固定资产、无形资产和其他资产核算

借：银行存款　　　　　　　　　　　　　　　　　　　　113 000
　　贷：固定资产清理　　　　　　　　　　　　　　　　　100 000
　　　　应交税费——应交增值税（销项税额）　　　　　　13 000

（4）结转清理净损益：

借：固定资产清理　　　　　　　　　　　　　　　　　　　9 000
　　贷：资产处置损溢　　　　　　　　　　　　　　　　　9 000

八、固定资产清查的核算

　　为保证固定资产核算的真实性，充分挖掘企业现有固定资产的潜力，企业应当定期或者至少于每年年末对固定资产进行清查盘点。在固定资产清查过程中，如果发现盘盈、盘亏的固定资产，应当填制固定资产盘盈盘亏报告表。清查固定资产的损溢，应当及时查明原因，并按照规定程序报批处理。

　　清查中发现盘盈的固定资产，根据《企业会计准则第28号——会计政策、会计估计变更和差错更正》的规定，应当作为重要的前期差错进行会计处理。企业在财产清查中盘盈的固定资产，在按管理权限报经批准处理前，应当先通过"以前年度损益调整"科目核算。盘盈的固定资产，应按重置成本确定其入账价值，借记"固定资产"科目，贷记"以前年度损益调整"科目；由于以前年度损益调整而增加的所得税费用，借记"以前年度损益调整"科目，贷记"应交税费——应交所得税"科目；将以前年度损益调整科目余额转入留存收益时，借记"以前年度损益调整"科目，贷记"盈余公积""利润分配——未分配利润"科目。

　　清查中发现盘亏的固定资产，在未查明原因及未经批准前，应先按盘亏固定资产的账面价值借记"待处理财产损溢"科目，按已提的折旧借记"累计折旧"科目，按固定资产账面原价贷记"固定资产"科目，如该项资产已计提减值准备，还应借记"固定资产减值准备"科目。企业按照管理权限报经批准处理时，按照可收回的保险赔偿或过失人赔偿，借记"其他应收款"科目，按照应计入营业外支出的金额，借记"营业外支出——盘亏损失"科目，贷记"待处理财产损溢"科目。

九、固定资产减值的核算

　　固定资产的初始入账价值为历史成本，由于固定资产使用年限较长，市场条件和经营环境的变化、科学技术的进步以及企业经营管理不善等原因，都可能导致固定资产创造未来经济利益的能力大大下降。因此，固定资产的真实价值有可能低于账面价值，在期末必须对固定资产减值损失进行确认。

　　固定资产在资产负债表日存在可能发生减值的迹象时，其可收回金额低于账面价值的，企业应当将该固定资产的账面价值减记至可收回金额，减记的金额确认为减值损失，计入当期损益，借记"资产减值损失——固定资产减值损失"科目，同时，计提相应的资产减值准备，贷记"固定资产减值准备"科目。

　　需要强调的是，根据《企业会计准则第8号——资产减值》的规定，企业固定资产减值损失一经确认，在以后会计期间不得转回。

　　【例5-13】某房地产企业2020年年末对固定资产进行全面清查，发现一台设备的可收回金额为12 300元，账面价值为14 000元，以前年度未对该设备计提减值准备。由于该设备的可收

回金额为 12 300 元，账面价值 14 000 元，可收回金额低于账面价值，应按两者之间的差额 1 700 元计提固定资产减值准备。作会计分录如下：

  借：资产减值损失——计提固定资产减值准备   1 700
    贷：固定资产减值准备   1 700

阅读材料

固定资产减值准备核算应设置的账户及其会计处理

1. 账户设置

为了核算企业提取的固定资产减值准备，房地产开发企业应设置"固定资产减值准备"账户。其贷方登记期末固定资产可收回金额低于其账面价值的差额；其借方登记固定资产减少时的冲销数。本账户期末贷方余额，反映企业已提取的固定资产减值准备。

2. 账务处理

(1) 计提固定资产减值准备时：

  借：营业外支出——计提的固定资产减值准备
    贷：固定资产减值准备

(2) 如果当期应计提的固定资产减值准备金额高于已计提的固定资产减值准备的账面余额，企业应按其差额补提减值准备：

  借：营业外支出——计提的固定资产减值准备
    贷：固定资产减值准备

单元二　无形资产核算

一、无形资产的概念及内容

无形资产是指企业为生产商品或者提供劳务、出租给他人或为管理目的而持有的、没有实物形态的非货币性长期资产。无形资产一般包括专利权、非专利技术、商标权、著作权、特许权、土地使用权等。

1. 专利权

专利权，是指国家专利主管机关，依法授予发明创造专利申请人对其发明创造在法定期限内所享有的专有权利。其包括发明专利权、实用新型专利权和外观设计专利权。专利权可以由创造发明者申请获得，也可以购买取得，并且专利权给予持有者独家使用或控制某项发明的特殊权利。但专利权并不保证一定能给持有者带来经济利益。有的专利可能无经济价值或具有很小的价值，有的专利会被另外更有经济价值的专利所淘汰等。因此，作为企业无形资产予以确认的专利权，必须具备"其产生的经济利益很可能流入企业"这项基本条件。

2. 非专利技术

非专利技术又称专有技术，是指未经公开也未申请专利，但在生产经营活动中已采用了的、不享有法律保护的各种技术和经验。非专利技术一般包括工业专业技术、商业贸易专有技术、管理专有技术等。非专利技术可以用蓝图、配方、技术记录、操作方法的说明等具有资料表现出来，也可以通过卖方派出技术人员进行指导，或接受买方人员进行技术实习等手续实现。非专利技术具有经济性、机密性和动态性等特点。

3. 商标权

商标权是指专门在某类指定的商品或产品上使用特定的名称或图案的权利。根据我国《商标法》的规定，经商标局核准注册的商标为注册商标，商标注册人享有商标的专有权，受法律的保护。商标权的内容包括独占使用权和禁止权两个方面。商标权的价值在于它能使享有人获得较高的盈利能力，如果拥有某一商标名称的产品由于质量好，成为名优产品，产品畅销，则它可以因此以比其他商标的相同产品更高的价格出售，从而给企业带来较多的利润。我国商标法规定，商标权的有效期为10年，期满前可继续申请延长注册期。

4. 著作权

著作权是指作者对其创作的文学、科学和艺术作品依法享有的某些特殊权利。著作权包括精神权利(人身权利)和经济权利(财产权利)两个方面。精神权利，是指作品署名、发表作品、确认作者身份、保护作品的完整性、修改已经发表的作品等项权利，包括发表权、署名权、修改权和保护作品完整权；经济权利，是指以出版、表演、广播、展览、录制唱片、摄制影片等方式使用作品，以及因授权他人使用作品而获得经济利益的权利。这种专有权除法律另有规定者外，未经著作人许可或转让，他人不得占有和行使。作者本人或权受他人以合法方式利用作品而取得物质利益的权利，受法律保护。

5. 特许权

特许权又称经营特许权、专营权，是指企业在某一地区经营或销售某种特定商品的权利或是一家企业接受另一家企业使用其商标、商号、技术秘密等的权利。前者一般是由政府机构授权，准许企业使用或在一定地区享有经营某种业务的特权，如水、电、邮电通信等专营权、烟草专卖权等；后者指企业间依照签订的合同，有限期或无限期使用另一家企业的某些权力，如连锁店、分店使用总店的名称等。会计上的特许权主要是指后一种情况。只有支付了费用取得的特许权才能作为无形资产入账。

6. 土地使用权

土地使用权，是指国家准许某企业在一定期间内对国有土地享有开发、利用、经营的权利。根据我国《土地管理法》的规定，我国土地实行公有制，任何单位和个人不得侵占、买卖或者以其他形式非法转让。

企业取得土地使用权有以下几种情况：

(1)企业原先通过行政划拨获得土地使用权，但并没有入账，这时就不能作为无形资产进行核算。在将土地使用权有偿转让、出租、抵押、作价入股和投资时，应按规定将补交的土地出让价款予以资本化，作为无形资产入账核算。

(2)企业根据《中华人民共和国城镇国有土地使用权出让和转让暂行条例》，向政府土地管理部门申请土地使用权，企业要支付一笔出让金，这时，企业应予以资本化，将取得时所发生的一切支出，作为土地使用权成本进行核算。

(3)接受投资者投入的土地使用权。

需要强调的是，房地产开发企业购入或以支付土地出让金方式取得的土地使用权，在尚未进入项目开发之前，可以作为无形资产核算，并按会计准则的规定分期摊销。企业开发项目所用土地涉及土地使用权的，由于这部分土地与其地上建筑物和其他附着物是连接在一起的，在企业销售开发产品时，将随同开发产品一起转让。在这种情况下，应将土地使用权的账面价值全部转入受益开发产品的成本中。如果企业的土地使用权原先未入账，应先按缴纳的土地出让金将该土地使用权确认为无形资产，然后，再将该土地使用权的账面价值一次计入房地产开发成本。

二、无形资产的特点

（1）无形资产不具有实物形态。无形资产所具有的价值只存在于企业所享有的权利中，而不是存在于任何实体财产中；虽然无形资产没有实物形态却能提高企业的经济效益或使企业获取超额利润。这是无形资产区别于其他资产的主要特征。

（2）无形资产可以在一个以上会计期间为企业提供经济效益。因此，无形资产被界定为长期资产而不是流动资产。

（3）无形资产所能提供的未来经济效益具有很大的不确定性。无形资产创造经济利益的能力受企业内外诸多因素的影响，在未来提供的经济效益一般是很难确定的。因此，对无形资产进行核算时应持更加谨慎的态度。

（4）无形资产一般是有偿取得的，企业只能对有偿取得的或接受捐赠的无形资产入账核算。

（5）无形资产是为企业使用而非出售的资产。房地产开发企业利用无形资产提供开发产品、劳务、出租给他人或为企业经营管理服务，并因此获得销售收入、租金收入或降低开发产品成本等。

三、无形资产的分类

（1）按照无形资产的来源分类。按照无形资产的来源可划分为外部取得的无形资产和内部自创的无形资产。其中，外部取得的无形资产又可分为外购的无形资产、投资者投入的无形资产、通过债务重组取得的无形资产、非货币性交易取得的无形资产、接受捐赠的无形资产等。

（2）按照无形资产的所有权是否可以转让分类。按照无形资产的所有权是否可以转让可划分为可转让无形资产和不可转让无形资产。可转让无形资产是指可根据法律程序，办理转让或出售的无形资产，如著作权、专利权等；不可转让无形资产是指有些无形资产需附属于某一特定的企业，不能脱离企业单独存在。

（3）按照无形资产的有效期分类。按照无形资产的有效期可划分为有期限无形资产和无期限无形资产。有期限无形资产是指在有效期内具有法律依据的无形资产，如专利权、商标权等；无期限无形资产是指法律上没有规定有效期的无形资产，如非专利技术等。

四、无形资产的计价原则

企业在取得或购置无形资产时应遵循实际成本原则，按发生时的实际成本确定入账价值。企业取得无形资产的方式有多种，如从外部购入、自行开发并按法律程序申请取得、接受投资转入以及接受捐赠等，其入账价值的确定有所不同，具体表现如下：

（1）外购的无形资产按实际支付的价款作为入账的实际成本。

（2）自行开发的无形资产按依法取得时发生的注册费、聘请律师等费用，作为无形资产的实际成本。还要考虑在研究与开发过程中发生的材料费用、开发人员的工资及福利费、相关的租金及借款费用等(即依法申请取得的研究和开发费用应于发生时直接计入当期损益)。

(3)投资者投入的无形资产按投资各方确定的价值作为实际成本。

(4)接受捐赠取得的无形资产应根据捐赠方提供的有关凭据所表明的金额,或按同类市场价格所估计的金额,或以该资产的预计未来现金流量现值等,作为实际成本。

(5)企业接受的债务人以非现金资产抵债方式取得的无形资产,按应收债权的账面净值加上支付的相关税费作为无形资产;以非货币交易换入的无形资产,按换出资产的账面价值加上应支付的相关税费作为无形资产。如果这两种方式的取得涉及补价,则按相关企业会计准则进行处理。

五、无形资产的初始计量

1. 外购的无形资产的初始计量

企业外购的无形资产应以购买过程中所发生的全部支出作为无形资产的取得成本入账。外购无形资产的成本包括购买价款、相关税费、法律费用及直接归属于使该项资产达到预定用途所发生的其他支出。

购入无形资产超过正常信用条件延期支付价款,实质上具有融资性质的,应按所购无形资产购买价款的现值入账。按购入过程中实际支付的全部价款借记"无形资产"科目,贷记"银行存款"等科目。

【例5-14】甲房地产开发公司购入乙公司已获得的专利技术,使用该项专利技术,甲公司预计其生产能力比原先提高20%,销售利润率增长15%。按照协议约定以现金支付,实际支付的价款为320万元,并支付相关税费1万元和有关专业服务费用5万元,款项已通过银行转账支付。

甲公司购入的专利权符合无形资产的定义,即甲公司能够拥有或控制该项专利技术符合可辨认的条件,同时是不具有实物形态的非货币性资产。

甲公司作会计分录如下:

无形资产初始计量的成本=320+1+5=326(万元)

借:无形资产——专利权　　　　　　　　　　　　　　3 260 000
　　贷:银行存款　　　　　　　　　　　　　　　　　　3 260 000

2. 自行开发的无形资产的初始计量

企业自行开发的无形资产,其成本包括自满足无形资产确认条件后至达到预定用途所发生的支出总额,但是对于以前期间已经费用化的支出不再进行调整。

企业自行开发无形资产过程中发生的研究开发费用,于发生当期直接计入管理费用;研究开发成功并按法律程序申请取得的无形资产,按依法取得时发生的注册费用、聘请律师等费用,借记"无形资产"科目,贷记"银行存款"等科目。

3. 投资者投入的无形资产的初始计量

投资者投入的无形资产的入账成本,一般应按照投资合同或协议约定的价值确定,但合同或协议约定价值不公允的除外;至于接受的债务人以非现金资产抵偿债务方式取得的无形资产,以非货币性交易换入、换出无形资产的成本,应按照企业会计准则的有关规定确定。按投资各方确认的价值,借记"无形资产"科目,贷记"实收资本""股本"等科目。如首次发行股票而接受投资者投入的无形资产,应按该项无形资产在投资方的账面价值,借记"无形资产"科目,贷记

"实收资本""股本"等科目。

4. 接受捐赠的无形资产的初始计量

接受捐赠的无形资产应按确定的实际成本,借记"无形资产"科目,按接受捐赠无形资产依据税法规定的入账价值,贷记"待转资产价值——接受捐赠非货币性资产价值"科目,以实际支付或应支付的相关税费,贷记"银行存款""应交税费"等科目;期末计算当期应交所得税时,借记"待转资产价值"科目,贷记"应交税费——应交所得税"科目,将两者之差额贷记"资本公积"科目。

六、无形资产的后续计量

无形资产初始确认和计量后,在其后使用该项无形资产期间内应以成本减去累计摊销额和累计减值损失后的余额计量。需要强调的是,确定无形资产在使用过程中的累计摊销额,基础是估计其使用寿命,只有使用寿命有限的无形资产才需要在估计的使用寿命内采用系统合理的方法进行摊销,对于使用寿命不确定的无形资产则不需摊销,而应该在每年年末进行减值测试。

视频:无形资产

(一)无形资产使用寿命的确定

无形资产准则规定,企业应当于取得无形资产时分析判断其使用寿命。无形资产的使用寿命如为有限的,应当估计该使用寿命的年限或者构成使用寿命的产量等类似计量单位数量;无法预见无形资产为企业带来未来经济利益期限的,应当视为使用寿命不确定的无形资产。

1. 估计无形资产使用寿命应考虑的因素

估计无形资产使用寿命应考虑的主要因素包括:第一,该资产通常的产品寿命周期,以及可获得的类似资产使用寿命的信息;第二,技术、工艺等方面的现实情况及对未来发展的估计;第三,该资产在该行业运用的稳定性和生产的产品或服务的市场需求情况;第四,现在或潜在的竞争者预期采取的行动;第五,为维持该资产产生未来经济利益的能力所需要的维护支出,以及企业预计支付有关支出的能力;第六,对该资产的控制期限,以及对该资产使用的法律或类似限制,如特许使用期间、租赁期间等;第七,与企业持有的其他资产使用寿命的关联性等。

2. 无形资产使用寿命的确定

某些无形资产的取得来源于合同性权利或是其他法定权利,其使用寿命不应超过合同性权利或其他法定权利的期限。如果合同性权利或其他法定权利能够在到期时因续约等延续,当有如下证据表明企业续约不需要付出重大成本时,续约期才能够包括在使用寿命的估计中:

(1)有证据表明合同性权利或法定权利将被重新延续,如果在延续之前需要第三方同意,则还需有第三方将会同意的证据;

(2)有证据表明为获得重新延续所必需的所有条件将被满足,以及企业为延续持有无形资产所付出的成本相对于预期从重新延续中流入企业的未来经济利益具有重要性。

合同或法律没有规定使用寿命的,企业应当综合各方面因素判断,以确定无形资产能为企业带来经济利益的期限。经过上述方法仍无法合理确定无形资产为企业带来经济利益的期限的,才能将其作为使用寿命不确定的无形资产。

3. 无形资产使用寿命的复核

企业至少应当于每年年度终了时，对无形资产的使用寿命及摊销方法进行复核，有证据表明无形资产的使用寿命及摊销方法不同于以前的，应改变其摊销年限及摊销方法并按照会计估计变更进行处理。对于使用寿命不确定的无形资产，如果有证据表明其使用寿命是有限的，则应视为会计估计变更处理，应当估计其使用寿命并按照使用寿命有限的无形资产的处理原则进行处理。

（二）无形资产的摊销

无形资产有一定的有效期限，在一定的有效期限内会给企业带来经济利益，因此，企业应将入账的无形资产在一定的期限内进行摊销。无形资产应当自取得当月起分期平均摊销，处置当月不再计提摊销。合同规定了受益年限但法律未规定有效期限的，按不超过合同规定的受益年限摊销；合同未规定受益年限但法律规定有效期限的，按不超过法律规定的有效期限摊销；合同和法律都有规定期限的，按不超过两者规定的期限的较短者进行摊销；合同和法律都没有规定期限的，摊销期年限不应低于10年。

视频：累计摊销

企业购入或以支付土地出让金方式取得的土地使用权，在尚未开发或建造自用项目前，作为无形资产核算，并按规定的期限分期摊销。房地产企业开发商品房时，应将土地使用权的账面价值全部转入开发成本；企业因利用土地建造自用某项目时，应将土地使用权的账面价值全部转入在建工程成本。企业改变土地使用的用途，停止自用土地使用权而用于赚取租金或资本增值时，应将其账面价值转为投资性房地产。

【例5-15】某房地产企业2019年3月取得一项土地使用权，价值60万元，法律规定的有效期限为10年。2019年7月1日企业在该项土地上开发建造商品住宅。作会计分录如下：

(1) 取得土地使用权时：

借：无形资产——土地使用权　　　　　　　　　　　　600 000
　　贷：银行存款　　　　　　　　　　　　　　　　　　600 000

(2) 每月摊销土地使用权时：

借：管理费用　　　　　　　　　　　　　　　　　　　　5 000
　　贷：无形资产——土地使用权　　　　　　　　　　　5 000

(3) 2019年7月建造商品住宅时：

借：开发成本　　　　　　　　　　　　　　　　　　　580 000
　　贷：无形资产——土地使用权　　　　　　　　　　580 000

（三）无形资产减值准备

房地产开发企业应当定期或者至少每年年度终了，检查各项无形资产预计给企业带来未来经济利益的能力，对预计可收回金额低于其账面价值的，应当计提减值准备。

1. 无形资产减值准备的计提范围

当房地产开发企业存在下列一项或若干项情况时，应当将该项无形资产的账面价值全部转入当期损益：

(1) 某项无形资产已被其他新技术等所替代，并且该项无形资产已无使用价值和转让价值。

(2)某项无形资产已超过法律保护期限，并且已不能为企业带来经济利益。
(3)其他足以证明某项无形资产已经丧失了使用价值和转让价值。
当房地产开发企业存在下列一项或若干项情况时，应当计提无形资产减值准备：
(1)某项无形资产已被其他新技术等所替代，使其为企业创造经济利益的能力受到重大不利影响。
(2)某项无形资产的市价在当期大幅下跌，在剩余摊销年限内预期不会恢复。
(3)某项无形资产已超过法律保护期，但仍然具有部分使用价值。
(4)其他足以证明某项无形资产实质上已经发生了减值的情形。

2. 确定可收回金额

无形资产的可收回金额指以下两项金额中的较大者：
(1)无形资产的销售净价，即该无形资产的销售价格减去因出售该无形资产所发生的律师费和其他相关税费后的余额。
(2)预期从无形资产的持续使用和使用年限结束时的处置中产生的预计未来现金流量的现值。

3. 计提减值准备

如果房地产开发企业无形资产的账面价值超过其可收回金额，则应按超过部分确认无形资产减值准备。企业计提的无形资产减值准备，计入当期的营业外支出。一旦计提，就不可转回。如果可收回金额高于账面价值，一般不计会计处理。

在资产负债表中，无形资产项目应当按照减去无形资产减值准备后的净额反映。

阅读材料

无形资产转让、无形资产的核算方法

1. 无形资产转让

房地产开发企业的无形资产可以依法对外转让，转让的方式有两种，即转让所有权和转让使用权。企业将无形资产出售，表明企业放弃无形资产所有权，应将所得价款与该项无形资产的账面价值之间的差额，计入当期营业外收支。无形资产出租是指企业将所拥有的无形资产的使用权让渡给他人，并收取租金。这时应将转让无形资产使用权获得的收入，作为企业的其他业务收入处理，履行转让使用权合同所发生的费用，作为转让成本计入企业的其他业务支出。

2. 无形资产的核算方法

为了核算无形资产的取得、转让、摊销和减值情况，房地产开发企业应设置下列有关的会计账户：

(1)"无形资产"账户。"无形资产"账户核算企业为生产商品、提供商品、出租给他人或为管理目的而持有的、没有实物形态的非货币长期资产。其借方登记企业以各种方式取得的无形资产的实际成本；贷方登记无形资产的摊销金额和转出成本。期末借方余额反映企业已入账但尚未摊销的无形资产的摊余价值。本账户应按无形资产的类别设置明细账进行核算。

(2)"无形资产减值准备"账户。"无形资产减值准备"账户核算企业计提的无形资产减值准备。其贷方登记期末无形资产可收回金额低于无形资产账面价值的差额；其借方登记无形资产减少时的冲销数。期末贷款余额反映企业已提取的无形资产减值准备。

模块五　房地产企业固定资产、无形资产和其他资产核算

单元三　其他资产的核算

其他资产是指流动资产、长期投资、固定资产、无形资产等无法涵盖的资产。其主要包括长期待摊费用和其他长期资产。

一、长期待摊费用的核算方法

长期待摊费用是指企业已经支出，但摊销期限在一年以上（不含一年）的各种费用。应由本期负担的借款利息、租金等，不能作为长期待摊费用处理。长期待摊费用包括租入固定资产的改良支出、股票发行费等。

(1) 租入固定资产的改良支出。企业采用经营租赁方式从其他企业租入的固定资产，由于生产经营的需要，承租方在租赁有效期内会对其进行改装、翻修、改建等改良。而租入的固定资产，承租方依法享有使用权，对其所发生的改良支出，不能增加该项固定资产的价值，只能作为长期待摊费用处理，也可以单独设置"租入固定资产改良支出"账户予以反映。

(2) 股票发行费。股票发行费是指与股票发行直接有关的费用。其包括股票发行时的承销费、注册会计师审计费、资产评估费和印刷费等。股份有限公司委托其他单位发行股票支付的手续费或佣金等相关费用，减去股票发行冻结期间的利息收入后的余额，从发行股票的价格中不足以抵消的，或者无溢价的，若金额较小，可直接计入当期损益；若金额较大，可作为长期待摊费用，在不超过 2 年的期限内平均摊销，计入损益。

除购置和建造固定资产外，所有筹建期间发生的费用，应先在长期待摊费用中归集，待企业开始生产经营之日起一次计入开始生产经营当期的损益。

二、其他长期资产的核算方法

其他长期资产一般包括国家批准储备的特准物资、银行冻结存款及临时设施和涉及诉讼中的财产等。其他长期资产可根据资产的性质及特点单独设置相关账户进行核算。

拓展阅读

会计准则的制定初衷能否达到预期的实施效果，重在会计人员对会计准则的正确执行，而会计准则在落地执行过程中会受到各种复杂因素的影响，包括企业为了自身的利益需求而进行各种盈余管理行为，而会计人员的诚实守信、客观公正、维护公平，保护投资者等的利益是抑制各种不良盈余管理行为的重要关口。2007 年我国开始执行 2006 年颁布的《企业会计准则第 6 号——无形资产》，该准则允许符合条件的开发支出资本化处理。2013 年 4 月，上市公司 2012 年的年报集中披露，值得关注的是："开发支出"是年报中频繁出现的字眼，且在有的公司年报中，开发支出额甚至高出公司上年的数倍。以下几家企业引起了投资者的质疑。

中国一重(601106)2012 年开发支出资本化金额 9 978.23 万元，占当期研究开发支出总额的 100%。公司 2012 年净利润为 2 933.99 万元，据此计算，开发支出资本化金额占当期净利润的

比例为 340.09%。若不将开发支出资本化，2012 年公司将发生亏损。太龙药业（600222）2012 年开发支出资本化金额 1 086.71 万元，占本期研究开发项目支出总额的 100%。对比同行业上市公司，其开发支出资本化率明显过高。华润三九、天力士等的开发支出资本化率分别为 3.82%、20.50%，远低于太龙药业。

令人担心的是，公司持续进行巨额研发投入并进行资本化处理，最终还是要结转为无形资产后进行摊销，这等于将开发支出分摊到未来的若干年并影响未来的收益。如果企业盈利能力上不去，持续的投入未见成效，而无形资产越滚越大，对其未来盈利的负面影响会逐年递增。

讨论： (1) 简要说明企业自行研发无形资产的支出资本化处理和费用化处理对企业当期以及长期经营业绩的影响。

(2) 企业实务中如何区分研究阶段和开发阶段？如何判断开发阶段相关支出予以资本化的条件？

(3) 对我国会计准则关于研发支出会计处理的规定进行相应评价，并阐述如何提高会计人员的职业道德水平？

模块小结

本模块介绍了固定资产的核算、无形资产的核算和其他资产的核算三部分内容。

(1) 固定资产是指为生产商品、提供劳务、出租或经营管理而持有，使用寿命超过一个会计年度的有形资产。

(2) 固定资产具有使用寿命长，可多次参加开发经营过程、保持原来的实物形态和取得目的是用于开发经营活动而不是为了出售的特点。

(3) 固定资产的计价方法主要有按历史成本计价和按净值计价两种方法。

(4) 固定资产的核算主要包括以下几点：

1) 固定资产取得的核算。

2) 固定资产折旧的核算。

3) 固定资产后续支出的核算。

4) 固定资产处置的核算。

5) 固定资产清查的核算。

6) 固定资产减值的核算。

(5) 无形资产一般包括专利权、非专利技术、商标权、著作权、特许权、土地使用权等。

(6) 无形资产的初始计量包括以下内容：

1) 外购的无形资产的初始计量。

2) 自行开发的无形资产的初始计量。

3) 投资者投入的无形资产的初始计量。

4) 接受捐赠的无形资产的初始计量。

模块五 房地产企业固定资产、无形资产和其他资产核算

思考与练习

一、填空题

1. _____是指为生产商品、提供劳务、出租或经营管理而持有，使用寿命超过一个会计年度的有形资产，包括房屋及建筑物、机器设备、运输设备、工器具等。
2. 按固定资产使用情况的不同，可分为_____、_____和_____。
3. 按固定资产使用权的不同，可分为_____和_____。
4. 企业自行建造的固定资产包括_____和_____两种方式。
5. 在投资者投入固定资产时，固定资产的入账价值以_____为准。
6. 房地产企业由于开发生产需要租入各种固定资产，按其租赁的性质，分为_____和_____两种。
7. _____是指在固定资产的使用寿命内，按照确定的方法对应计折旧额进行的系统分摊。
8. 房地产开发企业应根据与固定资产有关的经济利益的预期实现方式，合理选择固定资产折旧方法，一般有_____、_____、_____等。
9. _____是指企业已经支出，但摊销期限在一年以上(不含一年)的各种费用。

二、选择题

1. 如发现存在( )情况，应计算固定资产的可收回金额，以确定资产是否发生减值。
   A. 某项固定资产的市价在当期大幅下跌，其跌幅明显高于因时间推移或者正常使用而预计的下跌，并且在近期内能恢复
   B. 企业经营所处的经济、技术或者法律等环境以及该项固定资产所处的市场在当期或者将在近期发生重大变化，从而对企业产生不利影响
   C. 市场利率或其他市场投资报酬率在当期已经提高，从而提高了企业计算资产预计未来现金流量现值计算的折现率，导致资产可回收金额大幅度降低
   D. 固定资产已经陈旧过时或实体已经损坏等
   E. 资产已经或将被闲置、终止使用或者计划提前处置
2. 无形资产按取得方式的不同可分为( )。
   A. 外购的无形资产　　　　　　　B. 自创的无形资产
   C. 可辨认无形资产　　　　　　　D. 不可辨认无形资产
   E. 无期限无形资产

三、简答题

1. 作为房地产开发企业主要劳动资料的固定资产应具有哪几个基本特征？
2. 企业的固定资产根据不同的管理需要和核算要求，有不同的分类标准，主要有哪几种分类方法？
3. 简述固定资产的计价方法。
4. 简述无形资产的概念及特征。
5. 无形资产的计价原则具体表现在哪里？

【实训一】

一、实训目的
固定资产取得核算训练。

二、实训资料
2020年8月份，某房地产公司发生下列有关固定资产取得的经济业务：

(1) 购入一台混凝土泵车，买入价为450 000元，增值税为58 500元，运杂费为3 000元，款项已通过银行支付，装载机已交付使用。

(2) 购入需要安装的塔式起重机一台，取得增值税专用发票上注明的设备买价为300 000元、增值税为39 000元、对方代垫运杂费为4 500元，设备款项通过银行付讫。安装设备时，领用材料5 200元，发生人工费5 600元，设备安装完毕交付使用。

(3) 公司接受捐赠旧挖掘机一辆，该挖掘机八成新，市场价为150 000元。

(4) 财产清查中，发现未入账的有七成新装载机一台，该装载机市场价格为380 000元。该企业适用25％的所得税税率。

三、实训要求
根据上述资料：

(1) 作出有关固定资产的购置、接受捐赠的会计处理。

(2) 作出有关固定资产盘盈、纳税申报时调整所得税的会计处理。

【实训二】

一、实训目的
固定资产折旧核算训练。

二、实训资料
2020年12月初，某房地产公司应计提折旧的固定资产为3 850万元，各类固定资产的资料见表5-1。

表5-1 固定资产折旧计算汇总表

2020年12月1日　　　　　　　　　　　　　　　　　　　　　　　　　　　单位：元

固定资产类别	受益对象	应计折旧原值	月折旧率/％	月折旧额
房屋及建筑物(15年)	生产管理部门	25 000 000		
办公设备(3年)	生产管理部门	560 000		
施工机械(8年)	独立核算机械单位	20 000 000		
运输设备(3年)	辅助生产单位	8 000 000		
测量及试验设备(6年)	施工单位	1 500 000		
合计		68 560 000		

2020年10月份发生下列有关固定资产增减的经济业务：
(1)购入挖掘机一台，入账价值为385 000元，已交付独立核算机械单位使用。
(2)接受捐赠旧汽车一辆，入账价值为85 000元，已交付辅助生产单位使用。
(3)已提足折旧仍继续使用的施工机械一台，原值为450 000元。
(4)辅助生产单位出售机械设备一台，原值为280 000元。
(5)行政管理部门报废一批办公设备，原值为80 000元。

三、实训要求

根据上述资料：
(1)计算2020年9月份各类固定资产应计折旧固定资产的原值、折旧率，并编制固定资产折旧计算汇总表(预计净残值率为5%)，格式见表5-1。
(2)根据表5-1，作出计提固定资产折旧的会计处理。

【实训三】

一、实训目的

固定资产减少、清查、减值准备核算训练。

二、实训资料

某房地产开发公司发生以下固定资产减少业务：
(1)经批准将不需用的房屋一幢出售，其原值为1 800 000元，已提折旧150 000元，出售收入1 720 000元，已存入银行；按5%的税率计算应缴出售房屋的税费。
(2)经批准将一台设备报废，该设备原值为240 000元，已提折旧200 000元。清理过程中残料变价收入8 200元，已经存入银行。另以银行存款支付清理费用3 200元。
(3)因发生火灾，企业一座仓库被烧毁，提前报废，其原值为250 000元，已提折旧100 000元，清理过程中残料变价收入22 000元，已收存银行；另以银行存款支付清理费用4 800元；经向保险公司理赔，得到保险金100 000元，已收存银行；对火灾的责任人罚款20 000元，罚款尚未收到。
(4)期末，财产清查中盘亏机器一台，原值为48 000元，已提折旧22 000元；经批准将盘亏机器作营业外支出处理。
(5)期末，在财产清查过程中发现盘盈试验仪器一台，同类设备的市场价格为5 000元，经技术鉴定估计净值为3 000元，经查明系记账差错所致，已按规定报经有关机构审核批准。
(6)年末对固定资产逐项进行检查时，发现闲置未用的生产设备一台，其原值为56 000元，已提折旧30 000元，由于其市价持续下跌，估计可收回金额为20 000元，按规定计提固定资产减值准备6 000元。
(7)企业用一辆货车对乙企业进行投资，双方协商确认价值为58 000元，货车原值为100 000元，已提折旧50 000元。
(8)企业将一辆小轿车捐赠给某学校，该轿车原值为30 000元，已提折旧12 000元。

三、实训要求

根据上述资料，编制有关会计分录。

模块五 房地产企业固定资产、无形资产和其他资产核算

【实训四】

一、实训目的
无形资产核算训练。

二、实训资料
某房地产开发企业发生下列有关无形资产的经济业务：

(1)企业购入土地使用权一项，以银行存款支付土地出让金 1 500 000 元，并将购入的土地用于兴建仓库 1 个。

1)购入土地使用权时；

2)将购入的土地用于修建仓库时。

(2)企业购入一项专利权，以银行存款支付价款 213 000 元，该专利权尚存有效期为 8 年。

1)购入专利权时；

2)按月摊销商标权的价值时。

(3)企业将所拥有的一项商标权对外转让，取得转让收入 180 000 元，已存入开户银行。该商标权的账面余额为 90 000 元，已计提的减值准备为 15 000 元，转让无形资产应交增值税的税率为 5%。

(4)企业自行研究开发新专利技术一项，在研究与开发过程中共发生各种费用 80 000 元，其中，领用主要材料的成本为 45 000 元，应付直接参与开发人员的工资为 30 000 元、应付福利费为 3 000 元，以银行存款支付的其他费用为 2 000 元。该技术研制成功后，企业按法律程序申请获得专利权，以银行存款支付该项专利权的注册登记费 15 000 元、律师费 1 500 元，该项专利权的法定有效期限为 10 年。

1)支付研究与开发过程中发生的各项费用时；

2)申请取得专利权时；

3)按月摊销专利权的价值时。

(5)企业将所拥有的一项专利技术出售给丙单位，取得转让收入 60 000 元，已存入开户银行。该项专利技术的账面余额为 50 000 元，已计提的减值准备为 8 000 元，出售无形资产应交增值税的税率为 5%。

(6)年末，对无形资产进行检查时，发现有一项非专利权已被其他新技术所替代，并且该项非专利权已无使用价值和转让价值，其账面余额为 35 000 元，已计提的减值准备为 18 000 元，按规定予以转销。

三、实训要求
根据上述资料，编制有关会计分录。

模块六 房地产企业负债和所有者权益核算

学习目标

通过对本模块内容的学习，了解负债和所有者权益的基本知识，掌握流动负债与非流动负债的核算方法，熟练掌握所有者权益的核算。培养认真负责、严谨细致的职业素养。

知识要点

1. 流动负债与非流动负债的核算方法。
2. 所有者权益的核算方法。

案例导入

碧桂园公布2020年年报。其中好消息是，其有息负债总额同比下降11.7%至3 265亿元。报告期内，碧桂园净借贷比率为55.6%，连续多年低于70%。建筑方面的收入由2019年的约62.19亿元，上升41.2%至2020年度的约87.79亿元。2020年，碧桂园实现归属公司股东权益的合同销售金额约人民币5 706.6亿元，同比增长3.3%；归属公司股东权益的合同销售面积约6 733万平方米，同比增长8%。2020年，碧桂园权益合同销售回款约为人民币5 193亿元，回款率达到91%。

但坏消息也不少。2020年，碧桂园总收入约为人民币4 628.6亿元，同比下降约4.7%；净利润约541.2亿元，同比下降11.6%；实现毛利1 009.1亿元，同比下降21%。简单说，就是营收、净利、毛利"三降"。压力更大的是高企的债务。截至2020年年底，碧桂园可动用现金余额达1 836.23亿元。但其流动负债高达惊人的1.492万亿元，而2019年流动负债为1.398万亿元，流动负债同比明显上升。资产负债率虽比2019年略有下降，但依然高达87.25%。

长线影响是其多元化战略收益并不明显。碧桂园的财报显示，其总收入为4 628.6亿元，但提供酒店及其他收入只有42.1亿元，而且比2019年42.65亿元还略有下降。

碧桂园自2018年宣布进军机器人领域以来，这几年，从外界报道来看，碧桂园机器人高科技产业进度较快，如校企合作、机器人餐厅、数千项专利申请等，还有以餐饮机器人和建筑机器人为核心的碧桂园机器人应用，在逐渐向广泛领域拓展。去年，消息称碧桂园打造的全球首

模块六 房地产企业负债和所有者权益核算

个机器人餐厅综合体亮相广东顺德,这个面积近2000平方米,可以同时容纳600人就餐的综合体,从迎宾、点餐、制作到送餐、买单,全部由机器人完成。

此外,碧桂园还拓展了海外大农业、研发服务、智慧种业、现代农业产业园和社区生鲜门店等多个板块,建设了"武汉种谷"、广东德庆贡柑产业园及云南保山农业科技园等一大批项目。

但从财务的角度来看,目前多元化战略并未给碧桂园带来多少收益。

讨论:碧桂园是如何做到规模与负债兼得,没有"失控"的?

单元一 负债和所有者权益基本知识

一、负债的定义与特征

负债是指企业过去的交易或事项形成的预期会导致经济利益流出企业的现时义务。现时义务是指企业在现行条件下已承担的义务。未来发生的交易或事项形成的义务,不属于现时义务,不应当确认为负债。其特征主要表现在以下几个方面:

(1)负债是过去的交易或事项形成的,是现时承担的义务。对于企业正在筹划的未来交易或事项,如企业已经签署但尚未生效的合同与合作事项等,并不构成企业的负债。

(2)对企业而言,负债是强制性的义务,属于法律、合同或类似文件规定的要求。若是一项非强制性的,属于可有可无的责任,如计划对慈善机构的捐款等,则不能形成企业的负债。

(3)负债通常需要在未来某一特定时日用资产或劳务来偿付。在某些情况下,现有负债可能通过承诺新的负债或转化为所有者权益予以了结,但最终都会导致企业资产的流出。

二、负债的分类

(1)按偿付期限的长短不同,负债可分为流动负债和长期负债。流动负债是指将在1年或者超过1年的一个营业周期内偿还的债务,如短期借款、应付票据等;长期负债是指偿还期在1年或一个营业周期以上的债务,如企业的长期借款、应付债券、长期应付款等。

(2)按企业偿还债务的手段不同,负债可分为以货币偿还的债务及以物品和劳务偿还的债务。以货币偿还的债务有应付票据、应付账款、应付债券等;以物品和劳务偿还的债务有预收账款、应付引进设备款等。

(3)按债务金额的可确定性,负债可分为金额肯定的债务和金额取决于企业经营成果的债务。金额肯定的债务是指企业在到期偿还日必须偿还肯定金额的负债,如应付账款、应付票据等;金额取决于企业经营成果的债务是指根据企业在某一会计期间的经营成果才能决定金额的负债,如应交税费、应付利润、应付职工薪酬等。

(4)按产生的原因不同,负债可分为商业性负债、融通性负债及其他性质的负债。商业性负债是指企业在正常的生产经营过程中与其他单位或个人发生货款应付未付而形成的债务,如应付账款、预收货款等;融通性负债是指因资金融通要求而发生的负债,如短期借款等;其他性质的负债是指不属于以上两项负债的其他负债,如应交税金、应付职工薪酬等。

三、所有者权益的定义与特征

所有者权益又称净权益，是企业投资人对企业净资产的所有权，在数量上表现为企业的全部资产减去全部负债后的差额，是区别于债权人权益的一个会计要素。债权人能凭借其债权按固定的比率向企业收取利息，并到期收回本金。由于债权人不能参与企业经营决策和收益分配，而投资者投入的资本可供长期周转和使用，在经营期内不需归还，并承担企业债务、经营亏损和破产的风险责任。因此，所有者能凭借其资本拥有法定的管理企业和委托他人管理企业的权利，还可以按规定分享企业的税后利润。

所有者权益有以下几个方面的特征：

(1)所有者权益实质上是所有者在企业所享有的一种财产权利，包括所有者对投入财产的所有权、使用权和收益分配权，但只是一种剩余权益。

(2)所有者权益是一种权利，这种权利来自投资者投入的、可供企业长期使用的资源。根据公司法的规定，投入的资本在企业终止经营前不得抽回。

(3)从构成要素来看，所有者权益包括所有者投入资本、企业资产增值及经营利润。所有者投入资本既是企业注册资本的唯一来源，也是资本公积的最主要来源。作为企业的所有者，也是企业资产增值的受益者。至于企业的经营利润，则是所有者作为承担全部经营风险和投资风险的一种回报。

四、所有者权益的分类

(1)按来源渠道的不同，可以将所有者权益分为原始投入和经营中形成两大部分。原始投入的所有者权益是指国家、其他法人单位、个人及外商投入的资本金、投入资本或股本的溢价与接受的各项捐赠资产等；经营中形成的所有者权益主要是指企业从税后利润中提取的盈余公积及未分配利润。

(2)按经济内容的不同，可以将所有者权益分为投入资本、资本公积、盈余公积和未分配利润四大部分。投入资本是指投资者实际投入企业经营活动的各种财产物资，包括货币资金、实物资产及无形资产；资本公积是指投资者投入企业的资本或股本超过注册资本的溢价、企业的外币资本折算差额以及接受捐赠的各项资产等；盈余公积是指按照国家有关规定从税后利润中提取的公积金、公益金；未分配利润是指企业留待以后年度分配的利润或未指定用途的利润。

单元二　流动负债的核算

一、流动负债的定义

流动负债是指将在1年或超过1年的一个经营周期内偿还的债务。其包括短期借款、应付票据、应付账款、预收账款、应付职工薪酬及福利、应交税费、应付股利、其他应付款、应付利息等。

视频：流动负债的管理

> **阅读材料**

流动负债的分类

(1)流动负债按其应付金额是否肯定，可分为以下三类：

1)应付金额肯定的流动负债。这类流动负债一般在确认一项义务的同时，根据合同、契约或法律的规定具有确切的金额，乃至有确切的债权人和预付日期，并且到期必须偿还的债务。如应付账款、应付票据、其他应付款等。这类流动负债可以较为精确地计量。

2)应付金额视经营情况而定的流动负债。这类流动负债要根据企业存一定会计期间的经营情况，到该会计期末才能确定流动负债金额。如应交税金、应付股利等。

3)应付金额需预先估计的流动负债。这类流动负债虽是过去已完成的业务所发生且确实存在的，但并无确切的金额，有时其付款日期和受款人存编制资产负债表时仍难以确定，只能根据企业以往经营的经验、类似企业的经验或专门的调查研究资料等，估计负债的金额。预计负债在发生时金额不能精确地计量，只能进行估计。如产品质量担保债务，应按以往的经验或依据有关的资料估计确定其应承担义务的金额。

(2)按流动负债发生的原因，可分为以下四类：

1)产生与经营活动的流动负债。按照权责发生制原则，有些费用需要预先提取，如预提费用、应付工资等。

2)产生于收益分配的流动负债。如应付股利等。

3)产生于融资活动的流动负债。如向银行和其他金融机构借入的短期借款，企业对外发生的不超过一年期的债券等。

4)产生于结算过程中的流动负债。如企业采购的原材料已经到货，在存款尚未支付所形成的待结算应付款项。

二、短期借款核算方法

短期借款是指企业借入的期限在1年以内的各种借款。其包括流动资金借款等。

短期借款利息属于筹资费用，应记入"财务费用"账户。

企业从银行或其他金融机构取得借款时，应借记"银行存款"科目，贷记"短期借款"科目；预提利息时，应借记"财务费用"科目，贷记"应付利息"科目；支付利息时，应借记"应付利息"科目，贷记"银行存款"科目。

【例6-1】 某房地产开发公司2019年1月1日向银行借入100万元，期限为9个月，年利率为6%。假设该企业借款利息分月预提，按季支付，到期偿付本金。

(1)1月1日借入款项时，作会计分录如下：

借：银行存款　　　　　　　　　　　　　　　　　　　　　　1 000 000
　　贷：短期借款　　　　　　　　　　　　　　　　　　　　　　1 000 000

(2)1月月末预提当月利息5 000元(1 000 000×6%÷12)，并作会计分录如下：

借：财务费用　　　　　　　　　　　　　　　　　　　　　　　5 000
　　贷：应付利息　　　　　　　　　　　　　　　　　　　　　　5 000

2月月末预提当月利息的账务处理与1月末相同。

(3)3月月末支付本季度应付利息时，作会计分录如下：

模块六 房地产企业负债和所有者权益核算

借：财务费用	5 000
应付利息	10 000
贷：银行存款	15 000

(4)9月30日偿还借款本金时，作会计分录如下：

| 借：短期借款 | 1 000 000 |
| 贷：银行存款 | 1 000 000 |

三、应付票据核算方法

应付票据是指在商品购销活动中由出票人出票，委托付款人在指定日期无条件支付确定金额给收款人或持票人的票据。应付票据是委托付款人允诺在一定时期内支付一定款项的书面证明。

应付票据与应付账款不同，虽然两者都是由于交易而引起的流动负债，但应付账款是尚未结清的债务，而应付票据是一种期票，是延期付款的证明，有承诺付款的票据作为凭据。应付票据可分为带息和不带息两种。由于应付票据的期限较短，无论是否带息，在收到票据时一般都按面值入账。

核算应付票据业务，企业应设置"应付票据"账户。应付票据一般按其面值记账。企业在开出承兑的商业汇票或以承兑的商业汇票抵付应付账款时，根据发票上载明的金额，作会计分录如下：

借：材料采购
　　贷：应付票据

支付银行承兑汇票手续费时，作会计分录如下：

借：财务费用
　　贷：银行存款

如为带息的票据，应于期末计提利息，作会计分录如下：

借：财务费用
　　贷：应付票据

收到银行支付到期票据付款通知时，作会计分录如下：

借：应付票据（账面余额）
　　财务费用（未计提的利息）
　　贷：银行存款

【例6-2】 2019年6月1日某房地产开发企业采用商业汇票方式购入一批原材料，根据有关发票账单，购入材料的买价为200 000元，增值税为25 500元，材料已验收入库。企业开出3个月承兑的商业汇票支付银行税手续费为87.75元。

(1)假如该企业采用实际成本进行材料的日常核算，作会计分录如下：

| 借：原材料 | 225 500 |
| 贷：应付票据 | 225 500 |

(2)支付商业汇票手续费时，应作会计分录如下：

| 借：财务费用 | 87.75 |
| 贷：银行存款 | 87.75 |

(3)若上述商业汇票到期,该企业以银行存款全额支付票款,应作会计分录如下:

借:应付票据　　　　　　　　　　　　　　　　　　　　　　225 500
　　贷:银行存款　　　　　　　　　　　　　　　　　　　　　225 500

(4)若商业汇票为商业承兑汇票,该企业无力还款,则应将"应付票据"转为应付账款,作会计分录如下:

借:应付票据　　　　　　　　　　　　　　　　　　　　　　225 500
　　贷:应付账款　　　　　　　　　　　　　　　　　　　　　225 500

(5)若上述商业汇票为银行承兑汇票,企业无力支付票款,承兑银行已代为支付,则应将"应付票据"转为短期借款,作会计分录如下:

借:应付票据　　　　　　　　　　　　　　　　　　　　　　225 500
　　贷:短期借款　　　　　　　　　　　　　　　　　　　　　225 500

四、应付账款核算方法

应付账款是指企业因购买商品或接受劳务等而发生的债务,是买卖双方在购销活动中,由于物资材料的取得和货款的支付在时间上不一致而产生的一项负债。

应付账款入账时间的确定,应以所购买物资的所有权转移或接受劳务已发生为标志。应付账款一般按应付金额入账。如果购入的物资在形成一笔应付账款时带有现金折扣条件,应付账款入账金额的确定就要按发票上记载的应付金额(即不扣除折扣)记账。现金折扣在实际获得时,冲减财务费用。

应付账款一般在较短期限内支付,有些应付账款由于债权单位撤销或其他原因而无法支付,应直接转入资本公积。

应付账款的账务处理:当企业购入材料、商品等验收入库,但货款尚未支付时,根据有关凭证借记"物资采购"等科目,贷记"应付账款"科目;企业接受供应单位提供劳务而发生的应付未付款项时,根据供应单位的发票账单,借记"开发成本""管理费用"等科目,贷记"应付账款"科目;企业开出承兑商业汇票抵付应付账款时,借记"应付账款"科目,贷记"应付票据"科目。企业偿付应付账款时,借记"应付账款"科目,贷记"银行存款"科目;企业将确实无法支付应付账款,直接转入资本公积时,借记"应付账款"科目,贷记"资本公积——其他资本公积"科目。

【例6-3】 2018年4月2日,某房地产开发公司在A电器公司购买空调机一批,货款总金额为50万元,发生运杂费850元。设备按企业计划成本计算为51万元,款项尚未支付,运费已用现金支付,设备已验收入库。

(1)根据发票、账单,作会计分录如下:

借:材料采购——空调机　　　　　　　　　　　　　　　　500 000
　　贷:应付账款——A电器公司　　　　　　　　　　　　　500 000

用现金支付运费时,作会计分录如下:

借:材料采购——空调机　　　　　　　　　　　　　　　　850
　　贷:库存现金　　　　　　　　　　　　　　　　　　　　850

(2)根据企业仓库验收单据,作会计分录如下:

借:原材料——空调机　　　　　　　　　　　　　　　　　510 000
　　贷:材料采购——空调机　　　　　　　　　　　　　　　510 000

借：材料采购　　　　　　　　　　　　　　　　　　　　　　　　9 150
　　贷：材料成本差异　　　　　　　　　　　　　　　　　　　　　　9 150
（3）企业按合同要求按期支付应付账款时，作会计分录如下：
借：应付账款——A电器公司　　　　　　　　　　　　　　　　500 000
　　贷：银行存款　　　　　　　　　　　　　　　　　　　　　　500 000

五、应付职工薪酬及福利核算方法

应付职工薪酬是指应支付给职工的工资总额。其包括工资、津贴和奖金等。工资作为个人的劳动报酬，在尚未实际支付给职工个人之前，对企业来说是一种负债。

企业应设置"应付职工薪酬"账户，并应设置"应付职工薪酬明细账"，根据企业的具体情况，按职工类别、工资总额的组成内容进行明细核算。凡是包括在工资总额内的各种工资、奖金、津贴等，无论是否在当月支付，都应通过"应付职工薪酬"账户核算。

每月发放工资以前，应根据工资结算汇总表中的应发总额，向银行提取现金，借记"库存现金"科目，贷记"银行存款"科目；支付工资时，根据工资结算单中盖章签收的实付工资额，借记"应付职工薪酬"科目，贷记"库存现金"科目；从应付职工薪酬中扣除的各种款项，应根据工资结算汇总表中的代扣金额，借记"应付职工薪酬"科目，贷记"其他应收款""其他应付款""应交税费"等科目；月份终了，应将本月应发的工资总额进行分配，借记"采购保管费用""开发间接费用""销售费用""管理费用""其他业务成本"等科目，贷记"应付职工薪酬"科目。

【例6-4】某房地产开发公司2018年5月15日发放本月份应发工资20万元，实发工资19.5万元，从银行提取现金发放。作会计分录如下：

借：库存现金　　　　　　　　　　　　　　　　　　　　　　195 000
　　贷：银行存款　　　　　　　　　　　　　　　　　　　　　195 000
从应付工资中代扣款项5 000元，则会计分录如下：
借：应付职工薪酬　　　　　　　　　　　　　　　　　　　　　5 000
　　贷：其他应付款　　　　　　　　　　　　　　　　　　　　　5 000
以195 000元现金支付员工工资，则会计分录如下：
借：应付职工薪酬　　　　　　　　　　　　　　　　　　　　195 000
　　贷：库存现金　　　　　　　　　　　　　　　　　　　　　195 000

5月31日，本月应发工资计入成本和费用，其中：施工人员工资5万元，开发现场人员工资3万元，物业管理人员工资4万元，公司管理人员工资8万元。作会计分录如下：

借：开发间接费用　　　　　　　　　　　　　　　　　　　　80 000
　　其他业务成本　　　　　　　　　　　　　　　　　　　　40 000
　　管理费用　　　　　　　　　　　　　　　　　　　　　　80 000
　　贷：应付职工薪酬　　　　　　　　　　　　　　　　　　200 000

企业职工福利费是指企业为职工提供的除职工工资、奖金、津贴、纳入工资总额管理的补贴、职工教育经费、社会保险费和补充养老保险费（年金）、补充医疗保险费及住房公积金以外的福利待遇支出，按职工工资总额的14%提取，主要用于职工医药费、职工的生活困难补助、集体福利的补贴、其他福利待遇等。

视频：职工薪酬
费用的核算

当期实际发生金额大于预计金额的，应当补提福利费，借记"管理费用"等科目，贷记"应付职工薪酬"科目；当期实际发生金额小于预计金额的，应当红字冲回多提的福利费，借记"管理费用"等科目，贷记"应付职工薪酬"科目。

六、其他应付款核算方法

企业除应付票据、应付账款、应付职工薪酬及福利等外，还会发生一些应付、暂收其他单位或个人的款项。进行其他应付款的核算，应设置"其他应付款"账户，还应标明应付和暂收等款项的类别，如依据单位、个人等的不同，设置应付租金、应付其他单位往来款、其他应付暂收款等明细账。

企业发生各类应付、暂收款时，借记"银行存款""库存现金"等科目，贷记"其他应付款"科目。实际支付时，作相反的会计分录。

【例6-5】 某房地产开发公司租出营业用房一幢，租用期为一年，租金为12万元，合同规定按季提前支付，收取押金3万元。租约到期后退回押金。

（1）收取押金时，作会计分录如下：

借：银行存款　　　　　　　　　　　　　　　　　　　30 000
　　贷：其他应付款——房屋租赁押金　　　　　　　　30 000

（2）退回押金时，作会计分录如下：

借：其他应付款——房屋租赁押金　　　　　　　　　　30 000
　　贷：银行存款　　　　　　　　　　　　　　　　　30 000

单元三　非流动负债的核算

一、非流动负债的定义及种类

非流动负债是指偿还期在1年或超过1年的经营周期以上的债务。其是除投资人投入的资本金外，企业向债权人筹集可供企业长期使用的资金。房地产开发企业的非流动负债一般可分为长期借款、应付债券和长期应付款三类。

二、长期借款核算方法

1. 长期借款的定义

长期借款是指房地产开发企业在经营过程中向金融机构或其他单位借入的期限在1年以上的借款。其包括开发经营投资借款、流动资金借款等。

从事房地产开发业务的企业，为开发房地产而借入的资金所发生的借款利息，在开发产品完工之前，计入开发产品成本；在开发产品完工之后，计入当期损益。为购建固定资产而借入的长期借款，其利息发生在资产达到预定可使用状态前的，计入有关固定资产的购建成本；发生在资产达到预定可使用状态后的，计入当期损益。

2. 长期借款的条件

房地产开发企业要向银行或其他金融机构举借长期借款时，借款企业经营方向和业务范围须符合国家政策，借款用途属于金融机构贷款办法规定的范围；能提供借款项目可行性研究报告，资金使用效果好，固定资产项目还必须经过有资格的咨询公司评估；固定资产投资项目中，有不少于总投资30%的自筹资金；借款企业具有偿还借款本息的能力；借款企业具有较高的管理水平和资信度。

3. 办理长期借款的基本程序

长期借款需按一定的程序办理：第一，向经办行提交借款申请书，说明借款原因、借款用途、借款金额、使用时间、使用计划、归还日期和还款计划等。第二，银行或其他金融机构批准了企业的借款申请后，企业即可与其签订借款合同。通过签订借款合同，明确双方的经济责任。第三，借款合同签订后，借款企业在核定的贷款指标范围内，按银行对贷款的管理方法，根据用款计划支用借入资金。第四，为了便于经办行对所提供的借款进行监督，借款企业应将设备订货合同副本、工程进度计划等送经办行备查。第五，借款到期，借款企业应按照合同规定，按期归还借款。借款企业如因暂时困难，需要延期归还借款时，应向经办行提出延期还款计划，经审查同意后，按延期后的还款计划还款。逾期期间一般按逾期借款计收利息。

4. 长期借款的会计处理

为了核算和监督企业长期借款的借入、应计利息和归还本息情况，房地产开发企业应设置"长期借款"账户，其贷方登记企业借入的长期借款和计提的借款利息，借方登记企业归还的长期借款和借款利息，期末贷方余额反映企业还未偿还的长期借款本息。该账户应按借款单位设置明细账户，按借款种类进行明细核算。

【例6-6】甲房地产开发企业为建造一幢厂房。2018年1月1日借入期限为两年的长期专门借款1 500 000元，款项已存入银行。借款利率为9%，每年付息一次，期满后一次还清本金。2018年年初，以银行存款支付工程价款共计800 000元，2019年年初又以银行存款支付工程费用600 000元。该厂房于2019年8月月底完工，达到预定可使用状态。假定不考虑闲置专门借款资金存款的利息收入或者投资收益。根据上述业务编制有关会计分录如下：

(1) 2018年1月1日取得借款时：

借：银行存款　　　　　　　　　　　　　　　　　　　　1 500 000
　　贷：长期借款　　　　　　　　　　　　　　　　　　　　1 500 000

(2) 2018年年初支付工程款时：

借：在建工程　　　　　　　　　　　　　　　　　　　　　800 000
　　贷：银行存款　　　　　　　　　　　　　　　　　　　　　800 000

(3) 2018年12月31日计算2018年应计入工程成本的利息时：

　　　　　　借款利息＝1 500 000×9%＝135 000(元)

借：在建工程　　　　　　　　　　　　　　　　　　　　　135 000
　　贷：应付利息　　　　　　　　　　　　　　　　　　　　　135 000

(4) 2018年12月31日支付借款利息时：

借：应付利息　　　　　　　　　　　　　　　　　　　　　135 000
　　贷：银行存款　　　　　　　　　　　　　　　　　　　　　135 000

(5) 2019年年初支付工程款时：

```
借：在建工程                                    600 000
    贷：银行存款                                      600 000
```
(6) 2019年8月月底，达到预定可使用状态，该期应计入工程成本的利息90 000元[(1 500 000×9‰÷12)×8]：
```
借：在建工程                                     90 000
    贷：应付利息                                       90 000
```
同时
```
借：固定资产                                   1 625 000
    贷：在建工程                                     1 625 000
```
(7) 2019年12月31日，计算2019年9至12月应计入财务费用的利息45 000元[(1 500 000×9‰÷12)×4]：
```
借：财务费用                                     45 000
    贷：应付利息                                       45 000
```
(8) 2019年12月31日支付利息时：
```
借：应付利息                                    135 000
    贷：银行存款                                      135 000
```
(9) 2020年1月1日到期还本时：
```
借：长期借款                                  1 500 000
    贷：银行存款                                    1 500 000
```

阅读材料

长期借款核算时应注意的问题

(1) 长期借款的利息支出和有关费用，以及外币折合差额，凡与购建固定资产有关的，且在所购建的固定资产达到预定可使用状态前发生的，应当予以资本化，计入所购建固定资产的成本；在所购建的固定资产达到预定可使用状态后所发生的，应于当期直接计入财务费用。

(2) 企业发生的除与固定资产购建有关的借款费用（包括利息、汇兑损失等），属于筹建期间的，计入长期待摊费用；属于生产经营期间的，计入财务费用。

(3) 长期借款利息的计算目前有单利和复利两种方法。

(4) 房地产开发企业，为开发房产借入资金所发生的借款费用，在开发产品完工之前，计入开发产品成本；在开发产品完工之后，计入当期损益。

(5) 企业将长期借款划转出去，或者无须偿还的长期借款，直接转入资本公积。

三、应付债券核算方法

1. 应付债券的定义

应付债券也称公司债券，是指企业按照法定程序发行、约定在未来某一特定日期还本付息的有价证券，是企业为筹集所需资金而发行的有价证券，是持券人拥有企业债权的证书，代表持证人同企业之间的债权、债务关系。持券人可按期取得利息，到期收回本金，但无权参与企业的经营管理，也不参加分红，对企业的经营盈亏也不承担责任。

2. 应付债券的分类

债券按其有无抵押品可分为抵押债券和信用债券。抵押债券以发行债券企业的特定财产为担保品,如债券到期不能偿还,持券人可以行使其抵押权,拍卖抵押品作为补偿;信用债券是单凭企业的信用,凭信托契约发行的债券,企业没有指定的抵押财产作为担保品,通常由信用较好、盈利水平较高的企业发行。

债券按其记名与否可分为记名债券和无记名债券。记名债券的债权人姓名登记在债券名册上,偿还本金和支付利息时,要根据名册付款,债券转让要办理过户手续;无记名债券又称有息债券,债券上附有息票,企业见票付息还本,流通比较方便。

债券按其偿还方式的不同,可分为定期偿还债券和随时偿还债券。定期偿还债券包括期满偿还和分期偿还两种;前者是指到期全额偿还本息;后者按规定时间分批偿还部分本息。随时偿还债券包括抽签偿还和买入偿还两种:前者按抽签确定的债券号码偿还本息;后者是发行债券企业根据资金余缺情况通知持券人还本付息。

3. 发行债券的条件

国有房地产开发企业发行企业债券,应由国家授权投资的机构或国家授权的部门决定。房地产开发股份有限公司和两个以上的国有企业或者其他两个以上的国有投资主体投资设立的房地产开发有限责任公司发行企业债券,应由公司董事会制订方案,股东会作出决议。发行债券的企业,其股份有限公司的净资产额不低于人民币 3 000 万元,有限责任公司的净资产额不低于人民币 6 000 万元;累计债券总额不超过公司净资产额的 40%;最近 3 年平均可分配利润足以支付企业债券 1 年的利息;筹集的资金投向符合国家产业政策;债券的利率不得超过国务院限定的利率水平。

4. 应付债券的计算

企业发行的长期债券按照债券面值计价,实际发行的价格超过或低于债券面值的差额,即溢价或折价,在债券到期以前分期摊销,冲减或增加利息。企业发行债券时支付的债券代理发行手续费,如发行债券是用于购建固定资产的,在资产达到预定可使用状态前,计入购建固定资产的价值;在所购建的资产达到预定可使用状态后,或者不是为购建固定资产而发行的,则应计入当期损益。

债券溢价是债券发行企业在债券发行时向投资者多收的款项,这笔款项将在以后各期计算利息时,通过债券溢价的摊销冲减企业的利息费用;而债券折价是债券发行企业在债券发行时向投资者少收的款项,这笔款项将在以后各期计算利息时,通过债券折价的摊销增加企业的利息费用。

债券溢价和折价的摊销方法有直线法和实际利率法两种。直线法是指将债券的溢价或折价金额在债券存续期内平均摊销,其特点是各期都用相等的溢价摊销额冲减利息费用或用相等的折价摊销额转作利息费用,各期利息费用均相等。这种方法简便易行,但缺点是不能正确地反映负债和利息的关系。实际利率法以债券发行时的实际利率乘以各期的期初应付债券账面价值,作为各期的利息费用。当期入账的利息费用与按票面利率计算的应付利息的差额,即该期应摊销的债券溢价或折价。这种方法符合负债多、负担的利息费用多,或负债少、负担的利息费用少的实际情况,但计算比较复杂。

房地产企业为了核算发行的债券及应付的利息应设置"应付债券"账户,并在该账户下设置"债券面值""债券溢价""债券折价"和"应计利息"四个明细账户。该账户贷方登记发行债券的面值和溢价金额、每期计提的利息和摊销折价的金额;借方登记每期摊销的溢价金额及到期支付的本息;期末贷方余额反映企业尚未偿还的债券本息金额。该账户还应按债券种类进行明细核算。另外,企业应将债券的发行价、票面价值、票面利率、还本付息的方式与期限、发行总额、发行日期和编号、委托代售部门等在备查簿中进行登记。

企业发行债券时,按实际收到的款项,借记"银行存款"科目,按债券的票面价值,贷记"应付债券——债券面值"科目;如为溢价发行的债券,还应按溢价金额,贷记"应付债券——债券溢价"科目;如为折价发行的债券,还应按折价金额,借记"应付债券——债券折价"科目。

企业支付债券代理发行手续费及印刷费时,借记"在建工程"或"财务费用"科目,贷记"银行存款"等科目。

企业分期计提利息及摊销溢价、折价时应根据情况区别处理:按面值发行债券计提利息时,借记"在建工程"或"财务费用"科目,贷记"应付债券——应计利息"科目。按溢价发行的债券,按应摊销的溢价金额,借记"应付债券——债券溢价"科目,按应计利息与溢价摊销额的差额,借记"在建工程"或"财务费用"科目,按应计利息贷记"应付债券——应计利息"科目。按折价发行的债券,按应摊销的折价金额和应计利息之和,借记"在建工程"或"财务费用"科目,按应摊销的折价金额,贷记"应付债券——债券折价"科目,按应计利息贷记"应付债券——应计利息"科目。

债券到期支付本息时,借记"应付债券——债券面值、应计利息"科目,贷记"银行存款"科目。

【例6-7】 某房地产开发企业于2017年1月1日发行3年期、面值为500万元的债券,票面利率为10%,企业按530万元的价格出售,债券到期一次还本付息,不计复利。该企业筹资是为了购建办公用房,房屋于2018年12月31日竣工投入使用并办完决算手续,企业按年计提债券利息并采用直线法摊销溢价金额。作会计分录如下:

(1)发行债券时:

借:银行存款	5 300 000
贷:应付债券——债券面值	5 000 000
——债券溢价	300 000

(2)2017年、2018年年底计提债券利息并摊销溢价时:

应计债券利息=5 000 000×10%=500 000(元)

溢价摊销=300 000÷3=100 000(元)

利息费用=500 000-100 000=400 000(元)

借:在建工程	400 000
应付债券——债券溢价	100 000
贷:应付债券——应计利息	500 000

(3)2018年年底计提债券利息和摊销溢价时:

借:财务费用	400 000
应付债券——债券溢价	100 000
贷:应付债券——应计利息	500 000

(4)到期归还本息时:

借:应付债券——债券面值	5 000 000
——应计利息	1 500 000
贷:银行存款	6 500 000

四、长期应付款核算方法

长期应付款是指企业除长期借款和应付债券外的其他各种长期应付款项。其包括融资租入固定资产的租赁费、以分期付款方式购入固定资产发生的应付款项等。

(1)融资租入固定资产的租赁费。企业采用融资租赁方式租入的固定资产，应在租赁开始日，将租赁开始日租赁资产公允价值与最低租赁付款额现值两者中较低者，加上初始直接费用，作为租入资产的入账价值，借记"固定资产"等科目；按最低租赁付款额，贷记"长期应付款"科目，按发生的初始直接费用，贷记"银行存款"等科目；按其差额，借记"未确认融资费用"科目。

(2)以分期付款方式购入固定资产发生的应付款项。企业购买资产有可能延期支付有关价款。如果延期支付的购置价款超过正常的信用条件，实质上具有融资性质时，所购资产的成本应当以延期支付购买价款的现值为基础来确定。实际支付的价款与购买价款的现值之间的差额，应当在信用期间内采用实际利率法进行摊销，计入相关资产成本或当期损益。具体来说，当企业购入资产超过正常信用条件，延期付款实质上具有融资性质时，应按购买价款的现值，借记"固定资产""在建工程"等科目；按应支付的价款总额，贷记"长期应付款"科目；按其差额，借记"未确认融资费用"科目。

单元四　所有者权益的核算

一、所有者权益的定义及分类

所有者权益是指企业投资人对净资产的所有权，是企业资产扣除负债后由所有者享有的剩余权益，是企业全部资产减去全部负债后的余额。比较通俗地说，所有者权益就是企业全部资产中属于投资人所有的那部分。

从本身的内容来看，所有者权益包括投入资本和资本增值两部分。所有者权益的来源包括所在者投入的溢价、其他综合收益、留存收益等，通常由股本(或实收资本)、资本公积(含股本溢价或资本溢价、其他资本公积)、其他综合收益、盈余公积和未分配利润等构成。所有者投入的资本，是指所有者投入企业的资本部分，它既包括构成企业注册资本或股本的金额，也包括投入资本超过注册资本或股本部分的金额，即资本溢价或股本溢价，这部分投入资本作为资本公积(资本溢价)反映。其他综合收益，是指企业根据会计准则规定未在当期损益中确认的各项利和损失。留存收益，是指企业从历年实现的利润中提取或形成的留存于企业的内部积累，包括盈余公积和未分配利润。

1. 投入资本

投入资本是指投资者实际投入企业生产经营活动的各种财产物资，是投资者投入到企业中的各种资产的价值。其是企业所有者权益的主体和起点，所有者权益的其他部分都是由此派生出来的。投入资本可分为国家投入资本、法人投入资本、个人投入资本和外商投入资本等。投入资本的形式可以是货币资金形式，也可以是实物及无形资产形式。所有者向企业投入的资本，在一般情况下无须偿还，可以长期周转使用。

2. 资本公积

资本公积是指投资者或其他人（或单位）投入，所有权归属于投资者，但不构成投入资本的那部分资本或者资产。资本公积由全体所有者共享。根据资本公积取得来源的不同，资本公积的内容可以细分为资本溢价（或股本溢价）及直接计入所有者权益的利得和损失等。资本公积是投资者投入的资本金额中超过法定资本部分的资本，或者其他人（或单位）投入的不形成投入资本的资产的转化形式，从本质上讲应属于投入资本的范畴。

3. 盈余公积

盈余公积是指企业按照规定从净利润中提取的各种积累资金，是已指定用途的留存收益。盈余公积包括法定盈余公积和任意盈余公积两类。法定盈余公积是指根据国家法律规定，必须从税后留利中提取的公积金。通过强制企业提取法定公积金，可以约束企业过度分配，增强企业实力，减轻企业经营风险；任意盈余公积是指公司出于实际需要或是采取审慎的经营方针，由股东会议决定从税后利润中提取的一项公积金。

4. 未分配利润

未分配利润是指企业留待以后年度进行分配的留存收益，是企业实现的净利润（或亏损）经过分配后的结余部分。

二、所有者权益的特点

所有者权益实质上是所有者在某个企业所享有的一种财产权利。其包括所有者对投入财产的所有权、使用权和收益分配权。当企业因终止营业或其他原因进行清算时，实现后的资产首先必须用于偿还企业的负债，剩余的财产才可按出资比例或股份比例在所有者之间进行分配。所以，所有者权益只是一种剩余权益。

所有者权益中的这种权利来自投资者投入的可供企业长期使用的资源。任何企业的设立都需要有一定的所有者投入资本金。投入的资本在企业终止经营前不得抽回。

从构成要素来看，所有者权益包括所有者的投入资本、企业的资产增值及经营利润。所有者投入资本既是企业实收资本的唯一来源，也是企业资本公积的最主要来源。企业的经营利润，根据风险和报酬的对应原则，是所有者作为承担全部经营风险和投资风险的一种回报。

阅读材料

所有者权益与负债的区别

所有者权益与负债共同构成了企业的全部资金来源。投资者和债权人都是企业资产的提供者，他们对企业的资产都有相应的要求权，因此，才形成了"资产＝负债＋所有者权益"这一会计平衡公式。在企业的资产负债表中，负债和所有者权益都反映在右方，两者的合计总额与左方的资产总额相等。但是，所有者权益与负债又有明显的区别，主要表现在以下几个方面。

1. 法律上所处的地位不同

负债是企业在生产经营及其相关活动中发生的债务，是债权人要求企业偿还其债务的权利，即债权人对企业资产的索债权；而所有者权益则是投资者对投入企业的资本及其投入资本的运用所产生的盈余（或亏损）的权利，即企业所有者对企业净资产的所有权。

2. 享有的权利不同

债权人与企业之间只有债权、债务关系，只享有到期收回企业所欠债务本金和利息的权利，没有参与企业经营管理的权利，也没有参与企业收益分配的权利；而所有者则不仅拥有参与企业收益分配的权利，而且拥有法定的管理企业或委托他人管理企业的权利。

3. 承担的义务不同

负债是企业承担的现时义务，履行该义务预期会导致经济利益流出企业，负债一般都有规定的偿还期限，到期必须偿还，对于其中的各种借款、债券、票据等，企业还必须按规定的时间和利率支付利息；而所有者权益则与企业共存亡，在企业持续经营的情况下，除按法律程序减资外，企业无须归还，而且投资者一般也不能提前撤回其投资。

4. 承担的风险不同

债权人所承担的财务风险要小于所有者。债权人一般可按约定的利率收取固定的利息，并于到期日收回本金，而且无论企业盈利与否均应按期还本付息，因而其风险较小；而所有者所能获得的投资收益则要随着企业经营成果的变化而波动，而且当企业破产清算时，债权人对企业资产的索偿权优先于所有者，所有者所能分得的剩余资产只能等企业偿还了全部债务后方能确定，因而其风险较大。

三、投入资本核算方法

企业根据法律、法规的规定，可以采用货币资金、实物、无形资产或发行股票等方式，按规定进行计价。

1. 货币资金投入

接受货币投资的，应将作为出资的货币足额存入设立的账户，公司按实际收到货币数额借记"库存现金"或"银行存款"科目，贷记"实收资本"科目。实际收到的金额超过其在企业注册资本中所占份额的部分，计入资本公积。

货币资金投入一般应以企业收到或者存入企业开户银行的日期和金额，作为登记入账的依据。对于外币投资，如以人民币作为记账本位币，应按企业收到投资者的当天外汇牌价的中间价折合为人民币计算。

【例 6-8】 某房地产公司收到投资者投入的人民币 560 万元。作会计分录如下：

借：银行存款 5 600 000
　　贷：实收资本——某投资者投入 5 600 000

【例 6-9】 某房地产公司经批准接受外商投资 3 000 万美元，按当日美元牌价 1：6.69 折合人民币入账。作会计分录如下：

借：银行存款 200 700 000
　　贷：实收资本——某外商投资 200 700 000

2. 实物投资

接受实物投资的，应按照投资各方确认的价值作为实收资本入账。公司在收到投资人投入的材料物资时，应按确认的价值，借记"原材料""应交税费——应交增值税"等科目，贷记"实收资本"科目；收到投入的固定资产时，借记"固定资产"科目，贷记"实收资本"科目。如果取得对方开具的增值税专用发票，可以抵扣进行税额，借记"固定资产""应交税费－应交增值税（进项税额）"科目，贷记"实收资本"科目。对于投资各方确认的价值超过其在注册资本中所占份额的部分，应计入资本公积。

【例 6-10】 某房地产开发公司收到甲公司投入的全新设备一台，双方确认的价值为 500 000

元，该设备已验收交付使用。该房地产开发公司作会计分录如下：

借：固定资产　　　　　　　　　　　　　　　　　500 000
　　贷：实收资本——甲公司　　　　　　　　　　　　　　500 000

3. 无形资产投资

接受无形资产投资，以无形资产（不包括土地使用权）投资的，应按投资各方确认的价值作为实收资本入账。需要注意的是，除国家对采用高新技术成果有特别规定者外，投资人以工业产权和非专利技术作价出资的金额一般不得超过注册资本的20%。

【例6-11】 某房地产开发公司收到甲公司的一项专利技术作为投资，经评估确认其价值为1 560 000元。作会计分录如下：

借：无形资产　　　　　　　　　　　　　　　　 1 560 000
　　贷：实收资本——甲公司　　　　　　　　　　　　　 1 560 000

阅读材料

实收资本核算应设置的账户

为了核算和监督企业投资者投入资本的增减变动情况，应设置"实收资本"账户（股份有限公司设置"股本"），它属于所有者权益类账户。凡是公司实际收到投资者投入的资本，应贷记本科目；凡是返回所有者投资的资本，应借记本科目；该科目余额在贷方，表示公司实际收到投资者的资本总额。本账户应按投资人设置明细账，进行明细分类核算。

有限责任公司在依法设立时，各所有者（即股东）按照合同、协议或公司章程所规定的出资方式、出资额和出资缴纳期限而投入公司的资本，应全部作为实收资本入账。此时，公司的实收资本应等于公司的注册资本。公司成立之后增资扩股时，如有新股东介入，新介入的股东缴纳的出资额大于其约定比例计算的实收资本的部分不记入实收资本科目，而作为资本溢价，按资本公积处理。

四、资本公积核算方法

资本公积包括资本溢价（或股本溢价）和直接计入所有者权益的利得与损失等。

资本溢价（或股本溢价）是企业收到投资者的超出其在企业注册资本（或股本）中所占份额的投资。形成资本溢价（或股本溢价）的原因有溢价发行股票、投资者超额缴入资本等。直接计入所有者权益的利得和损失是指不应计入当期损益、会导致所有者权益发生增减变动的、与所有者投入资本或者与所有者分配利润无关的利得或者损失。

对于一般企业而言，在企业创立时，出资者认缴的出资额全部记入"实收资本"账户，因而不会出现资本溢价。但是，当企业重组并有新的投资者加入时，为了维护原投资者的利益，新加入的投资者的出资额并不一定全部作为实收资本处理。

【例6-12】 甲房地产公司注册资本为10 000 000元，2019年12月31日公司留存收益为1 000 000元。现有乙房地产公司为了占有甲公司注册资本20%的份额，投入2 000 000元现金和一些设备，该设备双方确认的价值为750 000元，甲公司已将现金收存银行，并已收到机器。

根据上述资料，甲公司应作会计分录如下：

借：银行存款　　　　　　　　　　　　　　　　 2 000 000

```
        固定资产                                          750 000
    贷：实收资本                                        2 500 000
        资本公积——资本溢价                              250 000
```

股份有限公司是以发行股票的方式筹集股本的，股票可按面值发行，也可按溢价发行。与其他类型的企业不同，股份有限公司在成立时可能会溢价发行股票，产生股本溢价。股本溢价的数额等于股份有限公司发行股票时实际收到的金额超过股票面值总额的部分。

在按面值发行股票的情况下，企业发行股票取得的收入，应全部作为股本处理。

在溢价发行股票的情况下，企业发行股票取得的收入，等于股票面值部分作为股本处理，超出股票面值的溢价收入作为股本溢价处理。

如果是溢价发行股票的，发行股票相关的手续费、佣金等交易费用应从溢价中抵扣，冲减资本公积（股本溢价）；无溢价发行股票或溢价金额不足以抵扣的，应将不足抵扣的部分冲减盈余公积和未分配利润。

【例 6-13】 甲房地产开发公司首次公开发行了普通股 5 000 万股，每股面值 1 元，每股发行价格为 4 元，公司以银行存款支付发行手续费、咨询费等费用共计 5 000 000 元。假定发行收入已全部收到，发行费用已全部支付，不考虑其他因素，作会计分录如下：

（1）收到发行收入时：
```
    借：银行存款                                     200 000 000
        贷：股本                                      50 000 000
            资本公积——股本溢价                       150 000 000
```

（2）支付发行费用时：
```
    借：资本公积——股本溢价                            5 000 000
        贷：银行存款                                    5 000 000
```

阅读材料

资本公积的来源

资本公积有其不同的来源，按其用途主要包括以下两类：

（1）可以直接用于转增资本的资本公积，包括资本（股本）溢价、接受现金捐赠、拨款转入、外币资本折算差额和其他资本公积等。其中，资本溢价，是指企业投资者投入的资金超过其在注册资本中所占份额的部分，在股份有限公司称之为股本溢价；接受现金捐赠，是指企业因接受现金捐赠而增加的资本公积；拨款转入，是指企业收到国家拨入的专门用于技术改造、技术研究等的拨款项目完成后，按规定转入资本公积的部分，企业应按转入金额入账；外币资本折算差额，是指企业因接受外币投资所采用的汇率不同而产生的资本折算差额；其他资本公积，是指除上述各项资本公积以外所形成的资本公积，以及从资本公积各准备项目转入的金额。

（2）不可以直接用于转增资本的资本公积，包括接受捐赠非现金资产准备和股权投资准备等。其中，接受捐赠非现金资产准备是指企业因接受非现金资产捐赠而增加的资本公积；股权投资准备，是指企业对被投资单位的长期股权投资采用权益法核算时，因被投资单位接受捐赠等原因增加的资本公积，从而导致投资企业按其持股比例或投资比例计算而增加的资本公积。

五、留存收益核算方法

企业在生产经营中实现的净利润属于所有者权益。留存收益是指企业从历年实现利润中提取的或形成的留存于企业内部的积累,是企业税后利润减去所分配的股利后留存企业的部分。

留存收益的目的是保证企业实现的净利润有一部分留存在企业,不全部分配给投资者。一方面可以满足企业维持或扩大再生产经营活动的资金需要,保持或提高企业的获利能力;另一方面可以保证企业有足够的资金用于偿还债务,保护债权人的权益。

留存收益与实收资本和资本公积的区别在于,留存收益来源于企业的资本增值,而实收资本和资本公积来源于企业的资本投入。留存收益按是否指定用途,可分为盈余公积和未分配利润两大类。

1. 盈余公积的核算

公司制企业的盈余公积一般包括法定盈余公积和任意盈余公积。法定盈余公积是指企业按照国家规定的比例从净利润中提取的盈余公积;任意盈余公积是指企业经股东大会或类似机构批准按照一定的比例从净利润中提取的盈余公积。两者有弥补亏损、转增资本、分配股利等用途。

企业在按规定提取各项盈余公积时,应当按照提取的各项盈余公积金额,借记"利润分配——提取法定盈余公积、提取任意盈余公积"等科目,贷记"盈余公积——法定盈余公积、任意盈余公积"科目。

企业经股东大会或类似机构批准,用盈余公积弥补亏损时,应借记"盈余公积"科目,贷记"利润分配——盈余公积补亏"科目。

一般企业经批准用盈余公积转增资本时,应按照实际转增的盈余公积金额,借记"盈余公积"科目,贷记"实收资本"科目。

股份有限公司经股东大会决议,用盈余公积派送新股转增股本时,应借记"盈余公积"科目,贷记"股本"科目。如果两者之间有差额,应贷记"资本公积——股本溢价"科目。

企业经股东大会或类似机构决议,用盈余公积分配现金股利或利润时,应借记"盈余公积"科目,贷记"应付股利"科目。

【例6-14】某房地产公司2019年业绩不佳,发生亏损1 000 000元,经股东大会决议动用以往年度积累的盈余公积弥补亏损。作会计分录如下:

借:盈余公积　　　　　　　　　　　　　　　　　　　　　　1 000 000
　　贷:利润分配——盈余公积补亏　　　　　　　　　　　　　　　1 000 000

【例6-15】某房地产公司的注册资本为2 000万元,发行在外普通股1 000万股,每股面值为1元。经股东大会决定,公司准备动用盈余公积派送新股,每20股派送1股,每股面值仍为1元,发行价为每股5元。则

派送新股的金额=10 000 000÷20×5=2 500 000(元)

作会计分录如下:

借:盈余公积——法定盈余公积　　　　　　　　　　　　　　　2 500 000
　　贷:股本——普通股　　　　　　　　　　　　　　　　　　　　500 000
　　　　资本公积——股本溢价　　　　　　　　　　　　　　　　2 000 000

2. 未分配利润的核算

未分配利润是指企业实现的净利润经过弥补亏损、提取盈余公积和向投资者分配利润后留

存于企业的、历年结存的利润。它有两层含义：一是留待以后年度处理的利润；二是未指定特定用途的利润。

在会计期末，企业将会计期间内所实现的所有收入和成本、费用、支出项目都归集到"本年利润"账户下，计算出净利润（或净亏损）之后，转入"利润分配——未分配利润"账户。如果企业当年实现盈利，则借记"本年利润"科目，贷记"利润分配——未分配利润"科目；如果企业当年发生亏损，则作相反的会计分录。然后将"利润分配"账户下的其他明细科目的余额，转入"利润分配——未分配利润"账户。结转后，"利润分配——未分配利润"账户的余额如果在贷方，就是未分配利润的数额；如果在借方，则表示未弥补亏损的数额。

【例6-16】 某房地产开发企业2019年实现净利润1 500 000元，其中，提取法定盈余公积200 000元，提取法定公益金100 000元，提取任意盈余公积80 000元，应付股利120 000元。

(1)结转本年利润时，作会计分录如下：

借：本年利润　　　　　　　　　　　　　　　　　　　　　　　1 500 000
　　贷：利润分配——未分配利润　　　　　　　　　　　　　　　　1 500 000

(2)提取盈余公积、应付股利时，作会计分录如下：

借：利润分配——提取法定盈余公积　　　　　　　　　　　　　　200 000
　　　　　　——提取法定公益金　　　　　　　　　　　　　　　　100 000
　　　　　　——提取任意盈余公积　　　　　　　　　　　　　　　 80 000
　　　　　　——应付普通股股利　　　　　　　　　　　　　　　　120 000
　　贷：盈余公积——法定盈余公积　　　　　　　　　　　　　　　200 000
　　　　　　　　——法定公益金　　　　　　　　　　　　　　　　100 000
　　　　　　　　——任意盈余公积　　　　　　　　　　　　　　　 80 000
　　　　应付股利　　　　　　　　　　　　　　　　　　　　　　　120 000

(3)将"利润分配"中的各明细账户余额转入"利润分配——未分配利润"账户，作会计分录如下：

借：利润分配——未分配利润　　　　　　　　　　　　　　　　　500 000
　　贷：利润分配——提取法定盈余公积　　　　　　　　　　　　　200 000
　　　　　　　　——提取法定公益金　　　　　　　　　　　　　　100 000
　　　　　　　　——提取任意盈余公积　　　　　　　　　　　　　 80 000
　　　　　　　　——应付普通股股利　　　　　　　　　　　　　　120 000

结转后，"利润分配——未分配利润"账户贷方余额为1 000 000元（1 500 000－500 000），即年末未分配利润。

企业在生产经营过程中既可能盈利，也有可能亏损。当发生亏损时，与实现利润的情况相同，应当将本年发生的亏损自"本年利润"账户转入"利润分配——未分配利润"账户，结转后"利润分配"账户的借方余额即为未弥补亏损的数额，然后通过"利润分配"科目核算有关亏损的弥补情况。

企业发生的亏损可以次年实现的税前利润弥补。在以次年实现的税前利润弥补以前年度亏损的情况下，企业当年实现的利润自"本年利润"账户转入"利润分配——未分配利润"账户，将本年实现的利润结转到"利润分配——未分配利润"账户的贷方，其贷方发生额与"利润分配——未分配利润"的借方余额自然抵补。因此，以当年实现净利润弥补以前年度结转的未弥补亏损时，不需要进行专门的会计处理。按税法规定，企业当年发生的亏损，有5年的亏损弥补期。

在以税前利润弥补亏损的情况下,其弥补的数额可以抵减当期企业应纳税所得额。

【例 6-17】 某房地产公司 2014 年发生亏损 500 000 元。在年度终了时,公司应当结转本年发生的亏损,作会计分录如下:

借:利润分配——未分配利润　　　　　　　　　　　　　　　　500 000
　　贷:本年利润　　　　　　　　　　　　　　　　　　　　　　　　500 000

假设 2015—2019 年,该公司每年均实现利润 90 000 元。按照规定,公司在发生亏损以后的 5 年内可以以税前利润弥补亏损。该公司在 2015—2019 年度终了时,均应作会计分录如下:

借:本年利润　　　　　　　　　　　　　　　　　　　　　　　　90 000
　　贷:利润分配——未分配利润　　　　　　　　　　　　　　　　　90 000

2015—2019 年各年度终了,按照上述会计分录的结果,2019 年"利润分配——未分配利润"科目期末余额为借方余额 50 000 元,即 2019 年年末弥补亏损 50 000 元。假设该公司 2020 年实现税前利润 200 000 元,按现行规定,该公司只能用税后利润弥补以前年度亏损。在 2020 年度终了时,该公司首先应当按照当年实现的税前利润计算缴纳当年应负担的所得税,然后再将当期扣除计算缴纳的所得税后的净利润,转入利润分配账户。假设该公司适用的所得税税率为 33%,该公司在 2020 年度计算缴纳所得税时,其应纳税所得额为 200 000 元(假定无纳税调整项目),当年应缴纳的所得税为 50 000 元(200 000×25%)。此时应作会计分录如下:

(1)计算缴纳所得税:

借:所得税费用　　　　　　　　　　　　　　　　　　　　　　　50 000
　　贷:应交税费——应交所得税　　　　　　　　　　　　　　　　　50 000
借:本年利润　　　　　　　　　　　　　　　　　　　　　　　　50 000
　　贷:所得税费用　　　　　　　　　　　　　　　　　　　　　　　50 000

(2)结转本年利润,弥补以前年度未弥补亏损:

借:本年利润　　　　　　　　　　　　　　　　　　　　　　　　150 000
　　贷:利润分配——未分配利润　　　　　　　　　　　　　　　　　150 000

(3)根据上述核算的结果,该公司 2020 年"利润分配——未分配利润"科目的期末贷方余额为

$$-50\ 000+150\ 000=100\ 000(元)$$

阅读材料

留存收益的内容及用途

1. 留存收益的内容

留存收益主要由盈余公积和未分配利润两部分组成。

(1)盈余公积。盈余公积是指企业按照规定从净利润中提取的各种积累资金。一般企业和股份有限公司的盈余公积主要包括以下几项:

1)法定盈余公积。法定盈余公积是指企业按照规定的比例从净利润中提取的盈余公积。根据《公司法》的规定,有限责任公司和股份有限公司应按照净利润的 10% 提取法定盈余公积,计提的法定盈余公积累计达到注册资本的 50% 时,可以不再提取。而非公司制企业可以按照超过净利润 10% 的比例提取。

2)法定公益金。法定公益金是指企业按照规定的比例从净利润中提取的用于职工集体福利

设施的公益金。根据《公司法》的规定,有限责任公司和股份有限公司应按照净利润的5%~10%提取法定公益金。法定公益金用于职工集体福利设施时,应当将其转入任意盈余公积。

3)任意盈余公积。任意盈余公积是指企业经股东大会或类似机构批准按照规定的比例从净利润中提取的盈余公积。它与法定盈余公积的区别在于其提取比例由企业自行决定,而法定盈余公积的提取比例则由国家有关法规规定。

2. 盈余公积的用途

企业提取盈余公积主要可以用于以下几个方面:

(1)弥补亏损。根据企业会计制度和有关法规的规定,企业发生亏损,可以用发生亏损后五年内实现的税前利润来弥补,当发生的亏损在5年内仍不足弥补的,应使用随后所实现的所得税后利润弥补。通常,当企业发生的亏损在所得税后利润仍不足弥补的,可以用所提取的盈余公积加以弥补,但是用盈余公积弥补亏损应当由董事会提议,股东大会批准,或者由类似的机构批准。

(2)转增资本(股本)。当企业提取的盈余公积累积比较多时,可以将盈余公积转增资本(或股本),但是必须经股东大会或类似机构批准。而且用盈余公积转增资本(股本)后,留存的盈余公积数额不得少于注册资本的25%。

(3)发放现金股利或利润。在某些情况下,当企业累计的盈余公积比较多,而未分配利润比较少时,为了维护企业形象,给投资者以合理的回报,对于符合规定条件的企业,也可以用盈余公积分配现金利润或股利。

模块小结

本模块介绍了负债和所有者权益的基本知识、流动负债的核算、非流动负债的核算和所有者权益的核算四部分内容。

(1)负债是指企业过去的交易或者事项形成的预期会导致经济利益流出企业的现时义务。

(2)所有者权益又称净权益,是企业投资人对企业净资产的所有权。

(3)流动负债是指将在1年或超过1年的一个经营周期内偿还的债务。

(4)流动负债包括短期借款、应付票据、应付账款、预收账款、应付职工薪酬及福利、应交税费、应付股利、其他应付款、应付利息等。

(5)非流动负债是指偿还期在1年或超过1年的经营周期以上的债务。

(6)房地产开发企业的非流动负债一般可分为长期借款、应付债券和长期应付款三类。

(7)所有者权益是指企业投资人对净资产的所有权。从本身内容来看,所有者权益包括投入资本和资本增值两部分,具体包括投入资本、资本公积、盈余公积和未分配利润。

思考与练习

一、填空题

1. _____是指企业过去的交易或者事项形成的预期会导致经济利益流出企业的现时义务。

2. 按偿付期限的长短不同,负债可分为_____和_____。

3. 按来源渠道的不同，可以将所有者权益分为_____和_____两大部分。
4. _____是指将在1年或者超过1年的一个经营周期内偿还的债务。
5. _____是指企业借入的期限在1年以内的各种借款，包括流动资金借款等。
6. _____是指在商品购销活动中由出票人出票，委托付款人在指定日期无条件支付确定金额给收款人或者持票人的票据。
7. _____是指企业因购买商品或接受劳务等而发生的债务，是买卖双方在购销活动中，由于物资材料的取得和货款的支付在时间上不一致而产生的一项负债。
8. _____是指应支付给职工的工资总额，包括工资、津贴和奖金等。
9. _____是指对在我国境内书立、领受购销合同等凭证行为征收的一种税。
10. _____是指企业投资人对净资产的所有权，指企业资产扣除负债后由所有者享有的剩余权益，是企业全部资产减去全部负债后的余额。
11. _____是指企业从历年实现利润中提取的或形成的留存于企业内部的积累，是企业税后利润减去所分配的股利后留存企业的部分。

二、选择题

1. 按产生的原因不同，负债可分为(　　)。
   A. 流动负债　　　　　　　B. 长期负债
   C. 商业性负债　　　　　　D. 融通性负债
   E. 其他性质的负债
2. 按经济内容的不同，可以将所有者权益分为(　　)。
   A. 投入资本　　　　　　　B. 资本公积
   C. 盈余公积　　　　　　　D. 未分配利润
   E. 融通资本
3. 从本身的内容来看，所有者权益包括(　　)。
   A. 投入资本　　　　　　　B. 资本增值
   C. 投入资本　　　　　　　D. 资本公积
   E. 盈余公积

三、简答题

1. 负债的特征主要表现在哪些方面？
2. 简述所有者权益的定义与特征。
3. 简述长期应付款的核算方法。

模块实训

【实训一】

一、实训目的
短期借款核算训练。

二、实训资料
某房地产公司根据借款合同于5月1日从银行取得开发经营借款1 000 000元，年利率为

8%，为期6个月，按季支付利息，本金一次偿还。

三、实训要求

按下列经济业务顺序编制会计分录如下：

(1)5月1日，银行将批准的开发经营借款划入企业账户。

(2)5月31日、6月30日，计提当月应计利息。

(3)7月31日，支付本季度开发经营借款利息。

(4)10月31日，开发经营借款到期，通过开户银行结清本息。

【实训二】

一、实训目的

应付票据核算训练。

二、实训资料

某房地产公司发生下列有关应付票据的经济业务：

(1)5月1日向某钢材公司购入一批价值为400 000元、增值税为52 000元的钢材，同时开具了一张期限为6个月，年利率为5%的银行承兑汇票。材料已验收入库(按实际成本核算)。

(2)上项票据到期，以银行存款支付。

(3)5月1日银行按货款价值1%收取手续费。

(4)5月31日计提银行承兑汇票利息。

(5)11月1日，支付到期的银行承兑汇票款。

(6)若该公司在票据到期时无力支付票据款项，根据银行转来的贷款通知，将该票据款项转为短期借款。

(7)11月20日，该公司归还短期借款，银行按每日票面额的0.5%计收罚息。

(8)若房地产公司签发的是一张商业承兑汇票，票据到期时无力支付票据款项，同时支付罚款2 000元。

三、实训要求

根据上述资料，作出有关应付票据的会计处理。

【实训三】

一、实训目的

应付账款及预收账款核算训练。

二、实训资料

某房地产公司发生下列经济业务：

(1)6月5日，收到承包单位开出的"工程价款结算账单"，应付工程价款9 500 000元，可扣同的已预付分包单位工程款和备料款共计5 000 000元。

(2)6月7日以银行存款支付剩余的工程价款。

(3)6月5日购入钢材一批，买入价560 000元，运杂费为5 000元，货款尚未支付。

(4)6月10日，采购的钢材到货，并已验收入库。

(5)上述钢材已预付定金100 000元，6月12日支付剩余货款。

(6)6月30日，按下半月实际工作进度，向委托单位预收代建工程款100 000元，款项已存入银行。

(7)7月15日,根据"工程价款结算账单"结算应收工程款158 000元,其中应从应收工程款中扣还预收工程款10 000元。

(8)7月20日,收到上述剩余的工程款。

三、实训要求

根据上述经济业务计算并编制会计分录。

【实训四】

一、实训目的

应付职工薪酬核算训练。

二、实训资料

某房地产公司发生下列有关应付职工薪酬的经济业务:

(1)6月30日,分配工资薪酬1 230 000元,其中,开发项目现场人员工资薪酬600 000元,专项销售机构人员工资薪酬250 000元,企业行政管理人员工资薪酬150 000元,改扩建工程人员工资薪酬200 000元,医务服务人员工资薪酬30 000元。

(2)6月30日,根据公司所在地政府规定,按工资总额的10%计提医疗保险费、20%计提养老保险费、2%计提失业保险费、10%计提住房公积金、2%计提工会经费、1.5%计提职工教育经费。

(3)7月10日,编制"工资结算汇总表",结转代扣个人款项(养老保险金8%、医疗保险金2%、失业保险金1%、住房公积金10%、个人所得税)。

(4)7月10日,根据"工资结算汇总表"提取现金,准备发放工资。

(5)7月10日,以库存现金发放工资薪酬。

三、实训要求

根据上述资料:

(1)作出分配工资薪酬的会计处理。

(2)编制"职工薪酬计提汇总表"(表6-1),作出职工薪酬计提的会计处理。

表6-1 职工薪酬计提汇总表

编制单位:××房地产公司××年　　　　6月30日　　　　　　　　　　单位:元

人员类别	应付工资	医疗保险	养老保险	失业保险	小计	住房公积金	工会经费	职教经费	合计
开发项目现场人员	600 000								
专项销售机构人员	250 000								
企业行政管理人员	150 000								
改扩建工程人员	200 000								
医务服务人员	30 000								
合计	1 230 000								

(3)编制"工资结算汇总表"(表6-2),作出结转代扣个人款项的会计处理。

模块六 房地产企业负债和所有者权益核算

表 6-2　工资结算汇总表

编制单位：××房地产公司　　××年 6 月 30 日　　　　　　　　　　单位：元

人员类别	应付工资	医疗保险	养老保险	失业保险	住房公积金	个人所得税	代扣合计	实发工资
开发项目现场人员	600 000							
专项销售机构人员	250 000							
企业行政管理人员	150 000							
改扩建工程人员	200 000							
医务服务人员	30 000							
合计	1 230 000							

(4)作出提取现金，发放工资的会计处理。

【实训五】

一、实训目的

长期借款核算训练。

二、实训资料

某房地产公司共发生了下列经济业务：

(1)2017 年 1 月 1 日，企业所属某加工厂进行厂房扩建工程，预算造价为 1 000 000 元，向交通银行专门借款 800 000 元，期限为 2 年，年利率为 12%。每年计息一次，借款存入企业银行结算户。

(2)2017 年 2 月 1 日，将该项厂房扩建工程发包给某建筑公司承建。由于审批、办手续等原因，工程于 2017 年 4 月 1 日动工建设，当日按工程造价的 20% 预付备料款 200 000 元。

(3)2017 年 12 月 31 日，收到银行计息通知单，该项投资借款应计利息为 96 000 元。

(4)2018 年 3 月 31 日，该项工程完工验收，交付使用，工程款扣除预付备料款后，用银行存款如数付清。

(5)2018 年 12 月 31 日，收到银行计息通知单，该项投资借款应计利息为 96 000 元。

(6)2019 年 1 月月底，用银行存款偿还厂房扩建工程投资借款本金及利息。

三、实训要求

根据上列资料为各项经济业务编制会计分录。

【实训六】

一、实训目的

应付债券核算训练。

二、实训资料

(1)某房地产公司经审批于 2016 年年初发售企业债券，债券面值 200 万元，期限为 4 年，年利率为 10%，每季计息一次。由于债券票面利率低于市场利率，以低于票面价值的 184 万元折价发售(即票面 100 元的债券，以 92 元的价格发售)，收入债券资金存入银行结算户。

(2)债券代理发行手续费和债券印刷费按债券发售价格的5%支付。此项债券用以建造所属加工厂的厂房,厂房在2017年交付使用。

(3)2020年年初用银行存款偿还债券本息。

三、实训要求

(1)计算每季应付债券利息、应摊销债券折价。

(2)为发售债券、支付代理发行手续费和印刷费、每季应计债券利息、每季应摊销债券折价、到期偿还债券本息编制会计分录。

【实训七】

一、实训目的

投入资本核算训练。

二、实训资料

某房地产公司发生下列有关投入资本的经济业务:

(1)收到国家以货币资金投入的资本1 000 000元,已存入开户银行。

(2)收到A公司投入的打桩设备1台,其账面原价为250 000元,累计已提折旧为120 000元,双方确认的价值为100 000元,现已交付使用。

(3)收到B公司投资转入的钢材一批,投资各方确认其价值为1 500 000元,现已验收入库。

(4)收到C公司投资转入的专利权一项,投资各方确认其价值为50 000元。

(5)收到内部职工个人的现金投资500 000元。

(6)经批准将资本公积金350 000元、盈余公积金180 000元转增资本金,已按法定程序办妥转增资本手续。

(7)按法定程序报经批准减少注册资本300 000元,以银行存款支付。

三、实训要求

按上述资料,作出有关投资者投入资本的会计处理。

【实训八】

一、实训目的

资本公积核算训练。

二、实训资料

某房地产公司2015年由A、B、C三公司各出资200万元组建,经过2年的发展,该公司的盈余公积和未分配利润为90万元,此时投资者D有意加入该公司,并表示愿意出资230万元,占公司25%的股份。原三位投资者已经认可,个人投资者D已将款项通过银行转账支付。

三、实训要求

根据上述资料,作出个人投资者投入资本的会计处理。

【实训九】

一、实训目的

盈余公积核算训练。

模块六 房地产企业负债和所有者权益核算

二、实训资料

(1)某房地产开发公司在2020年度共有利润总额750万元。

(2)按规定先以本年利润的50万元弥补上年度亏损。

(3)将利润总额扣除弥补上年度亏损以后,按规定的所得税率33%计算应交所得税(假定应税所得与会计利润相同)。

(4)按税后利润的10%、20%的比例分别计提法定盈余公积、任意盈余公积。

(5)将历年提取法定盈余公积中的200万元转作资本金。

三、实训要求

根据上述资料,编制会计分录。

模块七 施工成本核算

学习目标

通过对本模块内容的学习，了解施工工程成本核算的内容、要求和程序，掌握直接费用、间接费用的核算方法及施工工程成本的结算方法和单位工程竣工成本决算。

知识要点

1. 材料费、人工费和机械使用费的核算方法。
2. 其他直接费用、间接费用的核算方法。
3. 施工工程成本结算及单位工程竣工成本决算。

案例导入

某工程承包企业乙组织施工一路段工程，在2020年发生部分经济业务如下：
1. 该工程于3月1日开工，3月5日收到建设单位甲公司工程预付款500万元。
2. 建设项目部临时房屋及其他必要项目配套设施本年应分摊4.5万元。
3. 当年施工消耗原材料费用1 354万元，周转材料分摊在当年费用14.5万元，机械费用60.4万元。
4. 项目部产生差旅费和办公费共6.45万元；劳动保护费3.5万元。
5. 为项目建设产生财务费用3.3万元。

（案例源于网络资料，有修改）

讨论：以上经济业务是否应该计入该施工企业施工成本？为什么？

施工成本管理的每个环节都是相互联系和相互作用的。成本预测是成本决策的前提，成本计划是成本决策所确定目标的具体化。成本计划控制则是对成本计划的实施进行控制和监督，保证决策成本目标的实现，而成本核算又是对成本计划是否实现的最后检验，它所提供的成本信息又对下一个施工项目成本预测和决策提供基础资料。成本考核是实现成本目标责任制的保证和实现决策目标的重要手段。

模块七 施工成本核算

单元一 施工工程成本核算的基本知识

一、施工工程成本的定义

施工工程成本是指施工项目在施工过程中所发生的全部生产费用的总和。其包括消耗的原材料、辅助性材料、构配件的费用、周转材料的摊销费或租赁费、施工机械的使用费或租赁费、支付给生产工人的工资、奖金、工资性质的津贴,以及进行施工组织和管理所发生的全部费用支出。

工程项目施工工程成本由直接成本和间接成本组成。直接成本是指在施工过程中耗费的构成工程实体或有助于工程实体形成的各项费用的支出,是可以直接计入工程对象的费用,包括人工费、材料费、施工机械使用费和施工措施费等;间接成本是指为施工准备、组织和管理施工生产的全部费用的支出,是非直接用于也无法直接计入工程对象,却是工程必须发生的费用,包括管理人员的工资、办公费、交通差旅费等。

二、施工工程成本费用的分类

(1)施工工程成本费用按照经济性质的不同,可分为材料费、工资、折旧费和其他费用等。

1)材料费是指企业为进行施工生产经营活动而耗用的各种外购材料。其包括主要材料、结构件、机械配件、周转材料、其他材料和低值易耗品等。

2)工资是指企业支付给员工的工资性人工费用。

3)折旧费是指企业在施工生产过程中使用固定资产而发生的折旧费用。

4)其他费用是指不属于以上各要素的费用支出,如差旅费、施工现场所发生的动力费用等。

(2)施工工程成本费用按照用途的不同,可分为人工费、材料费、机械使用费、其他直接费用、间接费用。

1)人工费是指直接从事工程施工的人员的工资、奖金及福利费。

2)材料费是指在施工过程中构成工程实体或有助于工程完工的各种原材料、辅助材料、外购件等。

3)机械使用费是指在施工过程中使用租入外单位施工机械的租赁费和使用自有施工机械所发生的机械使用费等。

4)其他直接费用是指施工过程中所发生的材料二次搬运费、临时设施摊销费、生产工具用具使用费、场地清理费用等。

5)间接费用是指施工单位为组织和管理生产活动所发生的各种费用。其包括管理人员的工资、奖金、职工福利费、工资津贴、折旧、修理、低值易耗品、水电费、办公费、差旅费、劳动保护费等。

为了正确计算施工成本,可设置工程施工成本计算账户,借方归集施工过程中发生的所有耗费,贷方结转完工工程的成本。

(3)施工工程成本费用按其与工程量增减的关系的不同,可分为变动费用和相对固定费用。

1)变动费用是指其费用总和随着工程量的增减而增减变动的费用,如材料费,机械施工费中的动力、燃料费,其他直接费用中的施工用水、用电、用风、用气等费用。这些费用虽然随着工程量的增减而增减,但就单项工程所负担的费用来说,则不因工程量的变动而变动。

2)相对固定费用是指其费用总额不随着或几乎不随着工程量的增减而增减的费用,如间接费用,机械使用费中的机械折旧费、修理费。这些费用就其总额来说,虽然不随着工程量的增减而增减变动,但就单位工程所负担的费用来说,则随着工程量的增加而成反比例变动,即工程量增加,单位工程分摊的费用随之减少;工程量减少,单位工程分摊的费用随之增加。可见,由于工程成本中存在相对固定的费用,所以增加工程量就能降低工程成本。

三、施工工程成本核算的内容

施工工程成本核算涉及建筑安装工程生产和辅助、附属生产两个方面。

(1)建筑安装工程生产是指直接从事建筑工程、设备安装工程的施工。在会计核算中,应设置"工程施工"账户核算在施工过程中所发生的生产费用。

(2)辅助、附属生产是指直接或间接为建筑安装工程施工服务的生产,主要包括从事工程施工所需材料、构件(如砖、瓦、砂、石、石灰、混凝土和钢筋混凝土构件)的生产和加工;从事工程施工所需机械设备的制造和修理;提供工程施工所需的水、电、气等。

微课:归集与分配工程施工成本知识点讲解

如果这些辅助、附属生产单位实行内部独立核算、计算盈亏,通常将其称为"附属工业企业";如果不实行内部独立核算,通常称之为"辅助生产单位"。

施工企业进行合同建造时发生的人工费、材料费、机械使用费、施工现场材料的二次搬运费、生产工具和用具使用费、检验试验费、临时设施折旧费等其他直接费用,借记"工程施工"科目(合同成本),贷记"应付职工薪酬""原材料"等科目;发生的施工、生产单位管理人员的薪酬、固定资产折旧费、财产保险费、工程保修费、排污费等间接费用,借记"工程施工"科目(间接费用),贷记"累计折旧""银行存款"等科目。

期(月)末,将间接费用分配计入有关合同成本,借记"工程施工"(合同成本)科目,贷记"工程施工"(间接成本)科目。

四、施工工程成本核算的要求

(1)按照施工管理要求,划分成本核算对象。按照施工管理的要求,工程成本核算的对象应是具有工程预算书的独立建筑物或安装工程的单项工程、单位工程。

按照单项工程或单位工程来组织工程成本计算,能够比较及时地反映各个单项工程或单位工程成本在施工过程中的节约额或超支额,以利于评价施工方案的经济效益,方便施工单位在施工中加强生产经营管理;有利于施工单位加强成本的经济核算,可以将实际成本与预算成本进行比较,考核工程预算成本的执行情况,以便挖潜力、找差距,寻求进一步降低工程成本的途径;有利于工程成本的分析,为降低工程成本提供参考资料。

在实际业务工作中,为了简化工程成本的核算,可按开工、竣工时间,将各个单项工程或单位工程划分为几个成本核算对象,将开工、竣工时间相近的几个单项工程或单位工程合并为一个成本计算对象,将它们的成本合并加以计算,然后按照各个单项工程或单位工程预算造价的比例,求得各单项工程或单位工程的实际成本。

应注意的是,将一个工地上的建筑群划分为几个成本核算对象时,对室外工程,如道路、

模块七　施工成本核算

下水道等工程,要作为一个成本核算对象,另行单独核算。对于大型临时设施,也要与其他工程划分,单独核算成本。

成本核算对象确定以后,应对所有成本核算对象的原始记录进行核对,各项费用的支出归集和分配都必须按统一规定的成本核算对象来进行操作与实施。

(2)严格分清工程成本开支范围。这里主要要分清成本开支与专项工程支出的界限,成本开支与期间费用的界限(按照现行财会制度的规定,只有直接费用和间接费用才能计入施工成本,而企业的管理费用和财务费用只能作为期间费用计入当期损益);成本支出与营业外支出的界限;对于列入工程成本开支范围的生产费用,在成本核算时还必须正确划分各个月份的费用界限、各个成本核算对象之间的费用界限、各个成本项目之间的费用界限。

(3)做好成本核算的基础工作。工程成本核算的基础工作主要有各项施工定额,材料物资的计量、验收、领退、保管等制度和各项消耗的原始记录。

五、施工工程成本核算的程序

为了正确及时地组织企业的成本核算工作,保证工程成本核算的客观性、合理性,充分发挥成本核算的作用,企业应该遵循成本核算的一般程序组织工程成本的核算。

(1)正确确定成本核算对象。企业应当根据自身的生产经营特点和管理需求,确定适合本企业的成本核算对象、成本项目和成本计算方法。

(2)确定成本项目和成本计算期。成本项目是生产费用按经济内容进行的分类,包括人工费、材料费、机械使用费、其他直接费用和间接费用五个成本项目,前四项构成工程成本的直接成本(或直接费用),间接费用属于工程成本的间接成本;成本计算期是指每计算一次成本的间隔时间。一般情况下,与会计期间一致,即按月计算;如果不一致,可以按生产周期计算,以便收入与费用合理配比。

(3)设置工程成本明细账。根据工程成本核算对象和成本项目开设工程成本明细账。工程成本明细账一般采用多栏式账页,发生实际费用时逐项登记入内。工程成本明细账格式见表7-1~表7-4。

表7-1　工程成本明细账格式

工程成本明细账								
科目名称:								
年		凭证号数	摘要	成本项目				余额合计
月	日			人工费	材料费	机械使用费	其他直接费用	间接费用	

模块七　施工成本核算

表 7-2　工程施工明细账格式

工程施工明细账

工程名称：

年		凭证号数		摘要	成本项目					
月	日	种类	号数		人工费	材料费	机械使用费	其他直接费用	间接费用	合计

表 7-3　工程成本明细分类账格式

工程成本明细分类账

建设单位＿＿＿＿＿＿＿＿
工程编号及名称＿＿＿＿＿＿＿＿
工程结构＿＿＿＿＿＿＿＿　　　　　　　　开工日期＿＿＿＿年＿＿月＿＿日
建筑面积＿＿＿＿＿＿＿＿　　　　　　　　竣工日期＿＿＿＿年＿＿月＿＿日

年		凭证		摘要	借方（实际成本发生额）						贷方（结转已完施工成本）	余额（未完施工成本）	补充资料	
月	日	种类	号数		材料费	人工费	机械使用费	其他直接费用	间接费用	合计			已完工程预算成本	降低额

表 7-4　工程成本间接费用明细账格式

工程成本间接费用明细账

科目名称：　　　　　　　　　　　　　　建设项目：

年		凭证编号	摘要	费用项目									合计
月	日			工资	职工福利费	办公费	差旅交通费	固定资产使用费	物料消耗	低值易耗品摊销	财产保险费	水电费	检验实验费	

· 131 ·

(4)汇集直接费用和分配间接费用。本期工程施工发生或支付的各项直接费用,应按照费用的用途和地点汇集到有关受益对象账户中,汇集的方法有直接汇集和分配计入两种:凡发生的属于工程成本的直接费用,能够分清受益对象的,必须在其相关的原始凭证上注明其受益对象,据此直接计入该受益对象的成本明细账的成本项目中;凡发生的属于工程成本的直接费用如大堆材料、集中配料周转材料摊销等费用,不能够分清具体受益对象,但能够明确知晓是哪几个工程成本核算对象所共同受益的,可以根据原始记录采用一定的方法和标准先进行费用分配,确定各受益对象应负担的费用数额,然后据此分配计入相关受益对象的成本明细账的成本项目中。

企业在施工生产中发生的间接费用是为完成各项工程施工任务而发生的具有管理性质的费用,费用发生时集中归集于间接费用明细账中;期末按照一定的方法分配计入各工程受益对象的"间接费用"成本项目。

(5)确定在建工程成本,结转竣工工程成本。将本期已完成工程的实际成本,转到"工程结算"账户中。

单元二　材料费和人工费的核算

一、材料费的核算方法

材料费是指在施工过程中耗用、构成工程成本或有助于工程形成的各种主要材料、结构件的实际成本和周转材料的摊销及租赁费用的成本。

各项工程耗用的主要材料和结构件通过"领料单""退料单""已领未用材料清单""大堆材料耗用单"等材料凭证汇总计算。

"已领未用材料清单"是对下月需要继续使用的月末施工现场存料,在月末由各施工队组按各项工程用料分别盘点后填制。已领未用材料应从当月领用材料总额中减去,用以计算该月材料的实际耗用额。大堆材料是指砖、瓦、砂、石等材料。由于这些材料常有几个单位工程共同耗用,领用次数又多,很难在领用时逐一加以点数,往往对进场的大堆材料进行点数,日常领用时不必逐笔办理领料手续。

月末,首先根据当月完成工程量和单位工程量材料消耗定额,计算各项工程本月定额耗用量;再通过盘点求得实际耗用量,并计算差异数量和差异分配率;然后求得各项工程实际耗用大堆材料数量和计划价格成本。其计算公式如下:

$$本月定额耗用量 = \sum (本月完成工程量 \times 材料消耗定额)$$

$$本月实际耗用量 = 月初结存数量 + 本月收入数量 - 月末盘点数量$$

$$差异数量 = 本月实际耗用量 - 本月定额耗用量$$

$$某项工程实际耗用大堆材料数量 = 该工程定额耗用量 \times (1 \pm 差异分配率)$$

$$某项工程实际耗用大堆材料的计划价格成本 = 该工程实际耗用大堆材料数量 \times$$
$$(记入各项工程成本的材料计划价格成本 \pm 分配的材料成本差异)$$

各项工程在施工过程中领用的周转材料,如钢模板,木模板、钢管、竹、木脚手等,应根据"周转材料摊销额计算表",将摊销额记入各项工程成本的"材料费"项目;对租用的周转材料,其租赁费可根据租赁费用账单记入各项工程成本的"材料费"项目。

二、人工费的核算方法

施工工程成本中的人工费是指对计件工人的工资，可直接根据"工程任务单"中的工资总额汇总计入各项工程的成本，职工福利费可按工资的比例（一般不超过14%）计入各项工程的成本。

"工程任务单"是施工员根据施工作业计划于施工前下达给工人班组的具体工作通知，也是用以记录实际完成工程数量、计算奖金或计件工资的凭证。

"工程任务单"通常于施工前由施工员会同定额员根据施工作业计划和劳动定额，参照施工图纸，分别向各工人班组签发。任务单中的工程完工后，施工员应根据工程任务单中规定的各项条件进行检查，并会同质量检查员进行验收，评定质量等级。实际验收数量与签发的工程数量有出入时，应查明原因并经领导批准后才能结算。每月签发的工程任务单，应于月末全部进行结算。如某些工程尚未全部完工，应将其完工部分按估计数进行结算；未完工部分可结合下月施工作业计划中的工程任务，签发给原来的班组，使当月完成的工程和当月应发的工资、奖金于当月结算。

对计时工人的工资和职工福利费，可根据按工程类别汇总的工时汇总表中各项工程耗用的作业工时总数和该施工单位的平均工资率进行计算。其计算公式如下：

某施工单位平均工资率(元/时)＝月份内施工单位建筑安装工人工资和职工福利费总额(元)÷月份内该施工单位建筑安装工人作业工时总和(时)

某工程在某月份内应分配的人工费＝施工单位平均工资率×各项工程耗用的工时

某项工程分配的人工费＝该项工程耗用工时×施工单位平均工资率

应作如下会计分录：

根据工资清单，将所发生的工资和计提的福利费等费用计入人工费。

借：工程施工——人工费
　　贷：应付职工薪酬

支付职工薪酬时：

借：应付职工薪酬
　　贷：库存现金（或银行存款）

【例 7-1】 某房地产企业下属施工单位在 2019 年 5 月份的建筑安装工人工资总额为 95 000 元，实际发生员工福利费为 13 000 元，建筑安装工人作业工时 101 项目为 9 600 时，102 项目为 8 000 时，151 项目为 4 000 时，则

该施工单位的平均工资率＝(95 000＋13 000)÷(9 600＋8 000＋4 000)
　　　　　　　　　　　＝5(元/时)

根据求得的平均工资率和工时汇总表中各项工程的耗用工时，即可计算各项工程的人工费，据以记入各项工程的"人工费"项目。

记入各项工程成本"人工费"项目的工人工资和员工福利费，应将它自"应付职工薪酬"账户的贷方转入"工程施工"账户的借方，各项目人工费如下：

101 项目　　5×9 600＝48 000(元)
102 项目　　5×8 000＝40 000(元)
151 项目　　5×4 000＝20 000(元)

作如下会计分录：

借：工程施工——101项目工程　　　　　　　　　　　　　48 000
　　　　　　——102项目工程　　　　　　　　　　　　　40 000
　　　　　　——151项目工程　　　　　　　　　　　　　20 000
　　贷：应付职工薪酬　　　　　　　　　　　　　　　　108 000

单元三　机械使用费的核算

一、机械使用费的定义和构成

施工工程成本中的"机械使用费"，是指企业在机械化施工中使用施工机械而发生的各项费用。

机械使用费包括人工费，燃料、动力费，材料费，折旧费和修理费，替换工具、部件费，运输装卸费，辅助设施费，车船使用税，间接费用。

(1)人工费是指机械操作人员的工资和福利费。

(2)燃料、动力费是指施工机械耗用的燃料、动力费用。

(3)材料费是指施工机械耗用的润滑材料和擦拭材料费用。

(4)折旧费和修理费是指对施工机械计提的折旧费、大修理费用摊销和发生的经常修理费及租赁施工机械的租赁费。

(5)替换工具、部件费是指施工机械上使用的传动皮带、轮胎、胶管、钢丝绳、变压器、开关、电线、电缆等替换工具和部件的摊销费和维修费。

(6)运输装卸费是指将施工机械运到施工现场及在施工现场范围内转移的运输、安装、拆卸、试车等费用。

(7)辅助设施费是指为使用施工机械而建造、铺设的基础、底座、工作台、行走轨道等费用。

(8)车船使用税是指为施工运输机械交纳的税费。

(9)间接费用是指机械施工单位组织机械施工和保管机械发生的费用及停机时照常提取的折旧、维修费等。

二、企业对施工机械的管理

加强对施工机械的核算与管理，对于提高施工机械利用率、加速施工进度、节约劳动力和降低工程成本有着重要的意义。

一般中小型机械由土建施工单位使用并负责管理，如小型挖掘机、机动翻斗车、混凝土搅拌机、砂浆搅拌机等；大型机械和数量不多的特殊机械设备，如大型的挖掘机、推土机、压路机、大型吊车、升板滑模等设备，由机械施工单位负责管理，根据各土建施工单位施工的需要，由机械施工单位进行施工；或将机械租给土建施工单位，向土建施工单位收取机械台班费或机械租赁费。

三、机械使用费的核算方法

1. 总分类核算

机械使用费的总分类核算,应在"工程施工——合同成本——机械使用费"明细账户进行。发生的各项机械使用费,借记"工程施工——合同成本——机械使用费"科目,贷记"原材料""周转材料""材料成本差异""应付职工薪酬""银行存款""累计折旧"等科目。

【例 7-2】 2019 年 5 月某房地产企业机械施工队领用原材料 2 500 元,低值易耗品 400 元,应分摊材料成本差异 50 元;本月工人工资 8 000 元,职工福利费 1 150 元;使用银行支票购买配件共计 4 400 元;计提固定资产折旧 16 500 元。

依据以上原始凭证资料,作会计分录如下:

借:工程施工——合同成本——机械使用费　　　　　　　33 000
　　贷:原材料　　　　　　　　　　　　　　　　　　　　2 500
　　　　周转材料　　　　　　　　　　　　　　　　　　　　400
　　　　材料成本差异　　　　　　　　　　　　　　　　　　50
　　　　应付职工薪酬　　　　　　　　　　　　　　　　 9 150
　　　　银行存款　　　　　　　　　　　　　　　　　　4 400
　　　　累计折旧　　　　　　　　　　　　　　　　　 16 500

2. 明细分类核算

机械使用费的明细分类核算中,大型机械可按不同的机械分别进行;中型机械一般可按机械类别进行;没有专人使用的小型施工机械,如打夯机、卷扬机、砂浆机、钢筋木工机械等的使用费,可合并计算它们的折旧、修理费。

机械使用费的分配,一般都以施工机械的工作台时(或工作台班或完成工作量)为标准。各施工机械对各项工程施工的工作台时,可以根据各种机械的使用记录,在"机械使用月报"中加以汇总。

根据机械使用费明细分类账记录的机械使用费合计数和机械使用月报中各项工程的工作台时,就可通过下列计算公式计算后对机械使用费进行分配:

某项工程应分配的机械使用费 = 该项工程使用机械的工作台时 × 机械使用费合计 ÷ 机械工作台时合计

对于各种中型机械的机械使用费的核算,也可不分机械种类进行。在这种情况下,对于各项工程应分配的机械使用费,可在月终根据机械使用月报中各种机械的工作台时合计分别乘以该种机械台时费计划数,求得当月按各种机械台时费计划数计算的机械使用费合计,然后与当月实际发生的机械使用费合计数比较,求得机械使用费实际数对按台时费计划数的百分比,再将各项工程机械台时费计划数计算的机械使用费进行调整。相关计算公式如下:

某项工程应分配的机械使用费 = $\sum$(该工程使用机械的工作台时 × 机械台时费计划数) × $\dfrac{\text{实际发生的机械使用费}}{\sum(\text{机械工作台时合计} \times \text{该机械台时费计划数})}$

单元四　其他直接费用和间接费用的核算

一、其他直接费用的核算方法

1. 其他直接费用的内容

工程成本中的"其他直接费用"是指在施工现场直接发生但不能记入"材料费""人工费"和"机械使用费"账户的其他费用，主要包括：施工过程中耗用的水、电、风、气费；冬、雨期施工费（包括为保证工程质量，采取保温、防雨措施所需增加的材料、人工和各项设施费用）；因场地狭小等原因而发生的材料二次搬运费；土方运输费；生产工具用具使用费、检验试验费、工程定位复测费、工程点交费、场地清理费等。

2. 其他直接费用的核算

施工单位在现场耗用的水、电、风、气和运输等劳务，可按实际结算数记入"工程施工"账户的借方和有关工程成本的"合同成本——其他直接费用"账户。

【例 7-3】　某房地产企业用银行存款为某项工程支付土方运输费 3 000 元，则作如下会计分录：

借：工程施工——合同成本——其他直接费用　　　　　　　　　3 000
　　贷：银行存款　　　　　　　　　　　　　　　　　　　　　　3 000

对于不能直接记入各项工程成本的水、电、风、气等劳务费用，可在月终根据各项工程的实际耗用量编制分配表，将各项劳务费用分配给各有关工程成本。根据水、电、风、气、运输费用分配表，就可将各项工程分配的水、电、风、气和材料二次搬运费等记入各项工程成本的"合同成本——其他直接费用"账户。

微课：核算施工成本实务

对于施工现场发生的各项冬、雨期施工费及工程定位复测费、工程点交费、场地清理费、检验试验费等其他直接费用，凡能直接计入各项工程成本的，应直接计入；不能直接计入各项工程成本的，应先行汇总登记，然后按照一定标准将其分配计入有关工程成本。

二、间接费用的核算方法

1. 间接费用的内容

工程成本中除各项直接费用外，还包括施工单位组织施工、管理所发生的各项费用。这些费用无法直接计入各项工程成本，一般先记入"工程施工——间接费用"账户，然后分配计入各项工程成本。

施工间接费用包括管理人员工资，职工福利费，折旧费，修理费，工具、用具使用费，办公费，差旅交通费，劳动保护费和其他费用。

(1) 管理人员工资是指施工单位管理人员的工资、工资性津贴、补贴等。
(2) 职工福利费是指施工单位管理人员实际发生的职工福利费。
(3) 折旧费是指施工单位施工、管理、使用属于固定资产的房屋、设备、仪器等的折旧费。

(4)修理费是指施工单位施工、管理、使用属于固定资产的房屋、设备、仪器等的经常修理费和大修理费。

(5)工具、用具使用费是指施工单位、施工管理部门使用不属于固定资产的工具、器具和检验、试验、消防用具等的购置、摊销和修理费。

(6)办公费是指施工单位管理部门办公用的文具、纸张、账表、印刷、邮电、书报、会议、水电和集体取暖用煤等的费用。

(7)差旅交通费是指施工单位员工因公出差、调动工作的差旅费、住勤补助费、市内交通和误餐补助费、上下班交通补贴、员工探亲路费、员工离退休退职一次性路费、工伤人员就医路费,以及施工单位管理部门使用的交通工具的油料、燃料、牌照费等。

(8)劳动保护费是指用于施工单位员工的劳动保护用品和技术安全设施的购置、摊销和修理费,供员工保健用的解毒剂、营养品、防暑饮料、洗涤肥皂等物品的购置和补助费,以及工地上员工洗澡、饮水的燃料费等。

(9)其他费用是指上列各项费用以外的其他间接费用。

2. 间接费用的核算

间接费用在总分类核算上,应在"工程施工——间接费用"账户进行。发生的各项施工间接费用,借记"工程施工——间接费用"科目,贷记"原材料""周转材料""材料成本差异""应付职工薪酬""银行存款""库存现金""累计折旧"等科目。

【例7-4】 某房地产企业2019年10月份领用原材料合计3 800元,低值易耗品800元,应分摊材料价差100元;本月工资费用17 000元,员工福利费2 380元;本月用银行支票购买其他材料5 800元;发生现金支付款项520元;提取施工机械折旧费7 200元。

根据上述原始凭证资料,作会计分录如下:

借:工程施工——间接费用　　　　　　　　　　　　　　　37 600
　　贷:原材料　　　　　　　　　　　　　　　　　　　　　3 800
　　　　周转材料　　　　　　　　　　　　　　　　　　　　 800
　　　　材料成本差异　　　　　　　　　　　　　　　　　　 100
　　　　应付职工薪酬　　　　　　　　　　　　　　　　　19 380
　　　　银行存款　　　　　　　　　　　　　　　　　　　5 800
　　　　库存现金　　　　　　　　　　　　　　　　　　　　520
　　　　累计折旧　　　　　　　　　　　　　　　　　　　7 200

施工单位搭建的为进行施工所必需的生产和生活用的临时宿舍、仓库、办公室等临时设施,应将其搭建支出先记入"长期待摊费用"科目,然后分月摊销记入"工程施工——间接费用"科目。

微课:间接费用的分配

间接费用的明细分类核算,应按施工单位设置"工程施工——间接费用"明细分类账户,将发生的施工间接费用按明细项目分栏登记。每月终了,应对施工间接费用进行分配。为了便于将施工间接费用的实际水平与定额比较,可按照各项工程的施工间接费用定额(即间接费用与直接费用或人工费用的百分比,建筑工程一般按直接费用的百分比,水电安装工程、设备安装工程按人工费用的百分比),对施工间接费用按比例进行分配。其计算公式如下:

某项工程本期应分配的施工间接费用=本期实际发生的施工间接费用×该项工程本期实际

发生的直接费用(或人工费)×该项工程规定的施工间接费用定额÷∑[各项工程本期实际发生的直接费用(或人工费)×各项工程规定的施工间接费用定额]

在实际核算工作中，对于施工间接费用的分配，往往先计算本期实际发生的施工间接费用对按施工间接费用定额计算的施工间接费用的百分比，再将各项工程按定额计算的施工间接费用进行调整，即将上式改为

某项工程本期应分配的施工间接费用＝该项工程本期实际发生的直接费用(或人工费)×本期该项工程规定的施工间接费用定额×本期实际发生的施工间接费用÷∑[各项工程本期实际发生的直接费用(或人工费)×各项工程规定的施工间接费用定额]

【例7-5】某施工单位在2019年10月份发生施工间接费用44 100元，各项工程在10月份内发生的直接费用和它们的施工间接费用定额如下：

101商品房建筑工程直接费用320 000元；施工间接费用定额为直接费用的6%。

102商品房建筑工程直接费用280 000元；施工间接费用定额为直接费用的6%。

151出租房建筑工程直接费用100 000元；施工间接费用定额为直接费用的6%。

则各项工程在10月份应分配的施工间接费用如下：

101商品房建筑工程：

320 000×6%×44 100÷(320 000×6%＋280 000×6%＋100 000×6%)＝19 200×(44 100÷42 000)＝19 200×1.05＝20 160(元)

102商品房建筑工程：

280 000×6%×(44 100÷42 000)＝16 800×1.05＝17 640(元)

151出租房建筑工程：

100 000×6%×(44 100÷42 000)＝6 000×1.05＝6 300(元)

根据上列计算，就可编制施工间接费用分配表。对于分配于各项工程成本的施工间接费用，借记"工程施工"科目，贷记"工程施工——间接费用"科目，并记入各项工程成本的"工程施工——间接费用"项目。作会计分录如下：

借：工程施工——101工程　　　　　　　　　　　　　　20 160
　　　　——102工程　　　　　　　　　　　　　　　　17 640
　　　　——151工程　　　　　　　　　　　　　　　　 6 300
　　贷：工程施工——间接费用　　　　　　　　　　　　44 100

单元五　施工工程成本结算和单位工程竣工成本决算

一、施工工程成本期简介

一般情况下，施工工程成本的结算要配合工程价款结算，并采用与工程价款结算时间相一致的结算期。采用按月结算工程价款的工程，企业应以月为成本结算期；采用分段结算工程价款的工程，企业应以合同规定的工程价款结算期为工程成本结算期；采用竣工后一次结算工程

价款的工程，企业应在工程竣工后结算工程成本。

二、采用按月结算工程价款的核算方法

1. 已完工程预算成本的计算

施工单位采用按月结算工程成本时，必须及时计算月度已完工程的预算成本。已完工程是指已完成定额中规定的一定组成部门内容的工程，一般为分部分项工程。分部分项工程是构成建筑工程的工程实体，规定有一定的工作内容和计量单位。由于企业对这部分工程不再需要进行任何施工活动，已可确定工程数量和工程质量，所以将其作为已完成工程，计算它的预算成本和预算造价，并向发包单位进行点交和结算。

已完工程预算成本的计算是根据已完工程的实物量、预算单价和定额进行的。其计算公式如下：

本月已完建筑工程预算成本＝$\sum$（本月实际完成建筑工程量×预算单价）×（1＋间接费用定额）

本月已完安装工程预算成本＝$\sum$［（本月实际完成安装工程量×预算单价）＋（本月已完安装工程人工费×间接费用定额）］

在实际工作中，已完工程预算成本通常由统计部门于月末先行实地丈量已完工程实物量，然后根据预算单价和间接费用定额，在"已完工程结算表"中进行计算。

【例 7-6】 某项墙面抹灰工程，共计 2 000 平方米，预算单价为直接费用 3.80 元/平方米，其中：材料费为 2.80 元/平方米，人工费为 0.83 元/平方米，机械使用费为 0.12 元/平方米，其他直接费用为 0.05 元/平方米。则

墙面抹灰工程预算成本中：

直接费用为 3.80×2 000＝7 600.00（元）

其中：材料费＝2.80×2 000＝5 600.00（元）

人工费＝0.83×2 000＝1 660.00（元）

机械使用费＝0.12×2 000＝240.00（元）

其他直接费用＝0.05×2 000＝100.00（元）

2. 未完工程成本的计算

未完工程是指施工单位在工程施工过程中，除已完工程外，还有一部分已投入人工、材料，但尚未完成预算定额中规定的工程内容，不易确定工程数量和工程质量的工程。

未完施工成本的计算，首先由统计人员在"未完施工盘点单"中进行，盘点未完施工，确定未完施工实物量。月末由统计人员到施工现场进行实地丈量，确定未完施工的实物量，在"未完施工盘点单"中填列未完施工的名称、已完工序及数量，并注明定额；计算折合已完工程数量。由于工程预算单价一般是按单位分部工程确定的，所以要计算未完施工成本，必先将未完施工的实物量折合为已完分部工程的实物量，即根据各分部工程的已完工序内容确定各工序的折合系数。如灰砂浆底、纸筋面墙抹灰工程，规定应抹两道，如只抹了底层，而底层预算工料费占墙面抹灰工程工料的 80%，则底层抹灰折合系数为 80%。随后计算未完施工成本。未完施工成本可按折合已完工程数量、预算单价（直接费用）和间接费用定额计算。其计算公式如下：

未完施工建筑工程成本＝$\sum$（未完施工建筑工程折合已完工程数量×预算单价）×（1＋间

接费用定额)

未完施工安装工程成本＝∑[(未完施工安装工程折合已完工程数量×预算单价)＋(未完施工安装工程人工费×间接费用定额)]

【例 7-7】 某房地产企业在 3 000 平方米墙面抹灰工程上,只抹完底层,折合系数为 80%,则已完抹灰工程数量计算如下:

折合已完工程数量＝未完工施工数量×折合系数＝3 000×80%＝2 400(平方米)

墙面抹灰工程预算单价为 3.80 元/平方米,间接费用定额为 6%,则 3 000 平方米墙面抹灰未完施工成本为

(3 000×80%)×3.80×(1＋6%)＝9 667.20(元)

当月初与月末未完施工相关不大时,可考虑在季末进行盘点,在这种情况下,季度第一、第二月份月末未完施工成本,按季初(即上季末)未完施工成本计算。

为了正确计算成本和结算工程利润,对于未完施工比重较大,且月初、月末数量相差较为悬殊的工程,可考虑按如下公式计算未完施工的实际成本:

未完施工实际成本＝(月初未完施工实际成本＋本月工程实际成本)÷(本月已完工程数量＋月末未完施工折合已完工程数量)×月末未完施工折合已完工程数量

采用这种计算方法,本月工程实际成本必须按照分部分项工程分别计算,以分部分项工程为成本计算对象,因为不同分部分项工程的工程量是不能相加计算的。

3. 已完工程实际成本和工程预算成本的计算

根据本月已完工程预算成本,本月施工工程实际成本(即"工程施工成本明细分类账"中本期工程实际成本)和月初、月末未完施工成本,可以计算本月已完工程实际成本和本月施工工程预算成本。其计算公式如下:

本月已完工程实际成本＝本月工程实际成本＋月初未完施工成本－月末未完施工成本

本月工程预算成本＝本月已完工程预算成本＋月末未完施工成本－月初未完施工成本

需要注意的是,本月已完工程成本包括月初未完施工成本,不包括月末未完施工成本。本月工程成本包括月末未完施工成本,不包括月初未完施工成本。

4. 工程成本结算的账务处理

对已向发包单位进行盘点清算的已完工程的实际成本,应借记"工程结算"科目,贷记"工程施工"科目。

三、采用分段工程成本结算和竣工工程成本结算的核算方法

用分段结算工程价款的办法,按分段工程结算成本,在各个规定部位工程完工以后,要编制"已完工程结算表",并对未完成合同规定部位的工程加以盘点,编制"未完工程盘点单"。"已完工程结算表"和"未完施工盘点单"的格式与编制方法基本相同,所不同的是用部位工程代替分部工程。在计算出未完工部位工程成本后,可按以下公式计算各月已完工部位工程实际成本:

本月已完工部位工程实际成本＝工程施工成本明细分类账户中未结转工程实际成本－未完工程盘点单中未完工程部位工程成本

对已向发包单位进行结算的已完工部位工程的实际成本,应借记"工程结算"科目,贷记"工程施工"科目。同时,要在该项工程"工程施工"成本明细分类账中,将已结转的已完工部位工程成本用红字加以记录。

模块七 施工成本核算

竣工后一次结算价款是在竣工后一次性结算成本，在"工程施工"成本明细分类账中记录其发生的成本，于工程竣工后一次性将其结转。

四、单位工程竣工成本决算

1. 竣工成本决算的内容

为了全面反映和监督竣工工程实际成本的节超情况，考核工程预算的完成情况，对于已竣工的工程，需要编制"竣工成本决算"。竣工成本决算的内容包括竣工工程按成本项目分别反映的预算成本、实际成本及成本降低额和降低率；竣工工程耗用人工、材料、机械的预算用量、实际用量及节超率；竣工工程的简要分析与说明。

2. 竣工成本决算的条件及准备工作

根据统计制度和财务制度的有关工程竣工验收、使用的规定，竣工工程必须按原设计规定的内容全部完成才算竣工，才能办理竣工成本决算。

单位工程竣工成本决算前，应配合预算部门检查工程造价的计算依据是否完整，检查是否有预算漏项和计算错误等情况；检查发包单位供料、供水、供电等事项是否全部入账；检查现场剩余材料是否办理了退料或转移手续；检查工程成本中的记录是否完整、准确，有无将属于专项工程的支出记入此单位工程的工程成本。

3. 竣工成本决算的编制方法

单位工程"竣工成本决算表"的简化格式见表7-5。

表7-5　竣工成本决算表

建设单位：　　　　工程编号名称：　　　　工程结构：　　　　层数：
建筑面积：　　　　工程造价：　　　　开工日期：　年　月　日　　竣工日期：　年　月　日

单位：元

项　目	预算成本	实际成本	降低额	降低率/%
材料费				
人工费				
材料使用费				
其他直接费用				
直接费用小计				
间接费用				
工程成本合计				
补充资料				
单位成本				

制表：　　　　　　　　　　　　　　　　　　编制日期：　年　月　日

"预算成本"栏内的各项数字，可根据施工图预算分析填入，也可以根据各月有关该项工程"已完工程结算表"中的预算成本，按成本项目分别加总填入。

模块七 施工成本核算

"实际成本"栏内的各项数字,根据"工程施工成本明细分类账"的记录填入。为了反映单位工程的全部成本,对于有分包单位参加施工的工程,还要在补充资料中反映分包工程成本,以便于计算竣工工程的总成本和单位平方米的造价。

对于将几个单位工程合并为一个成本计算对象的,可将几个单位工程合并办理成本决算,但必须按各个单位工程的预算成本或预算造价的比例,计算出各个单位工程的实际成本。其计算公式如下:

$$某项单位工程实际成本 = 某成本计算对象的实际总成本 \times \frac{该项单位工程预算成本(或预算造价)}{某成本计算对象预算总成本(或总造价)}$$

模块小结

本模块主要介绍了施工工程成本核算的基本知识、材料费和人工费的核算、机械使用费的核算、其他直接费用和间接费用的核算、施工工程成本结算和单位工程竣工成本决算几部分内容。

(1)施工工程成本是指施工项目在施工过程中所发生的全部生产费用的总和。

(2)工程项目施工工程成本由直接成本和间接成本组成。

(3)材料费是指在施工过程中耗用、构成工程成本或有助于工程形成的各种主要材料、结构件的实际成本和周转材料的摊销及租赁费用的成本。

(4)施工工程成本中的人工费是指对计件工人的工资,可直接根据"工程任务单"中的工资总额汇总计入各项工程的成本,职工福利费可按工资的比例(一般不超过14%)计入各项工程的成本。

(5)机械使用费是指企业在机械化施工中使用施工机械而发生的各项费用。

(6)机械使用费包括人工费、燃料、动力费、材料费、折旧和修理费、替换工具、部件费、运输装卸费、辅助设施费、车船使用税、间接费用等。

(7)其他直接费用是指在施工现场直接发生但不能记入"材料费""人工费"和"机械使用费"账户的其他费用。

(8)施工间接费用包括管理人员工资、职工福利费、折旧费、修理费、工具、用具使用费、办公费、差旅交通费、劳动保护费和其他费用。

(9)已完工程是指已完成定额中规定的一定组成部门内容的工程,一般为分部分项工程。

(10)未完工程是指施工单位在工程施工过程中,除已完工程外,还有一部分已投入人工、材料,但尚未完成预算定额中规定的工程内容,不易确定工程数量和工程质量的工程。

思考与练习

一、填空题

1. 施工工程成本费用按照经济性质的不同,可分为_____、_____、_____和_____等。

2. 施工工程成本费用按照用途的不同,可分为_____、_____、_____、_____和_____。

3. 施工工程成本费用按其与工程量增减的关系的不同,可分为_____和_____。

4. 施工工程成本中的_____是指对计件工人的工资,可直接根据"工程任务单"中的工资总额汇总计入各项工程的成本。

5. _____是指对施工机械计提的折旧费、大修理费用摊销和发生的经常修理费及租赁施工机械的租赁费。

二、简答题

1. 施工工程成本核算的要求有哪些?
2. 施工工程成本核算的程序是什么?
3. 机械使用费包括哪些?

【实训一】

一、实训目的

人工费核算训练。

二、实训资料

(1)某房地产公司共有甲、乙两个工程,其中,甲工程耗用2 000个计时工日,乙工程耗用1 000个计时工日,4月份发生建筑安装工人计时工资90 000元,甲工程发生计件工资40 000元,乙工程发生计件工资10 000元。

(2)按14%计提职工福利费。

(3)用现金发放的建筑安装工人的劳动保护费为2 700元,按其占计时工资总额的比例进行分配。

三、实训要求

根据上述资料,编制工资分配业务及计提福利费的会计分录。

【实训二】

一、实训目的

材料费核算训练。

二、实训资料

某房地产公司于10月发生如下经济业务:

(1)根据有关领料凭证、各类材料成本差异率和"周转材料摊销计算单"等资料,汇总编制"材料费用分配表"(表7-6)。

表 7-6　材料费用分配表

××年10月　　　　　　　　　　　　　　　　　　　　　　　　　　　　　　单位：元

材料类别		成本核算	A工程	B工程	合计
主要材料	黑色金属	计划成本	50 000	40 000	90 000
		成本差异(1%)	500	400	900
	硅酸盐	计划成本	200 000	150 000	350 000
		成本差异(2%)	4 000	3 000	7 000
	木材	计划成本	40 000	30 000	70 000
		成本差异(2%)	800	600	400
	其他主要材料	计划成本	30 000	20 000	50 000
		成本差异(−1%)	−300	−200	−500
	小计	计划成本	320 000	240 000	560 000
		成本差异	5 000	3 800	8 800
结构件		计划成本	150 000	100 000	250 000
		成本差异(2%)	3 000	2 000	5 000
其他材料		计划成本	25 000	15 000	40 000
		成本差异(−1%)	−250	−150	−400
合计		计划成本	495 000	355 000	850 000
		成本差异	7 750	5 650	13 400
周转材料摊销			15 000	12 000	27 000

（2）现场使用的模板采用定额摊销法，本期完成 20 m³ 浇筑混凝土楼板，每立方米的模板消耗定额为 40 元。

三、实训要求

根据上述资料，编制会计分录。

【实训三】

一、实训目的

机械使用费核算训练。

二、实训资料

某房地产公司10月发生如下经济业务：

(1)本月有挖土机和搅拌机为企业自有机械，发生的费用情况如下：

1)本月分配工资 4 400 元。其中，挖土机 2 600 元，搅拌机 1 800 元。

2)按 14% 计提职工福利费。

3)现金支付劳动保护费共 1 500 元。其中，挖土机 800 元，搅拌机 700 元。

4)领用燃料计划成本为 3 500 元。其中，挖土机 2 500 元，搅拌机 1 000 元，燃料的成本差异为 −1%。

5)计提折旧 2 400 元。其中，挖土机 1 700 元，搅拌机 700 元。

6)以银行存款支付混凝土搅拌机外购电费 2 000 元，增值税税率为 13%。

(2)租入施工机械 2 台，本月为甲工程提供机械作业 30 个台班，为乙工程提供机械作业 20 个台班，台班单价为 500 元。公司通过银行转账支付租金。

(3)将挖土机本月发生的机械使用费按其工作台班进行分配，本月挖土机共完成 100 个台班。其中，甲工程 60 个台班，乙工程 40 个台班。

三、实训要求

根据上述资料，编制会计分录。

【实训四】

一、实训目的

其他直接费核算训练。

二、实训资料

某房地产公司 10 月发生以下经济业务：

(1)银行存款支付现场材料二次搬运费 5 000 元。其中，甲工程 3 000 元，乙工程 2 000 元，取得增值税专用发票，税率为 13%。

(2)计提本月现场小型生产工具摊销额 6 000 元。其中，甲工程 4 000 元，乙工程 2 000 元。

(3)支付甲工程现场材料检验试验费 1 500 元，取得增值税专用发票，税率为 13%，开出转账支票支付。

(4)将上述其他直接费按工程生产工日的比例进行分配。其中，甲工程消耗 1 200 工日，乙工程消耗 800 工日。

三、实训要求

根据上述资料，编制会计分录。

【实训五】

一、实训目的

间接费用核算训练。

二、实训资料

某房地产公司发生如下经济业务，增值税税率为 13%。

(1)以银行存款支付购买办公用品费 2 260 元。

(2)报销职工上下班交通补贴费 200 元，以现金支付。

(3)根据"工资分配表"，应付工作人员工资 3 000 元、工程保修人员工资 50 元。

(4)计提管理人员福利费 420 元，工程保修人员福利费 7 元。

(5)提取施工单位管理用固定资产折旧费 1 600 元。

(6)工程保修领用材料 150 元，工程施工领用零星材料 1 000 元，行政管理领用一次摊销的低值易耗品 500 元，计提分期摊销的低值易耗品摊销费 700 元。

(7)报销职工探亲路费 500 元，结转原借款。

(8)摊销应由本月负担的财产保险费 1 000 元。

(9)以银行存款支付办公用水电费 600 元。

三、实训要求

根据上述资料，编制会计分录。

模块八 房地产企业开发产品成本的核算

学习目标

通过对本模块内容的学习,了解房地产企业开发产品的成本构成;掌握土地开发成本、房屋开发成本的核算及开发间接费用的归集与分配;掌握配套设施和代建工程开发成本的核算;能够进行房地产企业开发产品成本的核算;培养严谨务实、诚实守信的职业道德。

知识要点

1. 土地开发成本和房屋开发成本的核算。
2. 配套设施和代建工程开发成本的核算。
3. 开发间接费用的归集与分配。

案例导入

某房地产开发企业在开发一栋含商铺的住宅时,产生部分费用如下:

1. 用银行存款支付土地使用出让金 2 000 万元;
2. 前期工程费用中,产生设计费用 54 万元,三通一平费用 0.7 万元,其他前期工程费 35 万元;
3. 企业收到承包单位工程价款结算单,核实后房屋开发建设费用共计 5 990 万元;
4. 建设项目相关的销售费用 620 万元,银行借款利息、融资手续费等财务费用 1 180 万元;
5. 缴纳该项目增值税 1 150 万元,土地契税 68 万元,企业所得税 2 250 万元。

(案例源于网络资料,有修改)

讨论:以上是否应该计入该房地产企业的开发成本,说说你的观点。

模块八 房地产企业开发产品成本的核算

单元一 房地产企业开发产品的成本构成

一、房地产开发产品成本的内容

房地产开发产品成本是指房地产开发企业在房地产开发经营过程中所耗费的各项费用。要核算开发产品的成本，首先要弄清开发产品成本的种类和内容。开发产品成本按其用途，可分为土地开发成本、房屋开发成本、配套设施开发成本和代建工程开发成本四类。

(1)土地开发成本是指房地产开发企业开发土地(即建设场地)所发生的各项费用支出，包括开发房地产而取得土地使用权所支付的土地出让金(或土地转让金)、土地征用费、耕地占用税、劳动力安置费、地上和地下附着物拆迁补偿的净支出及安置拆迁用房支出等。

(2)房屋开发成本是指房地产开发企业开发各种房屋(包括商品房、出租房、周转房、代建房等)所发生的各项费用支出。

(3)配套设施开发成本是指房地产开发企业开发能有偿转让的大型配套设施及不能有偿转让、不能直接计入开发成本的公共配套设施所发生的各项费用支出。

(4)代建工程开发成本是指房地产开发企业接受委托单位的委托，代为开发土地、房屋以外的其他工程，如市政工程等所发生的各项费用支出。

二、房地产开发产品成本的项目

在会计核算业务中，将开发产品成本划分为土地征用补偿费、前期工程费、基础设施费、建筑安装工程费、配套设施费、开发间接费用和其他开发费用。

(1)土地征用补偿费是指因开发房地产而征用土地所发生的各项费用。其包括征地费、安置费、原有建筑的拆迁补偿费或采用批租方式取得土地的批租地价。

(2)前期工程费是指土地、房屋开发过程中发生的规划、设计、可行性研究，以及水文地质勘察、测绘、场地平整等费用。

(3)基础设施费是指土地、房屋开发过程中发生的供水、供电、供气、排污、排洪、通信、照明、绿化、环卫设施及道路等基础设施费用。

(4)建筑安装工程费是指土地、房屋开发项目在开发过程中按建筑安装工程施工图施工所发生的各项建筑安装工程费和设备费。

(5)配套设施费是指在开发小区内发生的，可计入土地、房屋开发成本的，不能有偿转让的公共配套设施费用，如锅炉房、水塔、居委会、派出所、幼儿园、消防设施、自行车棚、公厕等设施支出。

(6)开发间接费用是指房地产开发企业内部独立核算单位及开发现场为开发房地产而发生的各项间接费用。其包括现场管理机构人员工资、福利费、折旧费、修理费、办公费、水电费、劳动保护费、周转房摊销等。

(7)其他开发费用包括企业为开发产品而发生的应计入开发产品成本的以上各项之外的支出，如企业为开发房地产而借入的资金，在开发产品完工之前所发生的利息等借款费用，以及其他难以归入以上各个项目的开支等。

房地产开发企业在开发现场组织和管理房地产开发建设所发生的各项费用,应作为开发间接费用。由于在实际工作中企业很难划清管理费用和开发间接费用的界限,所以除周转房摊销列作开发间接费用外,其余费用往往以是否设立现场管理机构为依据进行划分。如果开发企业不设现场机构,而由公司定期或不定期地派人到开发现场组织开发建设活动,则所发生的费用可直接并入企业的管理费用。

三、房地产开发产品成本费用的核算方法

开发产品采用的施工方式不同,其成本费用核算的程序也不同。一般采用出包方式进行开发项目施工。

首先,将应计入开发成本费用的各项支出按发生地点和用途进行分配,包括材料费用、工资费用、固定资产折旧费用和用银行存款支付的其他各项费用,如土地征用及拆迁补偿费、前期工程费、水电费、办公差旅费等。其次,将待摊费用和预提费用分配,包括预付保险费、低值易耗品摊销费、预提配套设施费等;将开发间接费用分配,将归集的开发间接费用分配计入各开发项目成本;结转已开发完成、近期投入使用的自用建设场地和不能有偿转让的配套设施的成本,将其计入房屋开发等项目的成本;结转已完工的开发产品成本。最后,结转本期发生的期间费用,如管理费用、财务费用和销售费用,将其计入当期损益。

凡是不应计入成本费用的企业发生的各项费用支出,应分别记入有关账户,如"库存材料""库存设备""固定资产购建支出""其他业务支出"和"营业外支出"等账户。

对于那些应计入成本费用的各项费用支出,属于直接费用的,可以直接记入"开发成本"总账及有关的明细账;属于间接费用的,则应先记入"开发间接费用"总账及有关明细账,月末再分配计入各成本计算对象,记入"开发成本"总账及有关明细账;属于待摊费用、预提费用的,先记入"预付账款""应付利息"账户,再按规定程序和方法结转,最终记入"开发成本"总账及有关明细账;属于期间费用的,则分别记入"管理费用""财务费用"和"销售费用"账户,期末转入"本年利润"账户。

阅读材料

预提费用核算的内容及应设置的账户

预提费用是指房地产开发企业按照规定从成本费用中预先提取但尚未支付的费用,如预提配套设施费、租金、保险费、借款利息等。

预提配套设施费,是指企业根据开发项目的建设情况,对于配套设施与商品房非同步建设,即先建设商品房后建设配套设施;或商品房已建成待出售,而配套设施尚未全部完工的一些项目。由于商品房已建成待出售,而配套设施尚未完工,为了及时结转已完工商品房的成本,对其应负担的配套设施费,按规定报经批准后,可采用预提的方法预先计入商品房成本;待配套设施完工后,再按实际支出数,冲销已预提的配套设施费。

为了核算企业预提计入成本费用但尚未实际支出的各项费用,房地产开发企业应设置"预提费用"账户。其贷方登记按规定预提计入本期成本费用的各项支出;借方登记实际支出的预提费用。期末贷方余额反映企业已预提但尚未支付的各项费用;期末如为借方余额,反映企业实际支出的费用大于预提数的差额,即尚未摊销的费用。本账户应按费用种类设置明细账进行核算。

模块八 房地产企业开发产品成本的核算

单元二 土地开发成本的核算

一、房地产开发企业开发土地的种类

房地产开发企业开发的土地，按其用途可以分为两种：一种是为了转让、出租而开发的商品性土地；另一种是为开发商品房、出租房等房屋而开发的自用土地。前者是企业的最终开发产品，其费用支出单独构成土地的开发成本；后者则是企业的中间开发产品，其费用支出应计入商品房、出租房等有关房屋开发成本。

二、土地开发成本核算对象和成本项目的设置

1. 土地开发成本核算对象的确定

为了既有利于土地开发支出的归集，又有利于土地开发成本的结转，对开发面积不大、开发工期较短的土地，每个独立的开发项目都可作为成本核算对象；对开发面积较大、开发工期较长、分区域开发的土地，可以一定区域作为土地开发成本核算对象。

成本核算对象应在开工之前确定，一经确定就不能随意改变，更不能相互混淆。

2. 土地开发成本项目的设置

土地开发成本计算对象一经确定，就应按其设置土地开发成本明细账，在明细账上按成本项目设置专栏，归集土地开发项目的实际成本。

土地开发成本项目的确定取决于土地开发项目的设计要求、开发程度和开发内容。由于设计要求、开发程度和开发内容不同，土地开发实际发生的费用及成本构成不尽相同。

根据土地开发支出的一般情况，企业对土地开发成本的核算，可设置土地征用及拆迁补偿费(或批租地价)、前期工程费、基础设施费、开发间接费用等项目。

(1)土地征用及拆迁补偿费是指按照城市建设总体规划进行土地开发所发生的土地征用费、耕地占用税、劳动力安置费及有关地上、地下物拆迁补偿费等，但对拆迁旧建筑物回收残值应估计入账并冲减有关成本。开发土地如果是通过批租方式取得的，应列入批租地价。

(2)前期工程费是指土地开发项目前期工程发生的费用，包括规划、设计费，项目可行性研究费，水文地质勘察费，测绘费，平整费等。

(3)基础设施费是指土地开发过程中发生的各种基础设施费，包括道路、供水、供电、供气、排污、排洪、通信等设施费用。

(4)开发间接费用指由商品性土地开发成本负担的开发间接费用。

土地开发项目如要负担不能有偿转让的配套设施费，应设置配套设施费成本项目，用以核算应计入土地开发成本的配套设施费。

阅读材料

土地开发成本项目的确定原则

企业应根据土地开发项目的具体情况和会计制度规定的成本项目，设置特定土地开发项目

的具体成本项目。一般有以下几种情况：

第一，商品性建设场地的开发。这种土地开发包括了土地开发的全部内容。因此，设置的成本项目主要有6个：

(1)土地征用及拆迁补偿费。

(2)前期工程费。

(3)建筑安装工程费。

(4)基础设施费。

(5)配套设施费。

(6)开发间接费用。

第二，需要单独核算土地开发成本的自用建设场地的开发。这种开发为防止开发项目重复负担某些费用，在计算土地开发成本时，可先不分摊"配套设施费""开发间接费用"。因此，设置的成本项目只有4个：

(1)土地征用及拆迁补偿费。

(2)前期工程费。

(3)建筑安装工程费。

(4)基础设施费。

第三，无论商品性建设场地开发还是自用建设场地的开发，其开发内容如果仅包括购置土地、三通一平等前期工程、七通及环卫绿化等基础设施工程等项目，则可不必设置"配套设施费"和"建筑安装工程费"。因此，设置的成本项目也只有4个：

(1)土地征用及拆迁补偿费。

(2)前期工程费。

(3)基础设施费。

(4)开发间接费用。

土地开发成本是土地开发项目的开发建造成本，房地产企业在经营管理过程中发生的管理费用、财务费用、营业费用，应作为期间费用计入当期损益，而不能作为开发间接费用计入土地开发成本。

三、土地开发成本的核算方法

企业在土地开发过程中可将直接计入房屋开发成本的自用土地开发支出，在"开发成本——房屋开发成本"账户核算，其他土地开发支出均应通过"开发成本——土地开发成本"账户进行核算。

对土地开发成本应按土地开发项目的类别，分别设置"商品性土地开发成本"和"自用土地开发成本"两个二级账户，并按成本核算对象和成本项目设置明细分类账。

案例：某房企真实土地成本分摊案例

对发生的土地征用及拆迁补偿费、前期工程费、基础设施费等土地开发支出，可直接记入各土地开发成本明细分类账，借记"开发成本——商品性土地开发成本""开发成本——自用土地开发成本"科目，贷记"银行存款""应付账款——应付工程款"等科目。

发生的开发间接费用可先在开发间接费用账户进行核算，于月终再按一定标准，分配计入有关开发成本核算对象。商品性土地开发成本负担的开发间接费用，应借记"开发成本——商品性土地开发成本"科目,贷记"开发间接费用"科目。

【例8-1】 某房地产开发企业在2019年5月份内,共发生了表8-1所示的土地开发支出。

表8-1 某房地产开发企业土地开发支出　　　　　　　　金额单位:元

项目	商品性土地	自用土地
支付征地拆迁费	178 000.00	172 000.00
支付承包设计单位前期工程款	40 000.00	36 000.00
应付承包施工单位基础设施款	50 000.00	36 000.00
分配开发间接费用	10 000.00	
合计	278 000.00	244 000.00

在用银行存款支付征地拆迁费时,应作会计分录如下:
借:开发成本或生产成本——商品性土地开发成本　　　　178 000
　　　　　　　　　　　　——自用土地开发成本　　　　172 000
　　贷:银行存款　　　　　　　　　　　　　　　　　　350 000

用银行存款支付设计单位前期工程款时,应作会计分录如下:
借:开发成本或生产成本——商品性土地开发成本　　　　40 000
　　　　　　　　　　　　——自用土地开发成本　　　　36 000
　　贷:银行存款　　　　　　　　　　　　　　　　　　76 000

将应付施工企业基础设施工程款入账时,应作会计分录如下:
借:开发成本或生产成本——商品性土地开发成本　　　　50 000
　　　　　　　　　　　　——自用土地开发成本　　　　36 000
　　贷:应付账款——应付工程款　　　　　　　　　　　86 000

分配应记入商品性土地开发成本的开发间接费用时,应作会计分录如下:
借:开发成本或生产成本——商品性土地开发成本　　　　10 000
　　贷:开发间接费用　　　　　　　　　　　　　　　　10 000

同时,应将各项土地开发支出分别记入"商品性土地开发成本""自用土地开发成本"明细分类账。

四、已完工土地开发成本的核算方法

已完工土地开发成本的结转,应根据已完成开发土地的用途,采用不同的结转方法。

企业取得的土地使用权,通常应当按照取得时所支付的价款及相关税费确认为无形资产。土地使用权用于自行开发建造厂房等地上建筑物时,土地使用权的账面价值不与地上建筑物合并计算其成本,而仍作为无形资产进行核算,土地使用权与地上建筑物分别进行摊销和提取折旧。

除房地产开发企业取得的土地使用权用于建造对外出售的房屋建筑物,相关的土地使用权应当计入所建造的房屋建筑物成本;企业外购的房屋建筑物,实际支付的价款中包括土地及建筑物的价值,应当对支付的价款按照合理的方法,在使用权之间进行合理分配的,应当全部作为固定资产,按照固定资产确认和计量的规定进行处理;依照土地使用权的用途,将其用于出租或增值目的时,应将其转为投资性房地产。

为转让、出租而开发的商品性土地，在开发完成并经验收后，应将其实际成本自"开发成本——商品性土地开发成本"账户的贷方转入"开发产品——土地"账户的借方。

【例8-2】 某房地产开发企业商品性土地经开发完成并验收，开发支出共1 004 000元，作会计分录如下：

借：开发产品——土地　　　　　　　　　　　　　　　　　　1 004 000
　　贷：开发成本——商品性土地开发成本　　　　　　　　　　　　　1 004 000

为本企业房屋开发用的土地，应于开发完成土地投入使用时，将土地开发的实际成本结转计入有关房屋的开发成本。结转计入房屋开发成本的土地开发支出，可采用分项平行结转法或归类集中结转法。

分项平行结转法是指将土地开发支出的各项费用按成本项目分别平行转入有关房屋开发成本的对应成本项目；归类集中结转法是指将土地开发支出归类合并为土地征用及拆迁补偿费（或批租地价）和基础设施费两个费用项目，然后转入有关房屋开发成本的土地征用及拆迁补偿费（或批租地价）和基础设施费成本项目。

单元三　房屋开发成本的核算

一、房屋开发成本的定义及种类

房屋的开发是房地产开发企业的主要经济业务，企业在房屋开发过程中发生的各项支出，应按房屋成本核算对象和成本项目进行归集。

开发企业开发的房屋按其用途可分为为销售而开发的商品房、为出租经营而开发的出租房、为安置被拆迁居民周转使用而开发的周转房等。有的开发企业还受其他单位委托开发住宅等代建房。这些房屋虽然用途不同，但其所发生的开发费用的性质和用途都大体相同，在成本核算上也可采用相同的方法。

为了既能总括反映房屋开发所发生的支出，又能分门别类地反映企业各类房屋的开发支出，并便于计算开发成本，在会计上除设置"开发成本——房屋开发成本"账户外，还应按开发房屋的性质和用途，分别设置商品房、出租房、周转房、代建房等三级账户，并按各成本核算对象和成本项目进行明细分类核算。

二、房屋开发成本核算对象的确定

房屋开发包括房屋开发和房屋再开发。房屋开发是指城市各种房屋建设从可行性研究、规划设计、建筑安装工程施工到房屋建成竣工验收的全过程；房屋再开发是指对旧城区成片地进行更新改造，拆除原有的房屋建筑物，按规划设计要求重新建造各种房屋。

由于各种房屋均要在开发完成的土地上进行开发建设，开发建设完成后均属于企业的最终产品，所以均需要设置房屋开发明细账。根据前述房屋开发成本计算对象确定的原则，成本计算对象应结合房屋开发内容、地点、用途、结构、施工方式、施工进度等因素进行确定。

一般开发项目应以每一独立编制有设计概算和施工图预算的单项工程，即每栋独立的房屋作为成本计算对象；对于同一开发地点、开竣工时间相近、结构类型相同，并由同一施工队伍施工的群体开发项目，可以合并作为一个成本计算对象，待开发完成后，再将其实际总成本按每栋独立房屋概算、预算的比例进行分配，求得每栋房屋的开发成本；对于个别规模较大、工期较长的房屋开发项目，可以结合工程进度和责任制的要求，以房屋开发项目的各个部位作为成本计算对象，待开发完成后再将各部位的实际成本进行汇总，求得该栋房屋的开发成本；如果在开发的自用建设场地上继续进行房屋开发，且能分清每个房屋开发成本计算对象应负担的土地开发成本，则应将土地开发成本和房屋开发成本合并设置为房屋开发成本计算对象，不再单独计算土地开发成本；受其他单位委托，代为开发建设的职工住宅即代建房，也应按上述原则确定成本计算对象。

> **阅读材料**

房屋开发成本核算对象的确定原则

房地产企业在确定房屋开发成本核算对象时，应结合房屋建设的特点和实际开发情况，按以下原则来确定：

(1)一般的开发项目，应以每一独立编制的设计概预算，或每一独立的施工图预算所列的单向开发工程作为成本核算对象。

(2)同一地点、结构类型相同的群体开发项目，如果开工、竣工时间接近，又由同一施工队伍施工，可以合并为一个成本核算对象。

(3)对个别规模较大、工期较长的开发项目，可以按开发项目的一定区域或部分划分成本核算对象。

三、房屋开发成本核算项目的设置

开发企业对房屋开发成本的核算，应设置土地征用及拆迁补偿费或批租地价、前期工程费、基础设施费、建筑安装工程费、配套设施费、开发间接费用六个项目。

(1)土地征用及拆迁补偿费是指房屋开发中征用土地所发生的土地征用费、耕地占用税、劳动力安置费，以及有关地上、地下物拆迁补偿费，或批租地价。

(2)前期工程费是指房屋开发前期发生的规划设计、项目可行性研究、水文地质勘察、测绘等支出。

(3)基础设施费是指房屋开发中各项基础设施发生的支出，包括道路、供水、供电、供气、排污、排洪、照明、绿化、环卫设施等支出。

(4)建筑安装工程费是列入房屋开发项目和建筑安装工程施工图预算内的各项费用支出(包括设备费用)。

(5)配套设施费是指按规定应计入房屋开发成本，不能有偿转让的公共配套设施(如锅炉房、水塔、居委会、派出所、幼儿园、消防设施、自行车棚、公厕等)的支出。

(6)开发间接费用是指应由房屋开发成本负担的开发间接费用。

四、房屋开发成本的核算方法

1. 土地征用及拆迁补偿费或批租地价的核算

房屋开发过程中发生的土地征用及拆迁补偿费或批租地价，能分清成本核算对象的，应直接计入有关房屋开发成本核算对象的土地征用及拆迁补偿费成本项目,借记"开发成本——房屋开发成本"科目,贷记"银行存款"科目。

房屋开发过程中发生的自用土地征用及拆迁补偿费,分不清成本核算对象的,应将其支出先通过"开发成本——自用土地开发成本"科目进行汇集,待土地开发完成投入使用时,再按一定标准将其分配计入有关房屋开发成本核算对象,借记"无形资产"科目,贷记"开发成本——自用土地开发成本"科目。

房屋开发占用的土地,如属企业综合开发的商品性土地的一部分,应将其发生的土地征用及拆迁补偿费,先在"开发成本——商品性土地开发成本"账户进行汇集,待土地开发完成投入使用时,再按一定标准将其分配记入有关房屋开发成本核算对象,借记"开发成本——房屋开发成本"科目,贷记"开发成本——商品性土地开发成本"科目。

如开发完成的商品性土地已经转入开发产品或库存商品账户,则在用以建造房屋时,将其应负担的土地征用及拆迁补偿费记入有关房屋开发成本核算对象,借记"开发成本——房屋开发成本"科目,贷记"开发产品"科目。

2. 前期工程费的核算

房屋开发过程中发生的规划、设计、可行性研究及水文地质勘察、测绘、场地平整等各项前期工程支出,能分清成本核算对象的,应直接计入有关房屋开发成本核算对象的前期工程费成本项目,借记"开发成本——房屋开发成本"科目,贷记"银行存款"等科目;不能分清成本核算对象的,应由两个或两个以上成本核算对象负担的前期工程费,必须按一定标准将其分配计入有关房屋开发成本核算对象的前期工程费成本项目,借记"开发成本——房屋开发成本"科目,贷记"银行存款"科目。

3. 基础设施费的核算

房屋开发过程中发生的供水、供电、供气、排污、排洪、通信、绿化、环卫设施及道路等基础设施支出,一般应直接或分配计入有关房屋开发成本核算对象的基础设施费成本项目,借记"开发成本——房屋开发成本"科目,贷记"银行存款"等科目。如开发完成商品性土地已转入开发产品账户,则在用以建造房屋时,应将其负担的基础设施费计入有关房屋开发成本核算对象,借记"开发成本——房屋开发成本"科目,贷记"开发产品"科目。

4. 建筑安装工程费的核算

房屋开发过程中发生的建筑安装工程支出根据工程的不同施工方式而采用不同的核算方法。

采用发包方法进行建筑安装工程施工的房屋开发项目,其建筑安装工程支出应根据企业承付的已完工程价款确定,直接计入有关房屋开发成本核算对象的建筑安装工程费成本项目,借记"开发成本——房屋开发成本"科目,贷记"应付账款——应付工程款"科目。

采用招标方式发包,并将几个工程一并招标发包,则在工程完工结算工程价款时,按各项工程预算造价的比例计算它们的标价,即实际建筑安装工程费。

5. 配套设施费的核算

房屋开发成本应负担的配套设施费是指开发小区内不能有偿转让的公共配套设施支出。配套设施费的核算根据配套设施的建设情况不同而采用不同的费用归集和核算方法。

配套设施与房屋同步开发,发生的公共配套设施支出能够分清并可直接计入有关成本核算对象的,直接记入有关房屋开发成本核算对象的配套设施费项目,借记"开发成本——房屋开发成本"科目,贷记"应付账款——应付工程费"等科目。如果发生的配套设施支出由两个或两个以上的成本核算对象负担，应先在"开发成本——配套设施开发成本"账户先行汇集，待配套设施完工时，再按一定标准（如有关项目的预算成本或计划成本）分配计入有关房屋开发成本核算对象的配套设施费成本项目，借记"开发成本——房屋开发成本"科目，贷记"开发成本——配套设施开发成本"科目。

配套设施与房屋非同步开发，即先开发房屋，后建配套设施，或房屋已开发，等待出售或出租，而配套设施尚未全部完成，在结算完工房屋的开发成本时，对应负担的配套设施费可采取预提的办法，即根据配套设施的预算成本（或计划成本）和采用的分配标准，计算完工房屋应负担的配套设施支出，计入有关房屋开发成本核算对象的配套设施费成本项目，借记"开发成本——房屋开发成本"科目，贷记"应付账款"科目。预提数与实际支出数的差额，在配套设施完工时调整有关房屋开发成本。

6. 开发间接费用的核算

企业内部独立核算单位为开发各种产品而发生的各项间接费用，应先通过开发间接费用账户进行核算，每月终了，按一定标准分配计入各有关开发产品成本。应由房屋开发成本负担的开发间接费用借记"开发成本——房屋开发成本"科目，贷记"开发间接费用"科目，并计入有关房屋开发成本核算对象的开发间接费用成本项目。

【例 8-3】某房地产开发企业在 2019 年度内发生的有关房屋开发的支出见表 8-2。

表 8-2　房屋开发支出　　　　　　　　　　　　　　　　　　　　　单位：元

项目	101 商品房	102 商品房	152 商品房	182 商品房
支付征地拆迁费	200 000.00	160 000.00		
结转自用土地征地拆迁费	150 000.00	150 000.00		
应付承包设计单位前期工程费	60 000.00	60 000.00	60 000.00	60 000.00
应付承包施工企业基础设施工程款	180 000.00	150 000.00	140 000.00	140 000.00
应付承包施工企业建筑安装工程款	1 200 000.00	960 000.00	900 000.00	900 000.00
分配配套设施费（水塔）	160 000.00	130 000.00	120 000.00	120 000.00
预提配套设施费（幼儿园）	160 000.00	144 000.00	128 000.00	128 000.00
分配开发间接费用	164 000.00	132 000.00	124 000.00	124 000.00

（1）根据表 8-2，在用银行存款支付征地拆迁费时，应作会计分录如下：

借：开发成本——房屋开发成本　　　　　　　　　　　　　360 000
　　贷：银行存款　　　　　　　　　　　　　　　　　　　　　　360 000

（2）结转使用土地应负担的自用土地开发成本时，应作会计分录如下：

借：开发成本——房屋开发成本　　　　　　　　　　　　　300 000
　　贷：开发成本——商业性土地开发成本　　　　　　　　　　　300 000

（3）提取应付设计单位前期工程款时，应作会计分录如下：

借：开发成本——房屋开发成本　　　　　　　　　　　　　240 000
　　贷：应付账款——应付工程款　　　　　　　　　　　　　　　240 000

（4）提取应付施工企业基础设施工程款时，应作会计分录如下：

借：开发成本——房屋开发成本　　　　　　　　　　　　　610 000
　　贷：应付账款——应付工程款　　　　　　　　　　　　　　　610 000

(5)提取应付施工企业建筑安装工程款时，应作会计分录如下：

借：开发成本——房屋开发成本　　　　　　　　　　　　3 960 000
　　贷：应付账款——应付工程款　　　　　　　　　　　　　　　3 960 000

(6)分配应由房屋开发成本负担的水塔配套设施支出时，应作会计分录如下：

借：开发成本——房屋开发成本　　　　　　　　　　　　　530 000
　　贷：开发成本——配套设施开发成本——水塔　　　　　　　　　530 000

(7)预提应由房屋开发成本负担的幼儿园设施支出时，应作会计分录如下：

借：开发成本——房屋开发成本　　　　　　　　　　　　　560 000
　　贷：应付账款——预提配套设施费——幼儿园　　　　　　　　　560 000

(8)分配应由房屋开发成本负担的开发间接费用时，应作会计分录如下：

借：开发成本——房屋开发成本　　　　　　　　　　　　　544 000
　　贷：开发间接费用　　　　　　　　　　　　　　　　　　　　544 000

同时应将各项房屋开发支出分别记入各有关房屋开发成本明细分类账。

单元四　配套设施和代建工程开发成本的核算

一、配套设施开发成本的核算方法

1. 配套设施的种类

房地产开发企业开发的配套设施可以分为两类：一类是在开发小区内开发不能有偿转让的公共配套设施，如水塔、锅炉房、居委会、派出所、消防设施、幼儿园、自行车棚等。另一类是能有偿转让的城市规划中规定的大型配套设施项目，包括开发小区内营业性公共配套设施，如商店、银行、邮局等；开发小区内非营业性配套设施，如中小学、文化站、医院等；开发项目之外的、为居民服务的给水排水、供电、供气设施及交通道路等。这类配套设施如果没有投资来源，不能有偿转让，也可归入第一类中，计入房屋开发成本。

2. 配套设施开发成本核算对象和项目的设置

对于需要单独计算配套设施成本的配套设施，应以编制有独立的设计、概算和预算，建成后可以独立发挥效益的配套设施项目作为成本计算对象，设置配套设施成本明细账。配套设施的开发成本应设置土地征用及拆迁补偿费或批租地价、前期工程费、基础设施费、建筑安装工程费、配套设施费、开发间接费用六个成本项目。

其中，配套设施费项目用以核算分配的其他配套设施费。因为要使这些设施投入运转，有时也需要其他配套设施及其提供的服务，所以，理应分配其服务的有关设施的开发成本。在核算时可以仅设置土地征用及拆迁补偿费或批租地价、前期工程费、基础设施费、建筑安装工程费。

由于这些配套设施的支出需由房屋等开发成本负担，为简化核算手续，对这些配套设施可不再分配其他配套设施支出。它本身应负担的开发间接费用，可直接分配计入有关房屋开发成本。因此，对这些配套设施，在核算时可不必设置配套设施费和开发间接费用两个成本项目。

3. 配套设施开发成本的核算

企业发生的各项配套设施支出，应在"开发成本——配套设施开发成本"账户进行核算，并按成本核算对象和成本项目进行明细分类核算。

已发生的土地征用及拆迁补偿费（或批租地价）、前期工程费、基础设施费、建筑安装工程费等支出，可直接记入配套设施开发成本明细分类账的相应成本项目，借记"开发成本——配套设施开发成本"科目，贷记"银行存款""应付账款——应付工程款"等科目。

对能有偿转让大型配套设施分配的其他配套设施支出，应记入各大型配套设施开发成本明细分类账的配套设施费项目，并借记"开发成本——配套设施开发成本——××"科目，贷记"开发成本——配套设施开发成本——××"科目。

对能有偿转让大型配套设施分配的开发间接费用，应计入各配套设施开发成本明细分类账的"开发间接费用"项目，并借记"开发成本——配套设施开发成本"科目，贷记"开发间接费用"科目。

对配套设施与房屋等开发产品不同步开发，或房屋等开发完成等待出售或出租，而配套设施尚未全部完成的，经批准后可按配套设施的预算成本或计划成本，预提配套设施费，并将它计入房屋开发成本明细分类账的配套设施费项目，借记"开发成本——房屋开发成本"科目，贷记"应付账款"科目。因为一个开发小区的开发时间较长，有的需要几年，开发企业在开发进度安排上，有时先建房屋，后建配套设施。这样，往往出现房屋已经建成而有的配套设施可能尚未完成，或者是商品房已经销售，而幼儿园、消防设施等尚未完工的情况。这种房屋开发与配套设施建设的时间差，使得那些已具备使用条件并已出售的房屋应负担的配套设施费，无法按配套设施的实际开发成本进行结转和分配，只能以未完成配套设施的预算成本或计划成本为基数，计算出已出售房屋应负担的数额，用预提方式计入出售房屋等的开发成本。开发产品预提的配套设施费，一般可按以下公式进行计算：

某项开发产品预提的配套设施费＝该项开发产品预算成本（或计划成本）×配套设施费预提率

配套设施费预提率＝[该配套设施的预算成本（或计划成本）÷应负担该配套设施费的开发产品的预算成本（或计划成本）合计]×100％

式中，"应负担该配套设施费的开发产品"一般应为能有偿转让的、在开发小区内开发的大型配套设施。

【例8-4】 某开发小区内幼儿园的开发成本应由101商品房、102商品房、151出租房、181周转房和201大型配套设施——商店负担。由于幼儿园在商品房等完工出售、出租时尚未完工，为了及时结转完工的商品房等成本，应先将幼儿园的配套费预提计入商品房等的开发成本。假定各项开发产品和幼儿园的预算成本见表8-3。

表8-3　各项开发产品和幼儿园的预算成本　　　　　　　　　金额单位：元

开发商品编号	名　称	配套设施费
101	商品房	1 800 000.00
102	商品房	2 000 000.00
151	出租房	1 800 000.00
181	周转房	1 400 000.00
201	大型配套设施——商店	1 000 000.00
251	幼儿园	640 000.00

则：幼儿园设施的配套设施费预提率＝[640 000÷(1 800 000＋2 000 000＋1 800 000＋
　　　　　　　　　　　　　　　　1 400 000＋1 000 000)]×100%
　　　　　　　　　　　　　　＝(640 000÷8 000 000)×100%
　　　　　　　　　　　　　　＝8%

各项开发产品预提幼儿园的配套设施费为
101 商品房：1 800 000×8%＝144 000(元)
102 商品房：2 000 000×8%＝160 000(元)
151 出租房：1 800 000×8%＝144 000(元)
181 周转房：1 400 000×8%＝112 000(元)
201 大型配套设施——商店：1 000 000×8%＝80 000(元)

按预提率计算各项开发产品的配套设施费时，其与实际支出数的差额，应在配套设施完工时，按预提数的比例，调整增加或减少有关开发产品的成本。

【例 8-5】某房地产开发企业根据建设规划要求，在开发小区内负责建设一间超市和一座水塔、一所幼儿园。上述设施均发包给施工企业施工，其中超市建成后，有偿转让给商业部门。水塔和幼儿园的开发支出按规定计入有关开发产品的成本。水塔与商品房等同步开发，幼儿园与商品房等不同步开发，其支出经批准采用预提办法。上述各配套设施共发生的有关支出见表 8-4。

表 8-4 配套设施的费用支出　　　　　　　　　　　　　　　金额单位：元

项目	201 超市	251 水塔	252 幼儿园
支付征地拆迁费	100 000.00	20 000.00	100 000.00
支付承包设计单位前期工程款	60 000.00	40 000.00	60 000.00
应付承包施工企业基础设施工程款	100 000.00	50 000.00	100 000.00
应付承包施工企业建筑安装工程款	400 000.00	490 000.00	380 000.00
分配水塔配套设施费	60 000.00		
分配开发间接费用	110 000.00		
预提幼儿园配套设施费	80 000.00		

(1)用银行存款支付征地拆迁费时，作会计分录如下：
借：开发成本——配套设施开发成本　　　　　　　　　　　　　　220 000
　　贷：银行存款　　　　　　　　　　　　　　　　　　　　　　　　　　220 000
(2)用银行存款支付设计单位前期工程款时，作会计分录如下：
借：开发成本——配套设施开发成本　　　　　　　　　　　　　　160 000
　　贷：银行存款　　　　　　　　　　　　　　　　　　　　　　　　　　160 000
(3)提取应付施工企业基础设施工程款和建筑安装工程款时，作会计分录如下：
借：开发成本——配套设施开发成本　　　　　　　　　　　　　1 520 000
　　贷：应付账款——应付工程款　　　　　　　　　　　　　　　　　1 520 000
(4)分配应计入超市配套设施开发成本的水塔设施支出时，作会计分录如下：
借：开发成本——配套设施开发成本——超市　　　　　　　　　　60 000

贷：开发成本——配套设施开发成本——水塔　　　　　　　　　　60 000

(5) 分配应计入商店配套设施开发成本的开发间接费用时，作会计分录如下：

借：开发成本——配套设施开发成本——超市　　　　　　　　　110 000
　　贷：开发间接费用　　　　　　　　　　　　　　　　　　　　110 000

(6) 预提应由超市开发成本负担的幼儿园设施支出时，作会计分录如下：

借：开发成本——配套设施开发成本——幼儿园　　　　　　　　 80 000
　　贷：应付账款——预提配套设施费　　　　　　　　　　　　　 80 000

同时，应将各项配套设施支出分别计入"配套设施开发成本"明细分类账户。

4. 已完工配套设施开发成本的结转

已完成全部开发过程并经验收的配套设施，应按其不同情况和用途结转其开发成本。

对能有偿转让给有关部门的大型配套设施，应在完工验收后将其实际成本自"开发成本或生产成本——配套设施开发成本"账户的贷方转入"开发产品或库存商品——配套设施"账户的借方，作会计分录如下：

借：开发产品或库存商品——配套设施
　　贷：开发成本或生产成本——配套设施开发成本

配套设施有偿转让收入，应作为经营收入处理。按规定应将其开发成本分配计入商品房等开发产品成本的公共配套设施，在完工验收后，应将其发生的实际开发成本按一定的标准(有关开发产品的实际成本、预算成本或计划成本)，分别计入有关房屋和大配套设施的开发成本，作会计分录如下：

借：开发成本或生产成本——房屋开发成本
　　　　　　　　　　　　——配套设施开发成本
　　贷：开发成本或生产成本——配套设施开发成本

对用预提方式将配套设施支出计入有关开发产品成本的公共配套设施，如幼托设施，应在完工验收后，将其实际发生的开发成本冲减预提的配套设施费，作会计分录如下：

借：应付账款——预提配套设施费　　　　　　　　　　　　　　640 000
　　贷：开发成本或生产成本——配套设施开发成本　　　　　　　640 000

如预提配套设施费大于或小于实际开发成本，可将其多提数或少提数冲减有关开发产品成本或作追加的分配。如有关开发产品已完工并办理竣工决算，可将其差额冲减，或追加分配于尚未办理竣工决算的开发产品的成本之中。

二、代建工程开发成本的核算方法

1. 代建工程的内容

代建工程是指开发企业接受委托单位的委托，代为开发的各种工程。其包括土地、房屋、市政工程等。

现行会计制度规定：企业代委托单位开发的土地(即建设场地)、各种房屋所发生的各项支出，应分别通过"开发成本——商品性土地开发成本"和"开发成本——房屋开发成本"科目进行核算，并在这两个科目下分别按土地、房屋成本核算对象和成本项目归集各项支出，进行代建工程项目开发成本的明细分类核算。除土地、房屋外，企业代委托单位开发的其他工程如市政工程等，其所发生的支出，应通过"开发成本——代建工程开发成本"科目进行核算。因此，开发企业在"开发成本——代建工程开发成本"科目核算的,仅限于企业接受委托单位委托,代为开发的除土地、房屋以外的其他工程发生的支出。

代建工程开发成本的核算,成本可设置土地征用及拆迁补偿费、前期工程费、基础设施费、建筑安装工程费、开发间接费用。

2. 代建工程开发成本的核算

开发企业发生的各项代建工程支出和对代建工程分配的开发间接费用,应借记"开发成本——代建工程开发成本"科目,贷记"银行存款""应付账款——应付工程款""原材料""应付职工薪酬""开发间接费用"等科目,同时,应按成本核算对象和成本项目分别归类记入各代建工程开发成本明细分类账。

完成全部开发过程并经验收的代建工程,应按其实际开发成本借记"开发产品"科目,贷记"开发成本——代建工程开发成本"科目,并在将代建工程移交委托代建单位,办妥工程价款结算手续后,按代建工程开发成本贷记"开发产品"科目,借记"主营业务成本"科目。

【例8-6】某房地产开发公司接受甲工程管理部门的委托,代为扩建某小区旁边的一条道路。在扩建过程中,用银行存款支付拆迁补偿费58万元和前期工程费32万元,应付基础设施工程款110万元,分配开发间接费用16万元。在发生上述各项扩建工程开发支出和分配开发间接费用时,应作会计分录如下:

借:开发成本——代建工程开发成本　　　　　　　　　　　　2 160 000
　　贷:银行存款　　　　　　　　　　　　　　　　　　　　　　900 000
　　　　应付账款——应付工程款　　　　　　　　　　　　　　1 100 000
　　　　开发间接费用　　　　　　　　　　　　　　　　　　　　160 000

道路扩建工程完工并经验收,结转已完成工程成本时,应作会计分录如下:

借:开发产品——代建工程　　　　　　　　　　　　　　　　2 160 000
　　贷:开发成本——代建工程开发成本　　　　　　　　　　　2 160 000

单元五　开发间接费用的核算

一、开发间接费用的定义及构成

开发间接费用是指房地产开发企业内部独立核算单位在开发现场组织管理开发产品而发生的各项费用。这些费用虽不属于直接为房地产开发而发生的费用,但不能确定其为某项开发产品所应负担,因而,无法将它直接计入各项开发产品成本。为了简化核算手续,将它先计入"开发间接费用"账户,然后按照适当分配标准,将它分别计入各项开发产品成本。其主要构成有工资、福利费、折旧费、修理费、办公费、水电费、劳动保护费、周转房摊销、利息支出及其他费用。

拓展学习:房地产开发企业中的开发间接费和管理费用的区别

(1)工资是指开发企业内部独立核算单位现场管理机构的行政、技术、经济、服务等人员的工资、奖金和津贴。

(2)福利费是指实际发生的职工福利费。

(3)折旧费是指开发企业内部独立核算单位使用属于固定资产的房屋、设备、仪器等提取的折旧费。

(4)修理费是指开发企业内部独立核算单位使用属于固定资产的房屋、设备、仪器等发生的修理费。

(5)办公费是指开发企业内部独立核算单位各管理部门办公用的文具、纸张、印刷、邮电、书报、会议、差旅交通和集体取暖用煤等费用。

(6)水电费是指开发企业内部独立核算单位各管理部门耗用的水电费。

(7)劳动保护费是指用于开发企业内部独立核算单位员工的劳动保护用品的购置、摊销和修理费,供员工保健用营养品、防暑饮料、洗涤肥皂等物品的购置费用和补助费,以及工地上员工洗澡、饮水的燃料费等。

(8)周转房摊销是指不能确定为某项开发项目安置、拆迁居民周转使用的房屋而计提的摊销费。

(9)利息支出是指开发企业为开发房地产而借入的资金所发生的,不能直接计入某项开发成本的利息支出及相关的手续费,但应冲减使用前暂存银行而发生的利息收入。开发产品完工以后的借款利息应作为财务费用,计入当期损益。

(10)其他费用是指上述各项费用以外的其他开发间接费用支出。

二、开发间接费用的归集

开发间接费用的归集,在"开发间接费用"账户进行。企业所属各内部独立核算单位发生的各项开发间接费用,自"应付职工薪酬""累计折旧""长期待摊费用""银行存款""周转房——周转房摊销"等账户的贷方转入"开发间接费用"账户的借方。

开发间接费用的明细分类核算,一般要按所属内部独立核算单位设置开发间接费用明细分类账,将发生的开发间接费用按明细项目分栏登记。

【例8-7】某房地产开发公司2019年5月份发放工资26 000元,职工福利4 240元,固定资产折旧费20 000元,摊销周转房费用21 000元,购置办公用品800元,摊销租入固定资产7 000元。

(1)本月发放工资26 000元,结转开发间接费用时,作会计分录如下:

借:开发间接费用　　　　　　　　　　　　　　　　　　　　26 000
　　贷:应付职工薪酬——工资　　　　　　　　　　　　　　　　　　26 000

(2)职工福利费计4 240元,其会计分录如下:

借:开发间接费用　　　　　　　　　　　　　　　　　　　　4 240
　　贷:应付职工薪酬——福利费　　　　　　　　　　　　　　　　　4 240

(3)本月计提固定资产折旧费20 000元,其会计分录如下:

借:开发间接费用　　　　　　　　　　　　　　　　　　　　20 000
　　贷:累计折旧　　　　　　　　　　　　　　　　　　　　　　　20 000

(4)摊销周转房费用21 000元,其会计分录如下:

借:开发间接费用　　　　　　　　　　　　　　　　　　　　21 000
　　贷:长期待摊费用　　　　　　　　　　　　　　　　　　　　　21 000

(5)购置办公用品800元,由支票转账,其会计分录如下:

借：开发间接费用　　　　　　　　　　　　　　　　　　　　　　　　800
　　贷：银行存款　　　　　　　　　　　　　　　　　　　　　　　　　800
(6)摊销租入固定资产改良支出7 000元，其会计分录如下：
借：开发间接费用　　　　　　　　　　　　　　　　　　　　　　　7 000
　　贷：长期待摊费用　　　　　　　　　　　　　　　　　　　　　　7 000
开发间接费用明细分类账见表8-5。

表8-5　开发间接费用明细分类账　　　　　　　　　金额单位：元

2013年		摘要	借方金额	贷方金额	方向	余额	借方明细发生额						
月	日						工资	福利费	折旧费	修理费	办公费	周转房摊销	…	其他费用
5	5	购置办公用品	800								800			
	31	现场管理人员工资	26 000				26 000							
	31	计提职工福利费	4 240					4 240						
	31	计提折旧	20 000						20 000					
	31	摊销改良支出	7 000							7 000				
	31	周转房摊销	21 000									21 000		
		本月合计	79 040		借	79 040	26 000	4 240	20 000	7 000	800	21 000		

需要注意的是，如果开发企业不设置现场管理机构而由企业(即公司本部)定期或不定期地派人到开发现场组织开发活动，其所发生的费用，除周转房摊销外，其他开发间接费用可计入企业的管理费用。

三、开发间接费用的分配

每月终了，应对开发间接费用进行分配，按实际发生数计入有关开发产品的成本。开发间接费用的分配方法，企业可根据开发经营的特点自行确定。土地开发、房屋开发、配套设施和代建工程，均应分配开发间接费用。

为了简化核算手续并防止重复分配，对应计入房屋等开发成本的自用土地和不能有偿转让的配套设施的开发成本，均不分配开发间接费用。也就是说，企业内部独立核算单位发生的开发间接费用，可仅对有关开发房屋、商品性土地、能有偿转让的配套设施及代建工程进行分配。

开发间接费用的分配标准,可按月份内各项开发产品实际发生的直接成本(包括土地征用及拆迁补偿或批租地价、前期工程费、基础设施费、建筑安装工程费、配套设施费)进行,其计算公式如下:

某项开发产品成本分配的开发间接费用＝月份内该项开发产品实际发生的直接成本×[(本月实际发生的开发间接费用÷各开发产品实际发生的直接成本总额)×100%]

【例 8-8】 某房地产开发企业某内部独立核算单位在 2019 年 9 月份共发生了开发间接费用 83 200 元,应分配开发间接费用的各开发产品实际发生的直接成本见表 8-6。

表 8-6　直接成本分配表　　　　　　　　金额单位:元

开发商品编号	名称	直接成本
101	商品房	120 000.00
102	商品房	220 000.00
151	出租房	140 000.00
181	周转房	150 000.00
201	大型配套设施	160 000.00
301	商品性土地	250 000.00
	合计	1 040 000.00

算得 9 月份应分配的开发间接费用:
101 商品房:120 000×[(83 200÷1 040 000)×100%]＝120 000×8%＝9 600(元)
102 商品房:220 000×8%＝17 600(元)
151 出租房:140 000×8%＝11 200(元)
181 周转房:150 000×8%＝12 000(元)
201 大型配套设施:160 000×8%＝12 800(元)
301 商品性土地:250 000×8%＝20 000(元)
根据上面的计算结果,可编制表 8-7 所示的开发间接费用分配表。

表 8-7　开发间接费用分配表　　　　　　　　金额单位:元

开发项目编号名称	直接成本	分配开发间接费用
101 商品房	120 000.00	9 600.00
102 商品房	220 000.00	17 600.00
151 出租房	140 000.00	11 200.00
181 周转房	150 000.00	12 000.00
201 大型配套设施	160 000.00	12 800.00
301 商品性土地	250 000.00	20 000.00
合 计	1 040 000.00	83 200.00

根据开发间接费用分配表,可将各开发产品成本分配的开发间接费用记入各开发产品成本核算对象的"开发间接费用"成本项目,并将它记入开发成本二级账户的借方和"开发间接费用"

模块八 房地产企业开发产品成本的核算

账户的贷方。作如下会计分录：

借：开发成本——房屋开发成本　　　　　　　　　　　50 400
　　　　　——配套设施开发成本　　　　　　　　　　12 800
　　　　　——商品性土地开发成本　　　　　　　　　20 000
　　贷：开发间接费用　　　　　　　　　　　　　　　　83 200

模块小结

本模块介绍了房地产企业开发产品的成本构成、土地开发成本的核算、房屋开发成本的核算、配套设施和代建工程开发成本的核算、开发间接费用的核算等内容。

（1）房地产开发产品成本是指房地产开发企业在房地产开发经营过程中所耗费的各项费用。按其用途可分为土地开发成本、房屋开发成本、配套设施开发成本和代建工程开发成本四类。

（2）房地产开发企业开发的土地，按其用途可以分为两种：一种是为了转让、出租而开发的商品性土地；另一种是为开发商品房、出租房等房屋而开发的自用土地。

（3）结转计入房屋开发成本的土地开发支出，可采用分项平行结转法或归类集中结转法。

（4）分项平行结转法是指将土地开发支出的各项费用按成本项目分别平行转入有关房屋开发成本的对应成本项目；归类集中结转法是指将土地开发支出归类合并为土地征用及拆迁补偿费（或批租地价）和基础设施费两个费用项目，然后转入有关房屋开发成本的土地征用及拆迁补偿费（或批租地价）和基础设施费成本项目。

（5）房屋开发包括房屋开发和房屋再开发。

（6）房屋开发是指城市各种房屋建设从可行性研究、规划设计、建筑安装工程施工到房屋建成竣工验收的全过程；房屋再开发是指对旧城区成片地进行更新改造，拆除原有的房屋建筑物，按规划设计要求重新建造各种房屋。

（7）开发企业对房屋开发成本的核算，应设置土地征用及拆迁补偿费或批租地价、前期工程费、基础设施费、建筑安装工程费、配套设施费、开发间接费用六个项目。

（8）房地产开发企业开发的配套设施可以分为两类：一类是在开发小区内开发不能有偿转让的公共配套设施；另一类是能有偿转让的城市规划中规定的大型配套设施项目。

（9）代建工程是指开发企业接受委托单位的委托，代为开发的各种工程，包括土地、房屋、市政工程等。

（10）开发间接费用包括工资、福利费、折旧费、修理费、办公费、水电费、劳动保护费、周转房摊销、利息支出及其他费用。

思考与练习

一、填空题

1. 成本核算对象应在_____确定，一经确定就不能随意改变，更不能相互混淆。
2. 房屋开发包括_____和_____。
3. _____是指房屋开发中征用土地所发生的土地征用费、耕地占用税、劳动力安置费以及有关地上、地下物拆迁补偿费，或批租地价。

4._____是指房屋开发前期发生的规划设计、项目可行性研究、水文地质勘察、测绘等支出。

5._____是指房屋开发中各项基础设施发生的支出，包括道路、供水、供电、供气、排污、排洪、照明、绿化、环卫设施等支出。

6._____是列入房屋开发项目和建筑安装工程施工图预算内的各项费用支出(包括设备费用)。

7.已完成全部开发过程并经验收的配套设施，应按其_____和_____结转其开发成本。

8._____是指开发企业接受委托单位的委托，代为开发的各种工程，包括土地、房屋、市政工程等。

9._____是指房地产开发企业内部独立核算单位在开发现场组织管理开发产品而发生的各项费用。

10._____是指开发企业内部独立核算单位使用属于固定资产的房屋、设备、仪器等提取的折旧费。

11._____是指不能确定为某项开发项目安置、拆迁居民周转使用的房屋而计提的摊销费。

二、简答题

1.房地产开发产品成本的内容包括哪些？

2.房地产开发企业开发土地的种类有哪些？

3.配套设施的种类有哪些？

4.某房地产开发企业某内部独立核算单位在2019年5月份共发生了开发间接费用83 200元，应分配开发间接费用的各开发产品实际发生的直接成本见表8-8。根据表格，计算5月份应分配的开发间接费用。

表8-8　直接成本分配表金额　　　　　　　　　　单位：元

开发商品编号	名　称	直接成本
101	商品房	100 000.00
102	商品房	240 000.00
151	出租房	150 000.00
181	周转房	40 000.00
201	大型配套设施——商店	160 000.00
301	商品性土地	250 000.00
—	合计	1 040 000.00

5.某开发小区内幼儿园的开发成本应由101商品房、102商品房、151出租房、181周转房和201大型配套设施——商店负担。由于幼儿园在商品房等完工出售、出租时尚未完工，为了及时结转完工的商品房等成本，应先将幼儿园的配套费预提计入商品房等的开发成本。各项开发产品和幼儿园的预算成本见表8-9。根据表格，计算幼儿园的配套设施费预提率及各项预提幼

儿园的配套设施费。

表8-9 预算成本金额　　　　　　　　　　　　　　　　单位：元

开发商品编号	名　称	配套设施费
101	商品房	2 000 000.00
102	商品房	1 800 000.00
151	出租房	1 600 000.00
181	周转房	1 600 000.00
201	大型配套设施——商店	1 000 000.00
251	幼儿园	640 000.00

模块实训

一、实训目的

房屋开发成本的核算训练。

二、实训资料

某房地产公司开发建设A1、A2两栋住宅楼工程，建筑面积为20 000 m²。期初A1栋住宅楼应负担的土地成本为1 500万元，A2栋住宅楼应负担的土地成本为2 000万元。本期发生的与开发该两栋住宅楼工程有关的经济业务如下：

(1)用银行存款支付勘察设计费200万元，其中A1栋住宅楼应负担90万元，A2栋住宅楼应负担110万元。
(2)用银行存款支付工程前期报建费用500万元，其中A1栋住宅楼应负担220万元，A2栋住宅楼应负担280万元。
(3)按照合同约定，用银行存款预付施工单位工程款600万元。
(4)按照合同约定，甲供材料300万元抵作预付工程备料款。甲、乙双方已办理材料交接手续。
(5)经业主、监理公司等审定应付工程款1 250万元，其中A1栋住宅楼应负担400万元，A2栋住宅楼应负担450万元。
(6)支付工程款时，扣除预付工程款600万元及预付备料款300万元，实际用银行存款支付工程款350万元。
(7)用银行存款支付基础设施费120万元，其中A1栋住宅楼应负担50万元，A2栋住宅楼应负担60万元。
(8)期末分配开发间接费用80万元，其中A1栋住宅楼应负担35万元，A2栋住宅楼应负担45万元。
(9)A1栋住宅楼已竣工，但配套设施尚未完成，预提配套设施费30万元计入A1栋住宅楼开发成本。
(10)结转已竣工的A1栋住宅楼的实际开发成本。A2栋住宅楼尚未竣工，开发成本暂不结转。

三、实训要求

(1)根据上述资料，编制会计分录。
(2)计算竣工工程的开发成本及在建工程的开发成本。

模块九 房地产企业收入、费用和利润的核算

通过对本模块内容的学习,理解收入、费用的概念和种类,理解利润的概念和构成,掌握房地产企业营业收入、期间费用和利润的核算内容以及核算方法等会计基本知识;具备房地产企业收入、费用和利润核算岗位人员的基本知识与素养;具备对房地产企业营业收入、期间费用和利润进行核算的能力;培养踏实认真的态度、严谨细致的工作作风和诚实守信的职业素养。

1. 收入的核算。
2. 费用的核算。
3. 利润的核算。

 案例导入

深圳香江控股股份有限公司是专业从事房地产开发与运营的企业,旗下拥有住宅地产和商贸地产数已超过20个,覆盖珠三角、华东、环渤海等重要地区。在住宅地产领域,深圳香江控股股份有限公司先后开发了广州锦绣香江花园、广州翡翠绿洲、恩平锦绣香江等表现中国人居世界级高度的高档花园小区。在旅游地产领域,深圳香江控股股份有限公司开发了白水寨旅游度假区、锦绣香江温泉酒店等顶级的旅游项目,通过回归自然,实现人的积极与健康生活追求,同时也构成了企业关注人、关注健康的重要属性。在商贸物流地产领域,企业通过控股公司建成多个规模大、种类全的大型综合商贸批发物流基地,已经在国内10多个省市建立了10多个商贸建设项目,已开发的商贸物流网络面积达500万平方米。2014年上半年,该企业营业利润为203 986 399.82元,较去年同期下降49.84%,其中营业收入较去年下降10.79%,主要是本期销售的住宅、商铺因不同地段单方售价较上期下降。

2014年上半年,该企业营业利润为203 986 399.82元,较去年同期下降49.84%,其中营业收入较去年下降10.79%,主要是本期销售的住宅、商铺因不同地段单方售价较上期下降导致。利润总额为209 947 005.83元,较去年同期下降47.92%。净利润为133 758 384.39元,较去年同期下降50.40%。2014年本公司向投资者每股派发现金股利0.08元,股利派发于2014年

模块九　房地产企业收入、费用和利润的核算

7月11日。

2014年中央出台房地产相关政策均以注重长期稳定发展的制度建设为主，未再出台新的短期行政手段。在新常态下，房地产开发企业要实现利润增长绝非易事，而利润又是衡量企业经营成果的重要指标，从香江控股股份有限公司的半年报数据可以看出，营业利润、利润总额以及净利润目前均处于下降的状态。

讨论：房地产开发企业在进行利润核算时应该注意些什么呢？营业利润要如何计算？利润总额与营业利润的关系是什么？什么是净利润呢？企业进行利润分配时，又需要进行哪些程序呢？

单元一　收入的核算

一、收入概述

收入是指企业在日常活动中形成的，会导致所有者权益增加的，与所有者投入资本无关的经济利益的总流入。获取收入是房地产开发企业日常经营活动中最主要的目标之一。正确理解收入的定义是房地产开发企业收入核算的重要前提。

"日常活动"是指企业为完成其经营目标所从事的经常性活动及与之相关的活动。例如，房地产开发企业为完成其经营目标所从事的经常性活动有土地开发、房屋开发、配套设施开发和代建工程开发等。经济利益是指现金或最终能转化为现金的非现金资产。例如，房地产开发企业销售商品房取得的收入等。

收益是指会计期间内经济利益的增加，表现为能导致所有者权益增加的资产流入、资产增值或负债减少。"能导致所有者权益增加"是收益的重要特征。但需要注意的是，能导致所有者权益增加并不说明它一定就是收益，如投资者的投入将导致企业所有者权益的增加，但不属于收益的范畴。

利得是指由企业非日常活动所形成的，会导致所有者权益增加的，与所有者投入资本无关的经济利益的流入，是收入以外的其他收益，通常从偶发的经济业务中取得，属于不经过经营过程就能取得的收益或不曾期望获得的收益。如企业接受捐赠或政府补助取得的资产、因其他企业违约收取的罚款、处理固定资产净损益等。

收益和利得与收入密切相关。收益的形成可能源于企业的日常经营活动，也可能源于日常活动以外的活动。收入是那些由企业日常活动形成的收益，如房地产开发企业销售商品房取得的收入等。利得源于日常活动以外的活动的收益，如房地产开发企业处置固定资产所取得的净收益。收入、利得与收益的关系可以简单地用公式表示为

$$收益＝收入＋利得$$

阅读材料

收入核算的基本要求

1. 企业应分清收益、收入和利得

房地产开发企业在会计期间内增加的，除所有者投资外的经济利益通常称为收益。其包括

收入和利得。

收入是指企业在日常活动中形成的、会导致所有者权益增加的、与所有者投入资本无关的经济利益的总流入。其包括商品销售收入、劳务收入、利息收入、使用费收入、股利收入等。收入属于企业主要的、经常性的业务收入。

利得是指由企业非日常活动所形成的、会导致所有者权益增加的、与所有者投入资本无关的经济利益的流入，如企业接受捐赠取得的资产、因其他企业违约收取的罚款、处置固定资产或无形资产形成的净收益等。利得属于偶发性的收益，在会计报表中通常以净额反映。

2. 企业应及时结转与收入相关的成本

为了正确反映每一会计期间的收入、成本和利润情况，房地产开发企业应根据收入和费用配比原则，在确认收入的同时结转相关成本。结转成本时应注意两点：第一，在收入确认的同一会计期间，相关的成本必须结转；第二，如果一项交易的收入尚未确定，即使商品已经售出，相关的成本也不能结转。

3. 企业应正确计算收入和相关成本、税金

房地产开发企业的收入种类很多，包括房地产销售收入、劳务收入、利息收入、使用费收入，为取得这些收入需要发生相关的成本和税金等。为了正确地反映每一项收入和与之相关的成本、税金等，房地产开发企业应按照企业会计制度的要求设置相关的收入、成本和税金等账户进行核算。

2017年修订后的《企业会计准则第14号——收入》和《企业会计准则第15号——建造合同》进行房地产企业收入确认和计量的判断分析。房地产企业应当在履行了合同中的履约义务，即在客户取得相关商品控制权时确认收入。取得商品控制权包括三个要素：能力（现时义务）、主导该商品的使用和能够获得几乎全部的经济利益。同时，房地产企业在与客户之间的合同同时满足五项条件时，企业应当在客户取得相关商品控制权时确认收入。这五项前提条件分别是：第一，合同各方已批准该合同并承诺将履行各自义务；第二，该合同明确了合同各方与所转让商品相关的权力和义务；第三，该合同有明确的与所转让商品相关的支付条款；第四，该合同具有商业实质，即履行该合同将改变企业未来现金流量的风险、时间分布或金额；第五，企业因向客户转让商品而有权取得的对价很可能收回。

视频：新收入准则
出台背景

视频：新收入准则
分步实施策略

视频：新收入准则
修订的定义

二、房地产企业收入的确认和计量

企业应当在确认和计量收入时，确认收入的方式应当反映其向客户转让商品（或提供服务，以下简称"转让商品"）的模式，收入的金额应当反映企业因转让这些商品（或服务，以下简称"商品"）而预期有权收取的对价金额。

1. 收入确认的原则

企业应当在履行了合同中的履约义务，即在客户取得相关商品控制权时确认收入。所谓客户取得相关商品控制权，是指客户能够主导该商品的使用并从中获得几乎全部的经济利益，也

包括有能力阻止其他方主导该商品的使用并从中获得经济利益。

2. 客户取得商品控制权判断标准

企业在判断商品的控制权是否发生转移时，应当从客户的角度进行分析，即客户是否取得了相关商品的控制权以及何时取得该控制权。判断客户是否取得商品控制权应同时包括下列三项要素：客户能力、客户主导该商品的使用以及客户能够获得几乎全部的经济利益。

3. 收入确认和计量的步骤

收入确认和计量大致分为五步，称为五步确认收入：一是识别与客户订立的合同；二是识别合同中的单项履约义务；三是确定交易价格；四是将交易价格分摊至各单项履约义务；五是履行每一单项履约义务时确认收入。其中一、二、五步属于收入的确认，三、四步属于收入的计量。收入确认和计量五步法如图 9-1 所示：

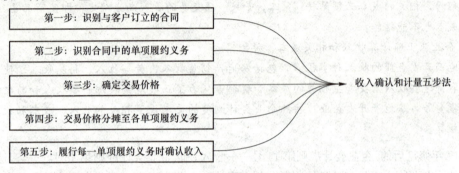

图 9-1　收入确认和计量五步法

(1)识别与客户订立的合同。本单元所称合同是指双方或多方之间订立有法律约束力的权力义务的协议，包括书面形式、口头形式以及其他可验证的形式（如隐含于商业惯例或企业以往的习惯做法中等）。

房地产企业应当在客户取得相关商品控制权时确认收入，企业与客户之间的合同同时满足下列条件：①合同各方已经批准该合同并承诺将履行各自义务；②该合同明确了合同各方与所转让的商品相关的权力和义务；③该合同有明确的与所转让的商品相关的支付条款；④该合同具有商业实质，即履行该合同将改变企业未来现金流量的风险、时间分布或金额；⑤企业因向客户转让商品而有权取得的对价很可能收回。

【例 9-1】　甲房地产公司与乙公司签订合同，向其销售一栋建筑物，合同价款为 200 万元。该建筑物的成本为 120 万元，乙公司在合同开始日即取得了该建筑物的控制权。根据合同约定，乙公司在合同开始日支付了 5% 的保证金 10 万元，并就剩余 95% 的价款与甲公司签订了不附追索权的长期融资协议，如果乙公司违约，甲公司可能重新拥有该建筑物，即使收回的建筑物不能涵盖所欠款项的总额，甲公司也不能向乙公司索取进一步的赔偿。乙公司计划在该建筑物内开设一家餐馆。在该建筑物所在的地区，餐饮行业面临激烈的竞争，但乙公司缺乏餐饮行业的经营经验。

本例中，乙公司计划以该餐馆产生的收益偿还甲公司的欠款，除此以外并无其他经济来源，乙公司也未对该笔欠款设定任何担保。如果乙公司违约，甲公司虽可以重新拥有该建筑物，但即使收回的建筑物不能涵盖所欠款项的总额，甲公司也不能向乙公司索取进一步的赔偿。因此，甲公司对乙公司的还款的能力和意图存在疑虑，认为该合同不满足合同价款很可能收回的条件。

甲公司应当将收到的10万元确认为一项负债。

(2)识别合同中的单项履约义务。履约义务是指合同中企业向客户转让明确区分商品或服务的承诺。履约义务按其履行义务的多少分为单项履约义务和多项履约义务；按其履行履约义务的时间分为在某一时段内履行的履约义务和在某一时刻履行的履约义务。

下列两种情况下，企业应当将向客户转让商品的承诺作为单项履约义务：

1)企业向客户转让可明确区分的商品(或商品或服务的组合)的承诺；

2)企业向客户转让一系列实质相同且转让模式相同的、可明确区分商品的承诺。

(3)确定交易价格。交易价格是指企业因向客户转让商品而预期有权收取的对价金额。企业代第三方收取的价款(如增值税)以及企业预期将退还给客户的款项，应当作为负债进行会计处理，不计入交易价格。合同条款中所承诺的对价，可能是固定金额、可变金额或者两者兼而有之。

合同标价并不一定代表交易价格，在确定交易价格时，企业应当考虑可变对价、合同中存在的重大融资成分、非现金对价以及应付客户对价等因素的影响，并应当假定将按照现有合同的约定向客户转移商品，且该合同不会被取消、续约或变更。

可变对价，是指企业与客户的合同中约定的对价金额可能是固定的，也可能会因折扣、价格折让、返利、退款、奖励积分、激励措施、业绩奖金、索赔等因素而变化。

【例9-2】 甲房地产公司为其客户建造一栋厂房，合同约定的价款为600万元，但是，如果甲公司不能在合同签订之日起的180天内竣工，则必须支付50万元罚款，该罚款从合同价款中扣除。则该合同存在可变对价，也就是该合同的对价金额(不是交易金额)实际由两部分组成，即550万元的固定价格以及50万元的可变对价。如果上述合同中规定"该50万元罚款从合同价款中扣除"，甲房地产公司对合同结果的估计如下：工程按时完工的概率为90%，工程延期的概率为10%。甲公司认为按照最可能发生金额能够更好地预测其有权获取的对价金额。因此，甲房地产公司估计的交易价格为600万元，即为最可能发生的单一金额。

(4)将交易价格分摊至单项履约义务。当合同中包含两项或多项履约义务的，应当将交易价格分摊至各单项履约义务。分摊的方法是，在合同开始日，按照各单项履约义务所承诺商品的单独售价的相对比例，将交易价格分摊至各单项履约义务。单独售价，是指企业向客户单独销售商品的价格。

【例9-3】 2020年3月1日，甲房地产公司与客户签订合同，向其销售A、B两栋商品房，A商品房的单独售价为800 000元，B商品房的单独售价为3 200 000万元，合同价款为5 000 000元。合同约定，A商品房于合同开始日支付，B商品房在一个月之后交付，只有当两项商品全部交付之后，甲公司才有权收取5 000 000元的合同对价。假定A商品房和B商品房分别构成单项履约义务，其控制权在交付时转移给客户。上述价格均不包含增值税，假定不考虑相关税费影响。则：

分摊至A商品房的合同价款＝5 000 000×800 000/(800 000＋3 200 000)
＝1 000 000(元)

分摊至B商品房的合同价款＝5 000 000×3 200 000/(800 000＋3 200 000)
＝4 000 000(元)

当合同中包含两项或多项履约义务时，如果企业履行了其中的一项履约义务，向客户转让商品而获得了一项有权收取对价的权力，且该权力取决于时间流逝之外的其他因素，则企业应将其确认为合同资产而不应确认为应收款项。

(5)履行每一单项履约义务时确认收入。企业引导在履行了合同中的履约义务，即客户取得相关商品控制权时确认收入。企业应当根据实际情况，首先判断履约义务是否满足在某一时段内履行的条件，如不满足，则该履约义务属于在某一时点履行的履约义务。对于在某一时段内履行的履约义务，企业应当选取恰当的方法来确定履约进度；对于在某一时点履行的履约义务，企业应当综合分析控制权转移的迹象，判断其转移时点。

企业要区分两类履约义务，分别确认收入。一是，在一段时间内履行履约义务：通过计量履约进度确认收入；二是，在某一时点履行履约义务：在客户获得商品控制权时确认收入。

1）在某一时段内履行的履约义务确认收入。

①在某一时段内履行履约义务的收入确认条件。满足下列条件之一的，属于某一时段内履行履约义务，相关收入应当在该履约义务履行的期间内确认：

a. 客户在企业履约的同时即取得并消耗企业履约所带来的经济利益。

b. 客户能够控制企业履约过程中在建的商品。企业在履约过程中在建的商品包括在产品、在建工程、尚未完成的研发项目、正在进行的服务等，由于客户控制了在建的商品，客户在企业提供商品的过程中获得其利益。因此，该履约义务属于在某一时段内履行的履约义务，应当在该履约义务履行的期间确认收入。

【例9-4】 甲房地产企业与客户签订合同，在客户拥有的土地上按照客户的设计要求为其建造厂房。在建造过程中，客户有权修改厂房设计，并与企业重新协商设计变更后的合同价款。客户每月末按当月工程进度向企业支付工程款。如果客户终止合同，已完成建造部分的厂房归客户所有。

本例中，房地产企业为客户建造厂房，该厂房位于客户的土地上，客户终止合同时，已建造的厂房归客户所有。这些均表明客户在该厂房建造的过程中就能够控制该在建的厂房。因此，企业提供的该建造服务属于在某一时段内履行的履约义务，企业应当在提供该服务的期间内确认收入。

c. 企业履约过程中所产出的商品具有不可替代用途，且该企业在整个合同期间内有权就累计至今已完成的履约部分收取款项。

一是商品具有不可替代用途。例如，建造只有客户能够使用的专项资产或按照客户的指标建造资产。二是企业在整个合同期间内有权就累计至今已完成的履约部分收取款项。在由于客户或其他方原因终止合同的情况下，企业有权就累计至今已完成的履约部分收取能够补偿其已发生成本和合理利润的款项，并且该权力具有法律约束力。

②在某一时段内履行履约义务的收入确认方法。对于在某一时段内履行的履约义务，企业应当在该时间段内按照履约进度确认收入，履约进度不能合理确定的除外。企业应当考虑商品的性质，采用产出法或投入法确定恰当的履约进度，并且在确定履约进度时，应当扣除那些控制权尚未转移给客户的商品和服务。企业按照履约进度确认收入时，通常应当在资产负债表日按合同的交易价格总额乘以履约进度扣除以前会计期间累计已确认的收入后的金额，确认为当期收入。

a. 产出法。产出法主要是根据已转移给客户的商品对于客户的价值确定履约进度，主要包括按照实际测量的完工进度、评估已实现的结果、已达到的里程碑、时间进度、已完工或交付的产品等确定履约进度的方法。

b. 投入法。投入法主要是根据企业履行履约义务的投入确定履约进度，主要包括以投入的材料数量、花费的人工工时或机器工时、发生的成本和时间进度等投入指标确定履约进度。

2)在某一时点履行履约义务确认收入。对于在某一时点履行的履约义务，企业应当在客户取得相关商品控制权时确认收入。在判断客户是否已取得商品控制权时企业应当考虑下列迹象：第一，企业就该商品享有现时收款权力，即客户就该商品负有现时付款义务。第二，企业已将该商品的法定所有权转移给客户，即客户已拥有该商品的法定所有权。第三，企业已将该商品实物转移给客户，即客户已实物占有该商品。第四，企业已将该商品所有权上的主要风险和报酬转移给客户，即客户已取得该商品所有权上的主要风险和报酬。第五，客户已接受该商品。第六，其他表明客户已取得商品控制权的迹象。

三、房地产企业营业收入的种类

根据不同的标准，可以对房地产开发企业的收入进行不同的分类。按经营业务主次的不同，房地产开发企业营业收入可分为主营业务收入和其他业务收入。

主营业务是指企业日常活动中的主要活动，可以根据企业营业执照上注明的主要业务范围来确定。不同行业的主营业务收入所包括的内容不同。在会计核算中，主营业务形成的收入应单独设置"主营业务收入"账户核算。就房地产开发企业来讲，其主营业务收入是指对外转让、销售、结算和出租开发产品等所取得的收入，具体包括土地转让收入（建设场地销售收入）、商品房销售收入、配套设施销售收入、代建工程结算收入和出租开发产品的租金收入等。

其他业务是指主营业务以外的其他日常活动，可以通过企业营业执照上注明的兼营业务范围来确定。其他业务收入一般占企业收入的比重较小。对非经常性、兼营业务交易所产生的收入应单独设置"其他业务收入"账户核算。例如，房地产开发企业从事其他多种经营取得的收入，如商品房售后服务收入，销售材料、转让无形资产、出租固定资产等形成的收入，均属于其他业务收入。

四、房地产企业营业收入的核算方法

1. 房地产企业主营业务收入的核算

房地产企业主营业务收入确认时，土地转让收入和商品房销售收入，应在转让土地、销售商品房办妥产权移交手续、开具发票并收到价款或者取得了购买方付款认可证明时，确认为主营业务收入实现；配套设施销售收入应在转让配套设施、办妥财产交接手续、配套设施工程价款账单提交有关单位并收到价款或取得了收款的凭据时确认为主营业务收入实现；代建房屋和代建工程结算收入应在代建房屋和代建工程竣工验收、办妥移交手续、开具结算账单并同时收到价款或取得了收款的凭据时，确认为主营业务收入实现。以分期收款方式销售开发产品的主营业务收入，可按合同规定的收款时间分次转作"主营业务收入"。开发企业在销售商品房时，如规定一次性付清房款的购房者能获得一定折扣，可按净额法对商品房销售收入按扣除折扣后的销售收入净额入账。如规定一次性付清房屋价款的购房者可获得2%的折扣，则在购房者一次性付清房款800 000元时，开发企业以销售收入净额784 000元（800 000－800 000×2%）入账。

开发企业实现的房地产主营业务收入，应按实际收到或应收价款，借记"银行存款""应收账款"等科目，贷记"主营业务收入"科目。对于实现的房地产主营业务收入，应在"主营业务收入"账户下按收入类别设置"土地转让收入""商品房销售收入""配套设施销售收入""代建工程结算收入"等二级账户进行核算。

【例9-5】某房地产开发公司本月份向甲钢厂转让土地两块，共计30万平方米，假设200

元/平方米,转让价款已支付50%。余款以6个月的商业汇票支付。

计算出转让土地的价款总额如下:

$$300\,000 \times 200 = 60\,000\,000(元)$$

作会计分录如下:

借:银行存款　　　　　　　　　　　　　　　　　　　　　30 000 000
　　应收票据　　　　　　　　　　　　　　　　　　　　　30 000 000
　　贷:主营业务收入——土地转让收入　　　　　　　　　60 000 000

2. 房地产企业其他业务收入的核算

其他业务收入指企业从事主营业务以外的其他业务活动所取得的收入,是企业营业收入的一个组成部分。房地产开发企业除对外转让、销售、出租开发产品,从事代建工程开发等主营业务以外,因开展非经常性、兼营业务交易所产生的收入,如商品房售后服务收入、材料销售收入、无形资产转让收入、固定资产出租收入等,计入其他业务收入。

为核算和监督房地产开发企业除主营业务外的其他业务收入,应设置"其他业务收入"账户。企业取得各项其他业务收入时,借记"银行存款""应收账款"等科目,贷记"其他业务收入"科目。本账户应按其他业务的种类设置明细账;期末,其余额应全部转入"本年利润"账户。

房地产开发企业与其他业务收入相关联的各种支出,如商品房售后服务过程中发生的费用、材料销售成本、无形资产转让成本及有关的税金与附加支出等,相应地应计入其他业务成本,并设置"其他业务成本"账户进行会计核算。发生其他业务成本时,借记"其他业务成本"科目,贷记"银行存款""原材料""应付职工薪酬""无形资产""应交税费"等有关科目。本账户应与"其他业务收入"账户相对应设置明细账,并按支出项目进行明细核算。期末,其余额应全部转入"本年利润"账户。

【例9-6】某房地产开发公司本月发生如下非主营业务:

(1) 该公司开发建设的某小区商品房销售后,设立了非独立核算的小区物业管理机构,并发生如下支出:应付管理服务人员工资10 000元,计提职工福利费2 000元,计提办公用房折旧800元,另以现金支付各项零星费用700元。向用户收取当月管理服务费26 000元,款项已存入银行。作会计分录如下:

借:其他业务成本——商品房售后服务支出　　　　　　　　13 500
　　贷:应付职工薪酬　　　　　　　　　　　　　　　　　12 000
　　　　累计折旧　　　　　　　　　　　　　　　　　　　　800
　　　　库存现金　　　　　　　　　　　　　　　　　　　　700
借:银行存款　　　　　　　　　　　　　　　　　　　　　26 000
　　贷:其他业务收入——商品房售后服务收入　　　　　　26 000

(2) 公司将一台起重机出租给外单位使用,租赁合同规定每月租金为0.6万元,月末收到当月租金并存入银行。该台起重机本月计提折旧0.35万元。作会计分录如下:

借:银行存款　　　　　　　　　　　　　　　　　　　　　6 000
　　贷:其他业务收入——固定资产出租收入　　　　　　　6 000
借:其他业务成本——固定资产出租支出　　　　　　　　　3 500
　　贷:累计折旧　　　　　　　　　　　　　　　　　　　3 500

(3) 公司转让一项专利权的所有权给外单位,收入10万元,该项专利权摊余价值6万元。作会计分录如下:

```
借：银行存款                                    100 000
    贷：其他业务收入——无形资产转让收入              100 000
借：其他业务成本——无形资产转让支出               60 000
    贷：无形资产                                    60 000
```

（4）月末，按规定计算并结转本月实现的其他业务收入应交纳的营业税 7 100 元，城市维护建设税 495 元，教育费附加 215 元。作会计分录如下：

```
借：其他业务成本                                  7 810
    贷：应交税费——应交营业税                       7 100
              ——应交城市维护建设税                   495
              ——应交教育费附加                      215
```

（5）月末，结转"其他业务收入"和"其他业务成本"账户余额。作会计分录如下：

```
借：其他业务收入                                132 000
    贷：本年利润                                  132 000
借：本年利润                                     84 810
    贷：其他业务成本                               84 810
```

单元二 费用的核算

一、费用的概念和分类

费用是指企业在日常活动中发生的、会导致所有者权益减少的、与向所有者分配利润无关的经济利益的总流出。

费用有狭义和广义之分。广义的费用泛指企业各种日常活动发生的所有耗费，狭义的费用仅指与本期营业收入相配比的那部分耗费。费用应按照权责发生制和配比原则确认，凡应属于本期发生的费用，无论其款项是否支付，均确认为本期费用；反之，不属于本期发生的费用，即使其款项已于本期支付，也不确认为本期费用。

费用按照其经济用途进行分类，可以分为经营费用和期间费用。其中，经营费用包括主营业务成本、其他业务成本以及税金及附加；期间费用包括销售费用、管理费用和财务费用，如图 9-2 所示。

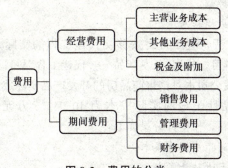

图 9-2 费用的分类

模块九　房地产企业收入、费用和利润的核算

1. 经营费用

经营费用是企业为完成其经营目标所从事的经常性活动以及与之相关的其他活动的经济利益的总流出。包括从事主要经营活动发生的主营业务成本，从事次要经营活动发生的其他业务成本，以及税金及附加等。

2. 期间费用

期间费用是指企业当期发生的直接计入当期损益的各项费用，包括销售费用、管理费用和财务费用。

二、经营费用的核算

1. 房地产企业主营业务成本的核算

根据主营业务收入应与其相关的成本、费用配比的原则，开发企业在将各个月份实现的房地产主营业务收入入账时，应同时将其相关的主营业务成本结转入账。

对于销售的商品房，应于月终将销售商品房的实际开发成本借记"主营业务成本——商品房销售成本"科目，贷记"开发产品——商品房"科目。

对于转让的商品性土地，应于月终将转让土地的实际开发成本借记"主营业务成本——土地转让成本"科目，贷记"开发产品——商品性土地"科目。

对于转让的配套设施，应于月终将转让配套设施的实际开发成本借记"主营业务成本——配套设施销售成本"科目，贷记"开发产品——配套设施"科目。

对于销售的分期收款开发产品，应于月终按税法规定的确认条件计算本期应结转的销售成本，借记"主营业务成本——商品房销售成本""主营业务成本——土地转让成本"等科目，贷记"分期收款开发产品"科目。

对于出租的开发产品，应按月将出租产品摊销、发生的经常维修费和摊销的大修理支出等其他业务成本，借记"其他业务成本——出租产品"科目，贷记"投资性房地产累计折旧"科目。

对于对外销售的出租房和周转房，应按出租房和周转房的原值减去已提累计折旧后的净值，转入"主营业务成本——商品房销售成本"账户的借方，同时注销出租房和周转房的原值和累计摊销额。作会计分录如下：

借：其他业务成本
　　投资性房地产累计折旧
　　贷：投资性房地产
借：主营业务成本——商品房销售成本
　　周转房——周转房摊销
　　贷：周转房——在用周转房

对于移交结算的代建工程，应于月终按移交代建工程的实际开发成本借记"主营业务成本——代建工程结算成本"科目，贷记"开发产品——代建工程"科目。

【例 9-7】 某房地产开发公司本月销售商品房的开发产品实际成本为 550 万元；代建工程的实际成本为 460 万元，商品性土地的实际成本为 10 042.5 万元，配套设施的实际成本为 1 706.25 万元。根据以上资料，作会计分录如下：

借：主营业务成本——商品房销售成本　　　　　　　　　　5 500 000
　　　　　　　　——土地转让成本　　　　　　　　　　　100 425 000

模块九 房地产企业收入、费用和利润的核算

	——配套设施销售成本	17 062 500
	——代建工程结算成本	4 600 000
贷：开发产品	——商品房商品性土地	100 425 000
	——配套设施	17 062 500
	——代建工程	10 100 000

【例9-8】某房地产开发公司本月发生业务支出如下：用银行存款支付办公用品费500元，差旅费2 500元；发生维修领用材料费5 000元；支付员工工资25 000元，应计提员工福利费3 000元；应摊销长期待摊费用6 000元；固定资产折旧费35 000元。作会计分录如下：

借：其他业务成本		77 000
贷：原材料		5 000
银行存款		3 000
应付职工薪酬		28 000
长期待摊费用		6 000
累计折旧		35 000

2. 房地产企业其他业务成本的核算

其他业务成本是指企业确认的除主营业务活动外的其他经营活动所发生的支出。包括销售材料的成本、出租固定资产的折旧额、出租无形资产的摊销额、出租包装物的成本或摊销额，以及采用成本模式计量的投资性房地产的，其投资性房地产计提的折旧额或摊销额等。

企业应设置"其他业务成本"账户，核算企业确认的除主营业务活动外的其他经营活动所发生的支出。企业发生的其他业务成本，借记"其他业务成本"账户，贷记"原材料""周转材料""累计折旧""累计摊销""银行存款"等账户。期末，将"其他业务成本"账户余额转入"本年利润"账户时，应借记"本年利润"账户，贷记"其他业务成本"账户。结转后"其他业务成本"账户无余额。该账户可按其他业务成本的种类进行明细核算。

3. 房地产企业税金及附加的核算

税金及附加是指企业经营活动应负担的相关税费，包括消费税、城市维护建设税、教育费附加和资源税及房产税、土地使用税、车船税、印花税等。

房地产企业应设置"税金及附加"账户，核算企业经营活动发生的城市维护建设税、教育费附加以及房产税、土地使用税、车船税、印花税等相关税费。企业计算应交各项税费时，借记"税金及附加"账户，贷记"应交税费——应交城市维护建设税""应交税费——应教育费附加""应交税费——应交房产税""应交税费——应交土地使用税""应交税费——应交车船税""应交税费——应交印花税"账户，期末，应将"税金及附加"账户余额转入"本年利润"账户，结转后本账户无余额。

视频：房地产企业税金及附加的核算

三、期间费用的核算

(一)销售费用的核算方法

销售费用是指房地产开发企业在销售其产品或者提供劳务等过程中发生的各项费用以及专设销售机构的各项费用。其包括应由企业负担的展览费、广告费、差旅费、代销手续费、销售服务

费，以及专设销售机构人员的职工薪酬、业务费、折旧费、固定资产修理费用等。房地产开发企业的销售费用还包括开发产品销售之前的改装修复费、看护费、采暖费等。房地产开发企业在开发产品办理竣工验收后尚未出售前发生的维修费，计入销售费用；开发产品出售后，在保修期内发生的维修费，冲减质量保证金（应收账款）；质量保证金不足冲减的部分计入销售费用。

房地产企业发生的符合条件的广告费和业务宣传费支出，除国务院财政、税务主管部门另有规定外，不超过当年销售（营业）收入15％的部分，准予扣除；超过部分，准予在以后纳税年度结转扣除。

企业发生的销售费用，在"销售费用"账户核算，并在"销售费用"账户中按费用项目设置明细账，进行明细核算。期末，"销售费用"账户的余额结转"本年利润"账户后无余额。

【例9-9】某房地产开发公司销售部本月发生了如下业务支出费用：
(1)付水电费1600元，作会计分录如下：
借：销售费用　　　　　　　　　　　　　　　　　　　　　　　　1 600
　　贷：银行存款　　　　　　　　　　　　　　　　　　　　　　　　1 600
(2)领用维修材料7 000元，作会计分录如下：
借：销售费用　　　　　　　　　　　　　　　　　　　　　　　　7 000
　　贷：原材料　　　　　　　　　　　　　　　　　　　　　　　　7 000
(3)以银行存款支付销售部人员工资20 000元及福利费2 500元，作会计分录如下：
借：销售费用　　　　　　　　　　　　　　　　　　　　　　　　22 500
　　贷：应付职工薪酬　　　　　　　　　　　　　　　　　　　　　22 500
借：应付职工薪酬　　　　　　　　　　　　　　　　　　　　　　22 500
　　贷：银行存款　　　　　　　　　　　　　　　　　　　　　　　22 500
计提固定资产折旧5 500元，作会计分录如下：
借：销售费用　　　　　　　　　　　　　　　　　　　　　　　　5 500
　　贷：累计折旧　　　　　　　　　　　　　　　　　　　　　　　5 500
将本月销售费用36 600(1 600＋7 000＋22 500＋5 500)元结转至本年利润账户，作会计分录如下：
借：本年利润　　　　　　　　　　　　　　　　　　　　　　　　36 600
　　贷：销售费用　　　　　　　　　　　　　　　　　　　　　　　36 600

(二)管理费用的核算方法

房地产开发企业的管理费用是指企业行政管理部门（公司总部）为组织和管理房地产开发经营活动而发生的各项费用。

为了划清开发单位与企业行政管理部门的责任，管理费用不计入开发成本，而作为期间费用直接由企业当期利润补偿。开发企业管理费用包括行政管理人员工资、福利费、办公费、差旅费、折旧费、修理费、低值易耗品摊销、工会经费、职工教育经费、劳动保险费、待业保险费、咨询费，在"管理费用"账户列支的税金、诉讼费、技术转让费、无形资产摊销、业务招待费、企业开办费、计提的坏账准备、计提的存货跌价准备，存货盘亏、毁损、报废（或盘盈）损失及排污费、绿化费等。

视频：管理费用的核算方法

企业管理费用的总分类核算在"管理费用"账户进行。企业发生的各项管理费用，借记"管理费用"科目，贷记"库存现金""银行存款""应付职工薪酬""低值易耗品""累计折旧""无形资产"

"长期待摊费用""应交税费""坏账准备"等科目。企业发生的管理费用直接计入当期损益,并于期末将其余额全部转入"本年利润"账户的借方,作会计分录如下:

借:本年利润
　　贷:管理费用

【例9-10】 某房地产开发公司2021年8月发生管理费用情况及账务处理情况如下:
(1)工作人员报销差旅费15 000元,作会计分录如下:

借:管理费用　　　　　　　　　　　　　　　　　　　　　　　15 000
　　贷:其他应收款　　　　　　　　　　　　　　　　　　　　　　15 000

(2)用支票支付本年度审计费180 000元(假定不考虑增值税),作会计分录如下:

借:管理费用　　　　　　　　　　　　　　　　　　　　　　　180 000
　　贷:银行存款　　　　　　　　　　　　　　　　　　　　　　180 000

(3)对公司管理部门固定资产计提5 000元,作会计分录如下:

借:管理费用　　　　　　　　　　　　　　　　　　　　　　　5 000
　　贷:累计折旧　　　　　　　　　　　　　　　　　　　　　　5 000

(4)支付业务招待费28 000元,作会计分录如下:

借:管理费用　　　　　　　　　　　　　　　　　　　　　　　28 000
　　贷:银行存款　　　　　　　　　　　　　　　　　　　　　　28 000

(5)月末,结转"管理费用"账户余额228 000元,作会计分录如下:

借:本年利润　　　　　　　　　　　　　　　　　　　　　　　228 000
　　贷:管理费用　　　　　　　　　　　　　　　　　　　　　　228 000

(三)财务费用的核算方法

财务费用是指企业为筹集生产经营所需资金而发生的筹集费用,包括利息支出(减利息收入)、汇总损益,及相关的手续费、企业发生的现金折扣或收到的现金折扣等。

企业发生的财务费用,在"财务费用"科目核算,并在"财务费用"科目中按费用项目设置明细账,进行明细核算。期末,"财务费用"科目的余额结转"本年利润"账户后无余额。

【例9-11】 某房地产开发公司2021年3月末付第一季度流动资金借款利息55 800元。作会计分录如下:

借:财务费用——利息支出　　　　　　　　　　　　　　　　　55 800
　　贷:银行存款　　　　　　　　　　　　　　　　　　　　　　55 800

假如该公司存款户本季银行利息收入为2 800元。作会计分录如下:

借:银行存款　　　　　　　　　　　　　　　　　　　　　　　2 800
　　贷:财务费用　　　　　　　　　　　　　　　　　　　　　　2 800

假如本月发生银行手续费700元。作会计分录如下:

借:财务费用　　　　　　　　　　　　　　　　　　　　　　　700
　　贷:银行存款　　　　　　　　　　　　　　　　　　　　　　700

根据以上资料,计算出财务费用月末余额51 680元并将其结转至"本年利润"账户。作会计分录如下:

借:本年利润　　　　　　　　　　　　　　　　　　　　　　　53 700
　　贷:财务费用　　　　　　　　　　　　　　　　　　　　　　53 700

模块九 房地产企业收入、费用和利润的核算

单元三 利润的核算

一、利润的定义及构成

利润是指企业在一定会计期间的经营成果。房地产开发企业的利润包括收入减去费用后的净额、直接计入当期利润的利得和损失等。未计入当期利润的利得和损失扣除所得税影响后的净额计入其他综合收益项目。净利润与其他综合收益的合计金额为综合收益总额。利得是指企业非日常活动中产生的、会导致所有者权益发生增加的、与所有者投入资本无关的经济利益的流入。损失是指企业非日常活动中产生的、会导致所有者权益减少的、与向所有者分配利润无关的流出。利润包括营业利润、利润总额、净利润三个层次。

视频：利润的定义及构成

(一)营业利润

房地产营业利润＝房地产营业收入－营业成本－税金及附加－销售费用－管理费用－研发费用－财务费用＋其他收益＋投资收益(－投资损失)＋净敞口套期收益(－净敞口套期损失)＋公允价值变动收益(－公允价值变动损失)－信用减值损失－资产减值损失＋资产处置收益(－资产处置损失)

其中，营业收入是指企业经营业务所实现的收入总额，包括主营业务收入收入和其他业务收入。营业成本是指企业经营业务所发生的实际成本总额，包括主营业务成本和其他业务成本。研发费用是指企业进行研究与开发过程中发生的费用化支出，以及计入管理费用的自行开发无形资产的摊销。其他收益主要是指与企业日常活动相关、除冲减相关成本费用外的政府补助。资产减值损失是指企业计提各项资产减值准备所形成的损失。信用减值损失反映企业计提的各项金融工具信用减值准备所确认的信用损失。公允价值变动收益（或损失），是指企业交易性金融资产等公允价值变动形成的应计入当期损益的利得（或损失）。投资收益（或损失）是指企业以各种方式对外投资所取得的收益（或发生的损失）。

房地产主营业务收入＝土地转让收入＋商品房销售收入＋配套设施销售收入＋代建工程结算收入

房地产主营业务成本＝土地转让成本＋商品房销售成本＋配套设施销售成本＋代建工程结算成本

税金及附加＝土地增值税＋城市维护建设税＋教育费附加等

(二)利润总额

房地产开发企业的利润总额的计算如下：

利润总额＝营业利润＋营业外收入－营业外支出

其中，营业外收入（或支出）是指企业发生的与日常活动无直接关系的各项利得（或损失）。

(三)净利润

房地产开发企业的净利润计算如下：

净利润＝利润总额－所得税费用

其中，所得税费用是指企业确认的应从当期利润总额中扣除的所得税费用。

二、利润形成的核算方法

1. 营业外收入的会计处理

营业外收入，是指企业发生的除营业利润外的利得。主要包括与企业日常活动无关的政府补助、盘盈利得、捐赠利得、罚没利得、非流动资产毁损报废收益、债务重组利得等。为了反映和核算营业外收入的发生和结转情况，房地产开发企业应设置"营业外收入"账户进行核算，该账户贷方等级企业确认的各项营业外收入，借方登记期末结转入本年利润的营业外收入。结转后该账户应无余额。该账户应按照营业外收入的项目进行明细核算。

企业确认营业外收入，借记"固定资产清理""银行存款""待处理财产损溢""应付账款"等账户，贷记"营业外收入"账户。期末，应将"营业外收入"账户余额转入"本年利润"账户，借记"营业外收入"账户，贷记"本年利润"账户，结转后本账户无余额。

【例9-12】 某房地产开发公司经批准转销盘盈现金100元。

根据上述业务，作会计分录如下：

借：待处理财产损溢　　　　　　　　　　　　　　　100
　　贷：营业外收入——盘盈利得　　　　　　　　　　　100

【例9-13】 某房地产开发公司取得捐赠3 000元，已存入银行。

根据上述业务，作会计分录如下：

借：银行存款　　　　　　　　　　　　　　　　　3 000
　　贷：营业外收入——捐赠利得　　　　　　　　　　3 000

【例9-14】 某房地产开发公司规定，转销无法支付的应付款项2 000元。

根据上述业务，作会计分录如下：

借：应付账款　　　　　　　　　　　　　　　　　2 000
　　贷：营业外收入——其他利得　　　　　　　　　　2 000

2. 营业外支出的会计处理

营业外支出，是指企业发生的除营业利润外的支出。主要包括公益性捐赠支出、非常损失、盘亏损失、罚款支出、非流动资产毁损报废损失、债务重组损失等。

为了反映和核算营业外支出的发生和结转情况，房地产开发企业设置"营业外支出"账户进行核算。该账户借方登记企业发生的各项营业外支出，贷方登记期末结转入本年利润的营业外支出。结转后该账户应无余额。该账户应按照营业外支出的项目进行明细核算。

企业发生营业外支出时，借记"营业外支出"科目，贷记"固定资产清理""待处理财产损溢""库存现金""银行存款"等科目。期末，应将"营业外支出"账户余额转入"本年利润"账户，借记"本年利润"账户，贷记"营业外支出"账户，结转后本账户无余额。

【例9-15】 天地房地产开发公司本月向希望小学捐款100 000元，作会计分录如下：

借：营业外支出——捐赠支出　　　　　　　　　　100 000
　　贷：银行存款　　　　　　　　　　　　　　　　100 000

月末结转"营业外支出"科目余额：

借：本年利润　　　　　　　　　　　　　　　　　100 000

贷：营业外支出　　　　　　　　　　　　　　　　　　　　　　100 000

3. 利润总额的形成

房地产企业对在开发经营过程中取得的各项收入和发生的各项支出，均应于期末从有关收入类账户和费用类账户结转到"本年利润"账户。结转后，如果"本年利润"贷方发生额大于借方发生额，其差额为本期实现的利润总额；反之，则为本期发生的亏损总额。

房地产开发企业为了总括地核算和监督净利润（或亏损）的形成情况，应设置"本年利润"账户。期末，企业将各收益类账户的余额转入"本年利润"账户的贷方；将各成本、费用类账户的余额转入"本年利润"账户的借方。转账后，"本年利润"账户如为贷方余额，反映本年度自年初开始累计形成的净利润；如为借方余额，反映本年度自年初开始累计形成的净亏损。年度终了，应将"本年利润"账户的全部累计余额转入"利润分配"账户，如为净利润，借记"本年利润"科目，贷记"利润分配"科目；如为净亏损，则做相反会计分录。年度结账后，"本年利润"账户无余额。

具体核算时，根据房地产开发企业的特点，有账结法和表结法两种。

（1）账结法是指在每月月末将所有损益类账户的余额转入"本年利润"账户，借记所有收入类科目，贷记"本年利润"科目；借记"本年利润"科目，贷记所有成本费用类科目。结转后，损益类账户月末无余额；"本年利润"账户的贷方余额表示年度内累计实现的净利润，借方余额表示年度内累计发生的净亏损。

（2）表结法是指每月结账时，不需要将各损益类科目的余额结转到"本年利润"账户，只需要结出各损益类账户的本年累计余额，计算出从年初起至本月末止的累计利润额，然后减去截至上月末的累计利润额，求得该月的利润额；年末进行决算时，再利用账结法将各损益类账户的全年累计余额转入"本年利润"账户，计算出本年的利润额或亏损总额。采用表结法时，自1月至11月"本年利润"不作任何记录，只在年终12月月末结转本年利润，借记所有科目，各损益类账户平时有余额，年末才结清；"本年利润"账户的余额在年度终了时同账结法一样，需要一次转入"利润分配——未分配利润"账户。

【例9-16】某房地产开发公司采用表结法结转本年利润，2019年12月31日，各损益类账户余额见表9-1。

表9-1　损益类账户余额表　　　　　　　　　　　　金额单位：元

账户名称	借方余额	贷方余额
主营业务收入		1 600 000.00（贷）
主营业务成本	700 000.00（借）	
增值税及附加	50 000.00（借）	
管理费用	68 000.00（借）	
财务费用	12 000.00（借）	
其他业务收入		80 000.00（贷）
其他业务成本	70 000.00（借）	
公允价值变动损益		100 000.00（贷）
投资收益		26 000.00（贷）
营业外收入		2 000.00（贷）

续表

账户名称	借方余额	贷方余额
营业外支出	1 600.00（借）	
所得税费用	121 505.00（借）	

根据上述资料，作会计分录如下：

1）将各收益类账户余额转入"本年利润"账户：

借：主营业务收入　　　　　　　　　　　　1 600 000
　　其他业务收入　　　　　　　　　　　　　80 000
　　公允价值变动损益　　　　　　　　　　　100 000
　　投资收益　　　　　　　　　　　　　　　26 000
　　营业外收入　　　　　　　　　　　　　　2 000
　　贷：本年利润　　　　　　　　　　　　　1 808 000

2）将各成本、费用类账户余额转入"本年利润"账户：

借：本年利润　　　　　　　　　　　　　　1 023 105
　　贷：主营业务成本　　　　　　　　　　　700 000
　　　　增值税及附加　　　　　　　　　　　50 000
　　　　管理费用　　　　　　　　　　　　　68 000
　　　　财务费用　　　　　　　　　　　　　12 000
　　　　其他业务成本　　　　　　　　　　　70 000
　　　　营业外支出　　　　　　　　　　　　1 600
　　　　所得税费用　　　　　　　　　　　　121 505

通过上述结转"本年利润"账户的贷方余额为 784 895 元，即企业本年实现的净利润。

三、利润分配的核算方法

房地产开发企业实现的利润在交纳了所得税后，就是净利润。根据我国有关法规的规定，一般企业和股份有限公司每期实现的净利润应先弥补以前年度尚未弥补的亏损，然后进行分配。

首先，提取法定盈余公积。法定盈余公积要按照本年实现利润的一定比例提取，股份制企业按《公司法》规定应按净利润的10%提取；其他企业可以根据需要确定提取比例，但不应低于10%。当企业提取的法定盈余公积累计超过其注册资本的50%以上时，可不再提取。法定盈余公积主要用于弥补亏损、转增股本和发放现金股利或利润。其次，提取任意盈余公积。任意盈余公积是企业自愿提取的，由董事会决定要留在企业里的利润。任意盈余公积的提取比例由企业自行决定。最后，向投资者分配现金股利或利润。向投资者分配现金股利或利润是在上述必要利润分配后，企业根据股东大会或类似机构审议批准的利润分配方案确定分配给投资者的现金股利或利润。

经过上述分配后的利润，即为未分配利润（或未弥补亏损）。未分配利润可留待以后年度进行分配。企业如发生亏损，可以按规定由以后年度利润进行弥补。企业未分配的利润（或未弥补的亏损）应当在资产负债表的所有者权益项目中单独反映。

为了总括地核算和监督利润分配情况，房地产开发企业应设置"利润分配"账户，核算企业

模块九 房地产企业收入、费用和利润的核算

利润的分配(或亏损的弥补)和历年分配(或弥补)后的积存余额。其借方登记分配的利润数及转入的本年亏损，贷方登记转入的本年利润及盈余公积补亏数；年末借方余额反映历年积存的未弥补亏损，贷方余额反映历年积存的未分配利润。

"利润分配"账户通常包括以下科目：

"其他转入"，企业在亏损年度按规定用盈余公积弥补亏损，借记"盈余公积"科目，贷记本科目；"提取法定盈余公积"；"应付利润"，企业向投资者分配利润时，借记本科目，贷记"应付利润"科目；"转作资本的利润"，企业以利润转增资本金，借记本科目，贷记"实收资本"科目；"未分配利润"，年终决算时，应将"利润分配"所属"提取法定盈余公积""提取法定公益金""应付利润"等各明细科目的余额转入"利润分配——未分配利润"账户借方，同时将"本年利润""利润分配——其他转入"账户的余额转入本账户贷方。经过上述结转后，本账户贷方余额为企业的未分配利润数，借方余额就是企业尚未弥补的亏损数。

【例9-17】 某房地产开发公司2019年年初未分配利润为80万元，本年实现净利润249.5万元，公司按本年实现利润的10%提取法定盈余公积，并向股东分配现金股利240万元。

根据上述业务，作会计分录如下：

(1)结转本年利润：

借：本年利润　　　　　　　　　　　　　　　　　　　　　　　2 495 000
　　贷：利润分配——未分配利润　　　　　　　　　　　　　　　　2 495 000

(2)提取法定盈余公积：

借：利润分配——提取法定盈余公积　　　　　　　　　　　　　　249 500
　　贷：盈余公积　　　　　　　　　　　　　　　　　　　　　　　249 500

(3)分配股利：

借：利润分配——应付普通股股利　　　　　　　　　　　　　　2 400 000
　　贷：应付股利　　　　　　　　　　　　　　　　　　　　　　2 400 000

(4)结转利润分配科目所属的明细科目：

借：利润分配——未分配利润　　　　　　　　　　　　　　　　2 649 500
　　贷：利润分配——提取法定盈余公积　　　　　　　　　　　　　249 500
　　　　　　　　——应付现金投利或利润　　　　　　　　　　　2 400 000

【例9-18】 某企业2019年年终将"本年利润"账户中的210万元净利润转为"利润分配——未分配利润"账户，作会计分录如下：

借：本年利润　　　　　　　　　　　　　　　　　　　　　　　2 100 000
　　贷：利润分配——未分配利润　　　　　　　　　　　　　　　　2 100 000

阅读材料

利润分配的一般程序

企业可供分配利润应按以下顺序分配：

(1)提取法定盈余公积。

(2)提取法定公益金。

外商投资企业应当按照法律、行政法规的规定按净利润提取储备基金、企业发展基金、职工奖励及福利基金等。

中外合作经营企业按规定的合作期内以利润归还投资者的投资,以及国有工业企业按规定以利润补充的流动资本,也从可供分配的利润中扣除。

可供分配的利润减去提取的法定盈余公积、法定公益金等后,为可供投资者分配的利润。可供投资者分配的利润,按下列顺序分配:

(1)应付优先股股利。
(2)提取任意盈余公积。
(3)应付普通股股利。
(4)转作资本(或股本)的普通股股利。

模块小结

本模块主要介绍了房地产企业收入的核算、费用的核算和利润的核算三部分内容。

(1)房地产开发企业的收入按经营业务的主次可分为主营业务收入和其他业务收入,收益、收入和利得的关系如下:

$$收益=收入+利得$$

(2)期间费用是指企业当期发生的,必须从当期收入得到补偿的费用。房地产开发企业发生的期间费用主要有销售费用、管理费用、财务费用。

1)销售费用是指房地产开发企业在销售其产品或者提供劳务等过程中发生的各项费用以及专设销售机构的各项费用。

2)房地产开发企业的管理费用是指企业行政管理部门(公司总部)为组织和管理房地产开发经营活动而发生的各项费用。

3)财务费用是指企业为筹集经营性资金而发生的各项费用。其包括企业经营期间发生的利息净支出、汇兑净损失、金融机构手续费及其他非资本化支出。

(3)利润总额=营业利润+(营业外收入-营业外支出)

(4)房地产营业利润=房地产营业收入-营业成本-税金及附加-销售费用-管理费用-研发费用-财务费用+其他收益+投资收益(-投资损失)+净敞口套期收益(-净敞口套期损失)+公允价值变动收益(-公允价值变动损失)-信用减值损失-资产减值损失+资产处置收益(-资产处置损失)

(5)房地产主营业务收入=土地转让收入+商品房销售收入+配套设施销售收入+代建工程结算收入

(6)房地产主营业务成本=土地转让成本+商品房销售成本+配套设施销售成本+代建工程结算成本

(7)税金及附加=土地增值税+城市维护建设税+教育费附加等

思考与练习

一、填空题

1._____是指企业在日常活动中形成的,会导致所有者权益增加的,与所有者投入资本

模块九 房地产企业收入、费用和利润的核算

无关的经济利益的总流入。

2._____是指会计期间内经济利益的增加，表现为能导致所有者权益增加的资产流入、资产增值或负债减少。

3. 按经营业务主次的不同，房地产开发企业收入分为_____和_____。

4._____是指企业当期发生的，必须从当期收入得到补偿的费用。

5._____是指企业行政管理部门(公司总部)为组织和管理房地产开发经营活动而发生的各项费用。

6._____是指企业在一定会计期间的经营成果。

7. 为了反映_____和核算营业外收入的发生与结转情况，房地产开发企业应设置进行核算。

8. 具体核算时，根据房地产开发企业的特点，有_____和_____两种。

9. 房地产开发企业实现的利润在交纳了所得税后，就是_____。

二、简答题

1. 简述房地产开发企业营业收入的种类。
2. 如何确认房地产主营业务收入？
3. 期间费用可分为哪几类？
4. 什么是利润？
5. 利润分配的顺序是怎样的？

模块实训

【实训一】

一、实训目的

主营业务收入核算训练。

二、实训资料

某房地产公司本期发生下列经济业务：

(1) 实现商品房销售收入 6 500 万元，其中回收现款 5 000 万元(按揭回款 3 500 万元，现金回款 1 500 万元)均存入银行，尚有 1 500 万元应收账款未收回。本期应结转开发成本 4 000 万元。

(2) 公司开发的商品性建设场地经竣工验收合格，根据转让协议，将该建设场地进行转让，转让价款 1 500 万元，款项尚未收到。该项目实际开发成本 1 200 万元。

(3) 以预售方式销售高级住宅公寓 4 套，建筑面积为 230 m²，售价 20 000 元/m²，前已按合同规定预收购房款 350 万元。该高级公寓现已建设完成且已验收合格，余款已存入银行。本期应结转成本 80 万元。

(4) 采用分期付款方式销售商品住宅，根据合同本期应收价款 500 万元，已存入银行。本期应结转成本 420 万元。

(5) 本期应缴土地增值税 500 万元。

(6)期末，结转本期发生的主营业务收入。
(7)期末，结转本期发生的主营业务成本。
(8)计算出上述经济业务所发生的税金及附加(税率自定)，并作账务处理。

三、实训要求

(1)根据上述资料，编制会计分录。
(2)计算出本期主营业务利润。

【实训二】

一、实训目的

费用核算训练。

二、实训资料

某房地产公司行政管理部门为组织管理生产经营活动，2020年12月份共发生下列经济业务：

(1)发生企业管理人员工资70 000元，计提职工薪酬33 500元，其中：计提社会保险费12 000元，住房公积金8 000元，工会经费1 500元，职工教育经费1 000元，职工福利费11 000元。
(2)以银行存款支付购买办公用品款3 000元、标书制作费5 400元。
(3)以现金报销投标人员的差旅费4 500元、业务招待费3 000元。
(4)为宣传企业形象，以银行存款支付电视台宣传费用70 000万。
(5)收到开户银行"银行利息支付通知单"，银行划转贷款利息250 000元。
(6)计提固定资产折旧费30 000元。
(7)按规定计算房产税1 500元、车船使用税800元、土地使用税600元。

三、实训要求

根据上述资料，编制会计分录。

【实训三】

一、实训目的

利润及其分配核算训练。

二、实训资料

某房地产公司在2020年年初，"利润分配——未分配利润"账户无余额，2020年12月月末有关损益类账户的余额见表9-2。假设该房地产公司采用表结法结转损益类账户，适用所得税税率为25%，按净利润的10%提取法定盈余公积、按净利润的5%提取任意盈余公积、按可分配利润的50%分配现金股利。

表9-2　2020年12月月末有关损益类账户余额情况　　　　　　　　单位：元

会计账户	贷方余额	借方余额
主营业务收入	25 000 000	
主营业务成本		11 200 000
其他业务收入	2 000 000	

续表

会计账户	贷方余额	借方余额
其他业务成本		1 000 000
税金及附加		5 300 000
管理费用		1 500 000
财务费用		180 000
营业外收入	50 000	
营业外支出		15 000

三、实训要求

根据上述资料：

(1)结转损益类账户发生额，编制会计分录，并计算当期净利润。

(2)作出计提法定盈余公积、任意盈余公积及分配现金股利的会计处理。

模块十 建筑业房地产企业涉税核算与管理

学习目标

通过对本模块内容的学习,掌握增值税的计税规则和方法,熟悉发票管理内容,能够对增值税进行申报、核算。

知识要点

1. 增值税征税范围。
2. 增值税计价规则。
3. 增值税计价方法。
4. 增值税纳税申报过程。
5. 增值税的会计核算。

案例导入

盛房地产开发有限公司(以下简称隆盛)于2019年1月获取黄湖片区G70地块,土地出让价款63 514万,建筑总面积152 541.51平方米。折合面价4 164元/平方米。该地块占地面积69 337.05平方米(约合104亩),折合610.71万/亩。

隆盛G70地块总建设面积193 326平方米,共分两个标段,其中第一标段为中建公司,于2019年2月14日取得《建筑工程施工许可证》,建设规模104 324平方米;第二标段施工方为华盛建设,于2019年2月26日取得《建筑工程施工许可证》,建设规模89 002平方米。

隆盛自2月份开工至2019年4月底,只支付了少量工程款,主要是土石方的款项支付和前期桩基款项,金额合计约1 000万元,约占项目建安成本及其他前期配套费用总金额5.7亿元的2%。

因为项目是刚开工,因此项目是选择简易征税方法还是一般计税方法,存在较大的弹性,需要根据政策规定进行测算,并选择合适的增值税计税方法。

模块十 建筑业房地产企业涉税核算与管理

单元一 应交增值税的核算

一、增值税的定义

增值税是划销售或进门货物、提供加工、修理修配劳务及提供应税服务的单位和个人就其实现的增值额征税的一个税种。增值税具有以下特点：

(1)增值税仅对货物或劳务销售额应税服务中没有征过税的那部分征收增值税，在本环节征收时，允许扣除上一环节购进货物或接受加工修理修配劳务和应税服务已征税款，不重复征税，具有中性税收的特点。它消除了传统的间接税制在每个环节按销售额全额道道征税所导致的对转移价值的重复征税问题。

视频：税独大之增值税

(2)增值税制的核心是税款的抵扣制度。我国增值税采用凭专用发票等抵扣凭证进行抵扣，一般纳税人购入应税货物、劳务或应税服务，凭取得的扣税凭证上注明的增值税额在计算缴纳应纳税金时，在本单位销项税额中予以抵扣。

(3)增值税实行价外征收。对销售货物、提供加工修理修配劳务或提供应税服务在各环节征收的税款，附加在价格以外自动向消费环节转嫁，最终由消费者承担。

(4)增值税纳税人在日常会计核算中，其成本不包括增值税。

二、增值税纳税人

1. 纳税人资格认定

(1)在中华人民共和国境内销售自己开发的房地产项目的企业，为增值税纳税人。增值税纳税人可分为一般纳税人与小规模纳税人两大类。增值税小规模纳税人标准为年应征增值税销售额 500 万元及以下。增值税纳税人年应税销售额超过财政部、国家税务总局规定的小规模纳税人标准(简称规定标准)的，除另有规定者外，应当向其机构所在地主管税务机关办理一般纳税人登记。

(2)年应税销售额超过 500 万元规定标准，但不经常发生应税行为的企业单位和个体工商户可选择按照小规模纳税人纳税。

(3)年应税销售额未超过规定标准的纳税人，会计核算健全，能够提供准确税务资料的，可以向主管税务机关办理一般纳税人资格登记，成为一般纳税人。其中，所谓会计核算健全，是指能够按照国家统一的会计制度规定设置账簿，根据合法、有效凭证进行核算。

(4)符合一般纳税人条件的建筑企业纳税人，应当向主管税务机关办理一般纳税人资格登记。除国家税务总局另有规定外，一经登记为一般纳税人后，不得转为小规模纳税人。

2. 一般纳税人的资格登记

符合一般纳税人条件的纳税人应当向主管税务机关申请资格登记，未申请办理一般纳税人资格登记手续的，应按销售额依照增值税税率计算应纳税额，不得抵扣进项税额，也不得使用增值税专用发票。

纳税人年应税销售额超过规定标准的，须在申报期结束后 20 个工作日内，向主管税务机关办理一般纳税人资格登记。未按规定时限办理的,主管税务机关会在规定期限结束后10个工作日内制作税务事项通知书,通知纳税人在10个工作日内向主管税务机关办理相关手续。

纳税人办理一般纳税人资格登记的程序如下:

(1)纳税人向主管税务机关填报增值税一般纳税人资格登记表,并提供税务登记证件。

(2)纳税人填报内容与税务登记信息一致的,主管税务机关当场登记。

(3)纳税人填报内容与税务登记信息不一致的,或者不符合填列要求的,税务机关应当场告知纳税人需要补正的内容。

除财政部、国家税务总局另有规定外,纳税人自选择的一般纳税人资格生效之日起,按照增值税一般计税方法计算应纳税额,并按照规定领用增值税专用发票。

纳税人年应税销售额超过财政部、国家税务总局规定标准,且符合有关政策规定,选择按小规模纳税人纳税的,应当向主管税务机关提交书面说明。

3. 专用发票和税控系统

(1)建筑企业从被主管税务机关认定为一般纳税人的当月1日或次月1日为一般纳税人生效之日,按规定计算应纳税额,并按规定领购,使用增值税专用发票。

(2)建筑企业要按税务机关的统一要求安装增值税防伪税控系统。所谓防伪税控系统,就是指经国务院同意推行的,使用专用设备和通用设备,运用数字密码和电子存储技术管理专用发票的计算机管理系统。其中,专用设备包括金税盘、报税盘;通用设备包括计算机、打印机、扫描器具和其他设备。

(3)一般纳税人通过增值税防伪税控系统使用专用发票,包括领购、开具、缴销、认证纸质专用发票及相应的数据电文。

(4)安装税控装置是税务强制性规定。增值税一般纳税人必须通过防伪税控装置进行开具增值税发票(可开具增值税专用发票和增值税普通发票)。

(5)一般纳税人领购专用设备后,需要携带税控设备到主管国税机关进行初始发行,将企业信息、增值税发票种类、限额、份数、离线开票金额等信息添加到设备中。税控设备公司的技术人员需将增值税开票系统安装到计算机中,纳税人才可以开具增值税发票。

4. 办理小规模纳税人资格

小规模纳税人的税务管理人员依据批准后的"增值税纳税人资格取得申请表",到主管税务机关办理小规模纳税人资格认定;如需安装税控装置,按以上方式处理。

三、征税范围

1. 征税增值税项目

根据《销售服务、无形资产或者不动产注释》的规定,房地产业主要涉及以下税目:

(1)房地产企业销售自己开发的房地产项目适用销售不动产税目;

(2)房地产企业出租自己开发的房地产项目(包括如商铺、写字楼、公寓等),适用租赁服务税目中的不动产经营租赁服务税目和不动产融资租赁服务税目(不含不动产售后回租融资租赁)。

2. 不征收增值税的项目

下列情形不属于在境内销售服务或无形资产:

(1)境外单位或者个人向境内单位或者个人销售完全在境外发生的服务。

(2)境外单位或者个人向境内单位或者个人销售完全在境外使用的无形资产。

(3)境外单位或者个人向境内单位或者个人出租完全在境外使用的有形动产。
(4)财政部和国家税务总局规定的其他情形。

四、征税方法

(一)基本规定

增值税的计税方法包括一般计税方法和简易计税方法。

一般纳税人发生应税行为适用一般计税方法计税。一般纳税人发生财政部和国家税务总局规定的特定应税行为,可以选择适用简易计税方法计税,但一经选择,36个月内不得变更。

小规模纳税人发生应税行为适用简易计税方法计税。

(二)一般计税方法的应纳税额

一般计税方法的应纳税额按以下公式计算:

$$应纳税额 = 当期销项税额 - 当期进项税额$$

当期销项税额小于当期进项税额不足抵扣时,其不足部分可以结转下期继续抵扣。

(三)简易计税方法的应纳税额

(1)简易计税方法的应纳税额,是指按照销售额和增值税征收率计算的增值税额,不得抵扣进项税额。应纳税额的计算公式如下:

$$应纳税额 = 销售额 \times 征收率$$

(2)简易计税方法的销售额不包括其应纳税额,纳税人采用销售额和应纳税额合并定价方法的,按照下列公式计算销售额:

$$销售额 = 含税销售额 \div (1 + 征收率)$$

(四)销售额的确定

1. 基本规定

纳税人发生应税行为取得的全部价款和价外费用。财政部和国家税务总局另有规定的除外。

价外费用,是指价外收取的各种性质的收费,但不包括以下项目:

(1)代为收取并符合相关规定的政府性基金或者行政事业性收费;

(2)以委托方名义开具发票代委托方收取的款项。

2. 具体方法

(1)房地产开发企业中的一般纳税人销售其开发的房地产项目(选择简易计税方法的房地产老项目除外),以取得的全部价款和价外费用,扣除受让土地时向政府部门支付的土地价款后的余额为销售额。

纳税人按照上述规定从全部价款和价外费用中扣除的向政府支付的土地价款,以省级以上(含省级)财政部门监(印)制的财政票据为合法有效凭证。

(2)房地产开发企业中的一般纳税人,销售自行开发的房地产老项目,可以选择适用简易计税方法按照5%的征收率计税。

一般纳税人销售自行开发的房地产老项目适用简易计税方法计税的,以取得的全部价款和价外费用为销售额,不得扣除对应的土地价款。

一经选择简易计税方法计税的,36个月内不得变更为一般计税方法计税。

房地产老项目,是指:

①《建筑工程施工许可证》注明的合同开工日期在2016年4月30日前的房地产项目;

②《建筑工程施工许可证》未注明合同开工日期或者未取得《建筑工程施工许可证》但建筑工程承包合同注明的开工日期在2016年4月30日前的建筑工程项目。

(3)房地产开发企业中的小规模纳税人,销售自行开发的房地产项目,按照5%的征收率计税。

(4)房地产开发企业采取预收款方式销售所开发的房地产项目,在收到预收款时按照3%的预征率预缴增值税。

应预缴税款在取得预收款的次月纳税申报期内向主管税务机关预缴税款。按照以下公式计算:

$$应预缴税款=预收款÷(1+适用税率或征收率)×3\%$$

适用一般计税方法计税的,按照适用税率价税分离;适用简易计税方法计税的,按照5%的征收率价税分离。

(5)房地产开发企业中的一般纳税人销售房地产老项目,适用一般计税方法计税的,应以取得的全部价款和价外费用,按照3%的预征率在不动产所在地预缴税款后,向机构所在地主管税务机关进行纳税申报。

3. 销售使用过的固定资产

一般纳税人销售自己使用过的固定资产,按照现行旧货相关增值税政策执行。

使用过的固定资产,是指纳税人符合《试点实施办法》第二十八条规定并根据财务会计制度已经计提折旧的固定资产。

4. 视同销售的处理

纳税人发生应税行为价格明显偏低或者偏高且不具有合理商业目的的,或者发生单位或者个体工商户向其他单位或者个人无偿转让不动产而无销售额的(用于公益事业或者以社会公众为对象的除外),主管税务机关有权按照下列顺序确定销售额:

(1)按照纳税人最近时期销售同类服务、无形资产或者不动产的平均价格确定。

(2)按照其他纳税人最近时期销售同类服务、无形资产或者不动产的平均价格确定。

(3)按照组成计税价格确定。组成计税价格的计算公式如下:

$$组成计税价格=成本×(1+成本利润率)$$

纳税人兼营免税、减税项目的,应当分别核算免税、减税项目的销售额;未分别核算的,不得免税、减税。

5. 增值税进项税额抵扣

(1)增值税抵扣凭证。纳税人取得的增值税扣税凭证不符合法律、行政法规或国家税务总局有关规定的,其进项税额不得从销项税额中抵扣。

增值税扣税凭证,是指增值税专用发票、海关进口增值税专用缴款书、农产品收购发票、农产品销售发票和完税凭证。

纳税人凭完税凭证抵扣进项税额的,应当具备书面合同、付款证明和境外单位的对账单或者发票。资料不全的,其进项税额不得从销项税额中抵扣。

(2)准予从销项税额中抵扣的进项税额。

1)从销售方取得的增值税专用发票(含税控机动车销售统一发票,下同)上注明的增值税额。

2)从海关取得的海关进口增值税专用缴款书上注明的增值税额。

3)购进农产品,除取得增值税专用发票或海关进口增值税专用缴款书外,按照农产品收购发票或销售发票上注明的农产品买价和扣除率计算进项税额。其计算公式如下:

$$进项税额 = 买价 \times 扣除率$$

关于公式中的"扣除率":扣除率为9%;但纳税人购进用于生产销售或委托加工基本税率(13%税率)货物的农产品,按照10%的扣除率计算进项税额。

买价,是指纳税人购进农产品在农产品收购发票或者销售发票上注明的价款和按照规定缴纳的烟叶税。

购进农产品,按照《农产品增值税进项税额核定扣除试点实施办法》抵扣进项税额的除外。

4)从境外单位或者个人购进服务、无形资产或不动产,自税务机关或扣缴义务人取得的解缴税款的完税凭证上注明的增值税额。

(3)不得从销项税额中抵扣的进项税额。

1)用于简易计税方法计税项目、免征增值税项目、集体福利或者个人消费的购进货物、加工修理修配劳务、服务、无形资产和不动产。其中涉及的固定资产、无形资产、不动产,仅指专用于上述项目的固定资产、无形资产(不包括其他权益性无形资产)、不动产。

纳税人的交际应酬消费属于个人消费。

2)非正常损失的购进货物,以及相关的加工修理修配劳务和交通运输服务。

3)非正常损失的在产品、产成品所耗用的购进货物(不包括固定资产)、加工修理修配劳务和交通运输服务。

4)非正常损失的不动产,以及该不动产所耗用的购进货物、设计服务和建筑服务。

5)非正常损失的不动产在建工程所耗用的购进货物、设计服务和建筑服务。

纳税人新建、改建、扩建、修缮、装饰不动产,均属于不动产在建工程。

6)购进的贷款服务、餐饮服务、居民日常服务和娱乐服务。

7)财政部和国家税务总局规定的其他情形。

其中,第4)项、第5)项所称货物,是指构成不动产实体的材料和设备,包括建筑装饰材料和给水排水、采暖、卫生、通风、照明、通信、煤气、消防、中央空调、电梯、电气、智能化楼宇设备及配套设施。

只有登记为增值税的一般纳税人的房地产企业才涉及增值税进项税额抵扣。

6. 纳税地点

(1)属于固定业户的纳税人销售租赁不动产应当向其机构所在地或者居住地的主管税务机关申报纳税。总机构和分支机构不在同一县(市)的,应当分别向各自所在地的主管税务机关申报纳税;经财政部和国家税务总局或者其授权的财政和税务机关批准,可以由总机构汇总向总机构所在地的主管税务机关申报纳税。

(2)属于固定业户的试点纳税人,总分支机构不在同一县(市),但在同一省(自治区、直辖市、计划单列市)范围内的,经省(自治区、直辖市、计划单列市)财政厅(局)和国家税务局批准,可以由总机构汇总向总机构所在地的主管税务机关申报缴纳增值税。

扣缴义务人应当向其机构所在地或者居住地主管税务机关申报缴纳扣缴的税款。

7. 纳税义务发生时间

(1)纳税人销售、出租不动产,为发生应税行为并收讫销售款项或者取得索取销售款项凭据的当天;先开具发票的,为开具发票的当天。

收讫销售款项,是指纳税人销售、出租不动产过程中或者完成后收到款项。

取得索取销售款项凭据的当天,是指书面合同确定的付款日期;未签订书面合同或者书面合同未确定付款日期的,为不动产权属变更的当天。

(2)纳税人提供租赁服务采取预收款方式的,其纳税义务发生时间为收到预收款的当天。

五、纳税申报

(一)纳税申报的步骤

(1)发票的认证。增值税进项发票的认证在税务机关的认证系统进行,认证通过后,盖上认证相符印章,只有通过认证的发票才能抵扣,在认证通过的次月申报期内申报抵扣进项税额时,未抵扣完的部分可结转至下期继续抵扣,但当期必须进行申报。

(2)抄税。抄税是指一般纳税人通过开票系统将上月开票数据抄入IC卡的操作。抄税、打印专用发票汇总表,打开"防伪开票"系统,单击工具栏中的"报税处理",单击"抄税处理",根据提示单击"确定"。抄税成功后,打印增值税专用发票汇总表(即销项汇总表),单击"状态查询"左边的"发票资料",在弹出的新窗口中选择专用发票和本月累计,确定打印,这个表就是"等用增值税发票汇总表",也就是销项汇总表。再查看是否有开普通发票,选择普通发票和本月累计,确定后,在弹出的预览表中查看发票份数,如果为零,则无须打印。单击"确定"后,出现打印预览表,直接单击"打印",完成抄税环节。

(3)报税。报税是将已抄至IC卡中的开票数据报送给税务机关,网上报税需要填写申报表,并打印申报表。由于之前已经完成了抄税工作,但还未提交数据,即需要申报的数据。在"防伪开票"系统中没有提交报表的功能,需要在"网上申报"系统中提交,需要打开"网上申报"系统。填写增值税纳税申报表主表、附表及资产负债表和利润表等资料,审核确认无误后通过"纳税申报"模块在线提交电子报表,通过网上进行申报,系统显示申报成功即可。

(4)增值税申报。将抄税后的IC卡和打印的各种报表资料交至税务机关受理报税的税务工作人员,税务机关根据报税系统的要求给企业报税,也就是读取企业IC卡上开票信息,与各种销项报表相核对,进行报税处理。

(5)缴税。增值税申报之后,税务机关会开具税款缴纳的单据,税务机关将这些信息传送到开户银行,由银行进行转账处理。也可以到税务机关指定银行进行现金缴纳。

(6)清卡。纳税人完成报税,申报表通过税务机关比对后,税务机关将数据反写至IC卡中,完成IC卡解锁,使纳税人的税控开票系统在申报期后可继续开票。

(二)纳税期限

根据《中华人民共和国税收管理办法》的规定,增值税的纳税期限分别为1日、3日、5日、10日、15日、一个月或1个季度。纳税人的具体纳税期限由主管税务机关根据纳税人应纳税额的大小分别核定。以1个季度为纳税期限的规定适用于小规模纳税人以及财政部和国家税务总局规定的其他纳税人。不能按照固定期限纳税的,可以按次纳税。

纳税人以1个月或者1个季度为1个纳税期的，自期满之日起15日内申报纳税；以1日、3日、5日、10日或者15日为1个纳税期的，自期满之日起5日内预缴税款，于次月1日起15日内申报纳税并结清上月应纳税款。

扣缴义务人解缴税款的期限，按照前两款规定执行。

(三)建筑业纳税申报

建筑企业应按照增值税法规的相关规定和财税〔2016〕36号文件规定的纳税义务发生时间和计税方法，向建筑服务发生地主管国税机关预缴税款，并在月度终了15日内向机构所在地主管国税机关申报纳税。

1. 预缴税款

(1)一般纳税人跨县(市)提供建筑服务。一般纳税人跨县(市)提供建筑服务，适用一般计税方法计税的，应以取得的全部价款和价外费用为销售额计算应纳税额。纳税人应以取得的全部价款和价外费用扣除支付的分包款后的余额，按照2%的预征率在建筑服务发生地国税机关预缴税款后，向机构所在地主管国税机关进行纳税申报。

一般纳税人跨县(市)提供建筑服务，选择适用简易计税方法计税的，应以取得的全部价款和价外费用扣除支付的分包款后的余额为销售额，按照3%的征收率计算应纳税额。在建筑服务发生地按照余额的3%在建筑服务发生地国税机关预缴税款后，向机构所在地主管国税机关进行纳税申报。

(2)小规模纳税人跨县(市)提供建筑服务。试点纳税人中的小规模纳税人跨县(市)提供建筑服务，应以取得的全部价款和价外费用扣除支付的分包款后的余额为销售额，按照3%的征收率计算应纳税额。在建筑服务发生地按照余额的3%在建筑服务发生地国税机关预缴税款后，向机构所在地主管国税机关进行纳税申报。

2. 预缴税款计算公式

建筑企业纳税人应按照工程项目分别计算应预缴税款，分别预缴。

(1)一般纳税人预缴税款计算公式。一般纳税人跨县(市、区)提供建筑服务，按照以下规定预缴税款：

1)适用于一般计税方法计税的，以取得的全部价款和价外费用扣除支付的分包款后的余额，按照2%的预征率计算应预缴税款。

$$应预缴税款=(全部价款和价外费用-支付的分包款)\div(1+9\%)\times 2\%$$

2)选择适用简易计税方法计税的，以取得的全部价款和价外费用扣除支付的分包款后的余额，按照3%的征收率计算应预缴税款。

$$应预缴税款=(全部价款和价外费用-支付的分包款)\div(1+3\%)\times 3\%$$

(2)小规模纳税人预缴税款计算公式。小规模纳税人跨县(市、区)提供建筑服务，按照以下规定预缴税款：

小规模纳税人跨县(市、区)提供建筑服务，以取得的全部价款和价外费用扣除支付的分包款后的余额，按照3%的征收率计算应预缴税款。适用简易计税方法计税的，应预缴税款=(全部价款和价外费用-支付的分包款)÷(1+3%)×3%。

3. 预收款纳税申报时间

纳税人提供建筑服务采取预收款方式的，其纳税义务发生时间为收到预收款的当天。

4. 未按期纳税的处罚规定

纳税人跨县(市、区)提供建筑服务，按规定应向建筑服务发生地主管国税机关预缴税款而自应当预缴之月起超过 6 个月没有预缴税款的，由机构所在地主管国税机关按照《中华人民共和国税收征收管理法》及相关规定进行处理。

纳税人跨县(市、区)提供建筑服务，未按规定缴纳税款的，由机构所在地主管国税机关按照《中华人民共和国税收征收管理法》及相关规定进行处理。

六、增值税的会计核算

(一)会计核算

1. 会计核算原则

各级单位涉及增值税的相关资产、收入、成本等会计要素应按不含增值税的价格确认、计量和报告，除非购入的资产、列支的成本对应的增值税进项税额不得抵扣，即购入资产的成本、发生成本的金额包含不得抵扣的增值税进项税额。

各级单位销项税额应以税法认定的销售额收入金额为依据进行核算，销售额收入是以工程总价款含税销售额和价外费用扣除销项税额后的金额计量。各级单位进项税额应以通过税务机关认证的扣税凭证所列明或计算的可抵扣税额为依据进项核算。

2. 二级科目设置

(1)应交增值税。"应交增值税"的借方发生额，反映企业购进货物或接受应税劳务和应税服务支付的进项税额、当期实际已交纳的增值税额、按规定享受直接减免的增值税款或按规定抵减的增值税应纳税额、按规定的退税率计算的零税率应税服务的当期免抵税额、营改增后按规定扣减销售额而减少的销项税额和月终转出的当月应交未交的增值税额等。

"应交增值税"的贷方发生额，反映企业销售货物或提供应税劳务和应税服务收取的销项税额、出口企业收到的出口退税，以及进项税额转出数和转出多交增值税等。

本科目期末不存在贷方余额，期末借方余额反映企业尚未抵扣的增值税。

核算汇总纳税方式下，汇总范围内项目部与汇总主体本部之间结转进项税额、销项税额、预征税额。核算主体为项目部时，该科目期末无借方余额，贷方余额反映项目部预征税额。

(2)未交增值税。

1)核算一般纳税人月终时转入的应缴未缴增值税额，转入多缴的增值税也在本明细科目核算。

2)一般纳税人按征收率计算的增值税记入"应交税费——未交增值税"，不通过"应交税费——应交增值税(销项税额)"核算。

3)企业当月缴纳上月应缴未缴的增值税时，借记"应交税费——未交增值税"科目，贷记"银行存款"科目。

4)月末，本科目的借方余额反映的是企业专用税票预缴等多缴的增值税款，贷方余额反映的是期末结转下期应缴的增值税。

5)用进项留抵税额抵减增值税欠税的问题。

①对纳税人因销项税额小于进项税额而产生期末留抵税额的，应以期末留抵税额抵减增值税欠税。

②按增值税欠税税额与期末留抵税额中较小的数字红字借记"应交税费——应交增值税(进项税额)"科目,贷记"应交税费——未交增值税"科目。

(3)待抵扣进项税额。"待抵扣进项税额"主要核算纳税人尚未进行交叉稽核比对的增值税专用发票抵扣联、货物运输业增值税专用发票抵扣联、海关进口增值税专用缴款书、税收缴款凭证等注明的尚未抵扣的进项税额。

(4)增值税留抵税额。原增值税一般纳税人兼有应税服务改征增值税期初有进项留抵税款,应在"应交税费"科目下增设"增值税留抵税额"明细科目,核算一般纳税人试点当月按照规定不得从应税服务的销项税额中抵扣的月初增值税留抵税额。

(5)增值税检查调整。"增值税检查调整"属于调整类账户,主要用途是对在税务稽查当中涉及的应交税金等有关账户的金额进行调整。

(二)销项税额核算

1. 提供建筑业应税服务

(1)收到款项(预收款或进度款)的时间。收到款项(预收款或进度款)所对应的销项税额在"其他应收款——增值税销项税额"科目核算。

1)收到款项时:

借:银行存款

　　贷:预收账款

2)核算销项税额时:

借:其他应收款——增值税销项税额

　　贷:应交税费——应交增值税(销项税额)

3)结算时:

借:应收账款

　　预收账款

　　贷:工程结算

　　　　应交税费——应交增值税(销项税额)

　　　　其他应收款——增值税销项税额

(2)业主批复结算的时间。

1)结算时:

借:应收账款

　　贷:工程结算

　　　　应交税费——应交增值税(销项税额)

2)收到已结算价款时:

借:银行存款

　　贷:应收账款

3)开具增值税发票的时间。

借:其他应收款——增值税销项税额

　　贷:应交税费——应交增值税(销项税额)

其中"应交税费——应交增值税(销项税额)"为开票金额$/1.09 \times 9\%$。

2. 销售自己使用过的固定资产

一般纳税人销售自己使用过的固定资产（经营管理用设备等），且该固定资产对应的进项税额未抵扣过（应抵扣未抵扣的除外），适用按简易办法依3％征收率减按2％征收增值税。

一般纳税人按征收率计算的增值税记入"应交税费——未交增值税"，不通过"应交税费——应交增值税（销项税额）"核算。

(1)转入固定资产清理时：

借：固定资产清理
　　累计折旧
　　固定资产减值准备
　贷：固定资产

(2)取得转让收入时：

借：银行存款
　贷：固定资产清理
　　　应交税费——未交增值税

(3)缴税时：

借：应交税费——未交增值税
　贷：银行存款

(4)结转固定资产清理损益时：

借：营业外支出
　贷：固定资产清理

或

借：固定资产清理
　贷：营业外收入

3. 剩余材料的处理

各级单位施工项目的剩余材料，区分变卖和移送其他项目进行核算：

(1)变卖废料。各级单位在变卖废料时，应当按照适用税率计算缴纳增值税。

借：银行存款等
　　工程施工——合同成本——直接材料费（红字）
　贷：应交税费——应交增值税（销项税额）

(2)移送其他项目。根据《国家税务总局关于印发增值税若干具体问题的规定的通知》[国税发〔1993〕154号]的规定，基本建设单位和从事建筑安装业务的企业附设的工厂、车间生产的水泥预制构件、其他构件或建筑材料，用于本单位或本企业的建筑工程的，应在移送使用时征收增值税。基本建设单位和从事建筑安装业务的企业在建筑现场制造的预制构件，凡直接用于本单位或本企业建筑工程的，不征收增值税。

因此，各级单位在移送剩余材料时，应按使用税率计算缴纳增值税。

借：应收账款等
　　工程施工——合同成本——直接材料费（红字）
　贷：应交税费——应交增值税（销项税额）

(三)进项税额核算

增值税作为企业最常见的税种之一,财务人员也应牢牢掌握它的核算。众所周知,对于一般纳税人增值税,核算起来并不容易。以下总结几个一般纳税人必须掌握的增值税进项税额知识。

一般纳税人应纳税额的计算如下:

$$应纳税额 = 当期销项税额 - 当期进项税额$$

1. 销项税额

销项税额的计算公式如下:

$$销项税额 = 销售额 \times 税率$$

2. 进项税额

(1)准予从销项税额中抵扣的进项税额。

1)增值税专用发票上注明的增值税额。

2)海关完税凭证上注明的增值税额。

3)农产品的扣税额。一般纳税人购进农产品,除取得增值税专用发票或者海关进口增值税专用缴款书外,按照农产品收购发票或销售发票上注明的农产品买价和扣除率计算的进项税额。

$$进项税额 = 买价 \times 扣除率$$

关于公式中的"扣除率":扣除率为9%;但纳税人购进用于生产销售或委托加工基本税率(13%税率)货物的农产品,按照10%的扣除率计算进项税额。

4)运费计算的扣税额。购进或销售货物及在生产经营过程中支付运输费用的,按照取得的增值税专用发票上注明的增值税额,准予扣除。

(2)不得从销项税额中抵扣的进项税额。

1)用于非增值税应税项目、免征增值税项目、集体福利或个人消费的购进货物或应税劳务。

2)非正常损失的购进货物及相关的应税劳务。

3)非正常损失的在产品、产成品所耗用的购进货物或者应税劳务。

4)国务院财政、税务主管部门规定的纳税人自用消费品。自用消费品是指纳税人自用的应征消费税的游艇、汽车、摩托车等。

5)上述四项规定的货物的运输费用和销售免税货物的运输费用。

(3)进项税额转出的规定。

1)纳税人购进货物或接受应税劳务已经抵扣进项税额,但由于事后改变用途或由于在产品、产成品等发生非正常损失等原因,出现不得抵扣进项税额的情形时,应做"进项税额转出"处理。

2)无法准确确定该项进项税额的,按当期该货物或应税劳务的实际成本计算应扣减的进项税额。

3)一般纳税人兼营免税项目或非应税劳务而无法划分不得抵扣的进项税额的,按下列公式计算不得抵扣的进项税额:

不得抵扣的进项税额 = 当月无法准确划分的全部进项税额×
当月免税项目销售额、非应税项目营业额合计/当月全部销售额、
营业额合计 + 当月可准确划分用于免税项目和非应税项目的进项税额

(四)增值税减免核算

1. 先征后返(退)、即征即退

根据税法有关规定,企业收到返还的增值税,或者直接减免的增值税,应作为企业利润总额的组成部分。

借:应交税费——应交增值税(减免税款)
　　贷:营业外收入

实际收到即征即退、先征后退的增值税:

借:银行存款
　　贷:营业外收入

2. 增值税税控系统专用设备和技术维护费用抵减增值税额

(1)增值税税控系统专用设备。增值税纳税人2011年12月1日以后初次购买增值税税控系统专用设备(包括分开票机)支付的费用,可凭购买增值税税控系统专用设备取得的增值税专用发票,在增值税应纳税额中全额抵减(抵减额为价税合计额),不足抵减的可结转下期继续抵减。

增值税纳税人非初次购买增值税税控系统专用设备支付的费用,由其自行负担,不得在增值税应纳税额中抵减。

1)购入时:

借:固定资产
　　贷:银行存款/应付账款

2)抵减增值税应纳税额:

借:应交税费——应交增值税(减免税款)
　　贷:递延收益

3)按期计提折旧:

借:管理费用
　　贷:累计折旧

同时:

借:递延收益
　　贷:管理费用

(2)技术维护费用。增值税纳税人2011年12月1日以后缴纳的技术维护费(不含补缴的2011年11月30日以前的技术维护费),可凭技术维护服务单位开具的技术维护费发票,在增值税应纳税额中全额抵减,不足抵减的可结转下期继续抵减。

(五)增值税缴纳核算

企业缴纳当月的增值税,通过"应交税费——应交增值税(已交税金)"科目反映,缴纳以前各期未交的增值税,通过"应交税费——未交增值税"科目反映。

(1)当月缴纳本月增值税时:

借:应交税费——应交增值税(已交税金)
　　贷:银行存款

(2)结转应交未交税额：

借：应交税费——应交增值税(转出未交增值税)
　　贷：应交税费——未交增值税

(3)结转多交税额：

借：应交税费——未交增值税
　　贷：应交税费——应交增值税(转出多交增值税)

(4)次月缴纳本月应交未交的增值税：

借：应交税费——未交增值税
　　贷：银行存款

(六)汇总纳税核算

在汇总纳税情况下，汇总范围内项目部与汇总主体本部是两个会计核算主体，在预征税款、结转进项税额、结转销项税额、清算补缴税额时，项目部与汇总主体本部之间应进行相应的会计处理。

1. 预征税款

(1)项目部预征税款结转汇总主体本部时：

借：其他应付款——增值税——项目部应交增值税
　　贷：应交税费——应交增值税(预征税额)

(2)汇总主体本部时：

借：应交税费——应交增值税(预征税额)
　　贷：其他应收款——增值税——项目部应交增值税

(3)项目部交纳时：

借：应交税费——应交增值税(已交税金)
　　贷：银行存款等

2. 结转进项、销项税款

项目部与汇总主体本部之间依据《项目部增值税汇总纳税信息传递单》相关数据进行会计处理。

(1)结转销项税额。

1)项目部：

借：应变税费——应交增值税(结转销项税额)
　　贷：其他应付款——增值税——项目部应交增值税

2)汇总主体本部：

借：其他应收款——增值税——项目部应交增值税
　　贷：应交税费——应交增值税(结转销项税额)

(2)结转进项税额。

1)项目部：

借：其他应付款——增值税——项目部应交增值税
　　贷：应交税费——应交增值税(结转进项税额)

2)汇总主体本部：
借：应交税费——应交增值税(结转进项税额)
    贷：其他应收款——增值税——项目部应交增值税

3. 清算税款

(1)项目部：
借：其他应付款——增值税——项目部清算补缴增值税
    贷：应交税费——应交增值税(清算税额)

将清算税款交回汇总主体总部时：
借：应交税费——应交增值税(清算税额)
    贷：银行存款

(2)汇总主体本部：
借：应交税费——应交增值税(清算税额)
    贷：其他应收款——增值税——项目部清算补缴增值税

收到项目部交来的清算税款时：
借：银行存款
    贷：应交税费——应交增值税(清算税额)

单元二 土地增值税的核算

一、土地增值税概念及征税范围

土地增值税是指对转让国有土地使用权、地上建筑物及附着物并取得收入的单位和个人，就其转让房地产所取得的增值额征收的一种税。

土地增值税的征税对象是有偿转让国有土地使用权及地上建筑物和其他附着物产权所取得的增值额。征税范围的一般规定如下：

(1)土地增值税只对转让国有土地使用权的行为课税，转让非国有土地和出让国有土地的行为均不征税。

国有土地出让是指国家以土地所有者的身份将土地使用权在一定年限内让与土地使用者，并由土地使用者向国家支付土地出让金的行为。由于土地使用权的出让方是国家，出让收入在性质上属于政府凭借所有权在土地一级市场上收取的租金，所以，政府出让土地的行为及取得的收入也不在土地增值税的征税之列。

(2)土地增值税既对转让土地使用权课税，也对转让地上建筑物和其他附着物的产权征税。土地增值税是对国有土地使用权及其地上的建筑物和附着物的转让行为征税。

(3)土地增值税只对有偿转让的房地产征税，对以继承、赠予等方式无偿转让的房地产，则不予征税。

二、税率

土地增值税采用四级超率累进税率，最低为30%，最高为60%，是我国唯一采用超率累进税率的税种，具体见表10-1。

表 10-1 土地增值税采用四级超率累进税率

级数	增值税与扣除项目金额的比率/%	税率/%	速算扣除系数/%
1	不超过50%的部分	30	0
2	超过50%至100%的部分	40	5
3	超过100%至200%的部分	50	15
4	超过200%的部分	60	35

三、应纳税额的计算

土地增值税的计税依据是纳税人转让房地产所取得的增值额。土地增值税以纳税人转让房地产所取得的土地增值额为计税依据，土地增值额为纳税人转让房地产所取得的收入减除规定扣除项目金额后的余额。纳税人转让房地产所取得的收入，包括转让房地产的全部价款及相关的经济利益，具体有货币收入、实物收入和其他收入。

$$土地增值额＝转让房地产收入－税法规定的扣除项目金额$$

转让土地使用权和出售新建房及配套设施应纳税额的计算方法计算步骤如下所示。

第一步：确定扣除项目。

第二步：计算增值额。

$$增值额＝收入额－扣除项目金额$$

第三步：计算增值率。

$$增值率＝增值额÷扣除项目金额×100\%$$

第四步：确定适用税率。

依据计算的增值率，按其税率表确定适用税率和对应的速算扣除系数。

第五步：依据适用税率计算应纳税额。

$$应纳税额＝增值额×适用税率－扣除项目金额×速算扣除系数$$

出售旧房应纳税额的计算方法如下：

$$应纳税额＝增值额×适用税率－扣除项目金额×速算扣除系数$$

（一）应税收入

根据《国家税务总局关于营改增后土地增值税若干征管规定的公告》(国家税务总局公告2016年第70号)第一条的规定，纳税人转让房地产的土地增值税应税收入不含增值税。适用增值税一般计税方法的纳税人，其转让房地产的土地增值税应税收入不含增值税销项税额；适用简易计税方法的纳税人，其转让房地产的土地增值税应税收入不含增值税应纳税额。

为方便纳税人，简化土地增值税预征税款计算，房地产开发企业采取预收款方式销售自行开发的房地产项目的，可按照以下方法计算土地增值税预征的计征依据：

$$土地增值税预征的计征依据＝预收款－应预缴增值税税款$$

【例10-1】 某房地产开发企业为增值税一般纳税人，2019年销售房产取得预收款109万元，则相关计算如下：

$$预缴增值税计税依据＝109÷(1＋9\%)＝100(万元)$$

应预缴增值税税款＝100×3%＝3(万元)
预缴土地增值税计税依据＝109－3＝106(万元)

(二)扣除项目

根据《土地增值税暂行条例实施细则》的规定,计算增值额的扣除项目包括以下几项：

(1)取得土地使用权所支付的金额,是指纳税人为取得土地使用权所支付的地价款和按国家统一规定缴纳的有关费用。

(2)开发土地和新建房及配套设施(以下简称"房地产开发")的成本,是指纳税人房地产开发项目实际发生的成本(以下简称"房地产开发成本")。其包括土地征用及拆迁补偿费、前期工程费、建筑安装工程费、基础设施费、公共配套设施费及开发间接费用。

(3)开发土地和新建房及配套设施的费用(以下简称"房地产开发费用"),是指与房地产开发项目有关的销售费用、管理费用及财务费用。

财务费用中的利息支出,凡能够按转让房地产项目计算分摊并提供金融机构证明的,允许据实扣除,但最高不能超过按商业银行同类同期贷款利率计算的金额。其他房地产开发费用按上述第(1)、(2)项规定计算的金额之和的5%以内计算扣除。

凡不能按转让房地产项目计算分摊利息支出或不能提供金融机构证明的,房地产开发费用按上述第(1)、(2)项规定计算的金额之和的10%以内计算扣除。

上述计算扣除的具体比例,由各省、自治区、直辖市人民政府规定。

(4)旧房及建筑物的评估价格,是指在转让已使用的房屋及建筑物时,由政府批准设立的房地产评估机构评定的重置成本价乘以成新度折扣率后的价格。评估价格须经当地税务机关确认。

(5)与转让房地产有关的税金,是指在转让房地产时缴纳的城市维护建设税、印花税。因转让房地产缴纳的教育费附加,也可视同税金予以扣除。

阅读材料

土地增值税清算时扣除项目是否包含增值税？

财税〔2016〕43号规定,土地增值税扣除项目涉及的增值税进项税额,允许在销项税额中计算抵扣的;不计入扣除项目,不允许在销项税额中计算抵扣的,可以计入扣除项目。

税总函〔2016〕309号规定,"取得土地使用权所支付的金额",按照纳税人实际支付的土地出让金及国家统一规定缴纳的有关费用填写;其他扣除项目按照房地产开发企业实际发生的各项开发成本的具体数额填写。

因此,房地产开发企业取得的增值税进项税额不得抵扣,包含在开发成本中的,可作为扣除项目进行扣除,如作为增值税进项税额已在销项税额中抵扣的,不再作为扣除项目计算扣除。

四、预征与清算

根据《土地增值税暂行条例实施细则》的规定:"纳税人在项目全部竣工结算前转让房地产取得的收入,由于涉及成本确定或其他原因,而无法据以计算土地增值税的,可以预征土地增值税,待该项目全部竣工、办理结算后再进行清算,多退少补。"

我国的房地产开发企业,因其开发周期长,预售的产品多,一般对其应缴纳的土地增值税采取平时预征、竣工结算后汇算清缴的方法。

(一)预征

预征是按预售收入乘以预征率计算,预征率由各省、自治区、直辖市地方税务局根据当地情况核定。

【例10-2】 假定某房地产开发企业为增值税一般纳税人,计划开发住宅楼10栋,2019年12月竣工交付使用。2019年12月取得预售收入1.09亿元(含税),按规定应预缴增值税300万元。当地核定的土地增值税预征率为1%。则:

$$应预缴的土地增值税=(10\ 900-300)\times 1\%=106(万元)$$

借:应交税费——应交土地增值税　　　　　　　　　　1 060 000
　　贷:银行存款　　　　　　　　　　　　　　　　　　　1 060 000

此时,由于收入未能确认,不能将预缴的税金计入当期损益。

(二)汇算清缴

土地增值税是取得预收款时先预缴税金,清算时再汇算清缴、多退少补。土地增值税的清算时间根据以下情况确定:

(1)具备下列情形之一的,纳税人应自满足清算条件之日起90日内办理清算手续。

1)房地产开发项目全部竣工、完成销售的。

2)整体转让未竣工决算房地产开发项目的。

3)直接转让土地使用权的。

(2)符合下列情形之一的,主管税务机关将要求纳税人进行土地增值税清算,纳税人应自接到清算通知之日起90天内办理清算手续。

1)已竣工验收的房地产开发项目,已转让的房地产建筑面积占整个项目可售建筑面积的比例在85%以上,或该比例虽未超过85%,但剩余的可售建筑面积已经出租或自用的。

2)取得销售(预售)许可证满三年仍未销售完毕的。

3)纳税人申请注销税务登记但未办理土地增值税清算手续的。

4)省税务机关规定的其他情况。

单元三　其他应交税费的核算

一、城市维护建设税

城市维护建设税是对从事工商经营,缴纳增值税、消费税的单位和个人征收的一种税。在中华人民共和国境内缴纳增值税、消费税的单位和个人,为城市维护建设税的纳税人。对进口货物或者境外单位和个人向境内销售劳务、服务、无形资产缴纳的增值税、消费税税额,不征收城市维护建设税。

城市维护建设税是由纳税人在缴纳增值税、消费税时同时缴纳的,因此,其纳税期限也与增值税、消费税的纳税期限一致。

(1)城市维护建设税税率的规定。施工企业城市维护建设税的税率有以下三个档次:
1)纳税人所在地在城市市区的,税率为7%。
2)纳税人所在地在县城、镇区的,税率为5%。
3)纳税人所在地在市区、县城、镇区以外的,税率为1%。
(2)城市维护建设税的计算。城市维护建设税的应纳税额的计算公式如下:

$$应纳税额=(实际交纳增值税税额+实际交纳消费税税额)\times 适用税率$$

企业应交纳的城市维护建设税,借记"税金及附加"科目,贷记"应交税费——应交城市维护建设税"科目。企业交纳城市维护建设税时,借记"应交税费——应交城市维护建设税"科目,贷记"银行存款"科目。

【例10-3】 某房地产开发企业本月应交增值税520 000元,城市维护建设税税率为5%(企业在县城)。作会计分录如下:

(1)计算应交城市维护建设税时:

借:税金及附加	26 000
贷:应交税费——应交城市维护建设税	26 000

(2)上交城市维护建设税时:

借:应交税费——应交城市维护建设税	26 000
贷:银行存款	26 000

二、教育费附加的核算

教育费附加是国家为了发展教育事业,扩大教育经费的资金来源,是对交纳增值税、消费税的单位和个人,就其实际缴纳的税额为计算依据征收的一种附加费。

凡交纳增值税、消费税的单位和个人,均为教育费附加的纳税义务人,但暂不包括外商投资企业和国外企业。凡代征增值税、消费税的单位和个人,也是代征教育费附加的义务人。

由于教育费附加是由纳税人在缴纳增值税、消费税时同时缴纳的,因此,纳税期限与增值税、消费税的纳税期限一致。

教育费附加的征收率为3%,计算公式如下:

$$应纳教育费附加=(实际交纳的增值税税额+实际交纳的消费税税额)\times 税率$$

另外,各城市以增值税、消费税之和为计提基数,按不同的比例征收地方教育费。

在会计核算时,应交的教育费附加在"应交税费"账户下设置"应交教育费附加"明细账户。企业按规定计算出应交纳的教育费附加时,借记"税金及附加"等科目,贷记"应交税费——应交教育费附加"科目。交纳教育费附加时,借记"应交税费——应交教育费附加"科目,贷记"银行存款"科目。期末贷方余额,反映企业应交而未交的教育费附加款项。

【例10-4】 某房地产企业某月份应交增值税额为600 000元(企业在省城),则该企业应交城市维护建设税及教育费附加计算和账务处理如下:

应交纳的城市维护建设税为:

$$600\ 000\times 7\%=42\ 000(元)$$

应交纳的教育费附加为:

$$600\ 000\times 3\%=18\ 000(元)$$

借:税金及附加	60 000

模块十 建筑业房地产企业涉税核算与管理

    贷：应交税费——应交城市维护建设税   42 000
      应交税费——应交教育费附加   18 000
  企业交纳城市维护建设税和教育费附加时：
    借：应交税费——应交城市维护建设税   42 000
      应交税费——应交教育费附加   18 000
     贷：银行存款   60 000

三、房产税、土地使用税和车船使用税的核算

1. 房产税

  房产税是国家对在城市、县城、建制镇和工矿区按房产余值或房产租金征收的一种税。
  房产税依照房产原值一次减除10%~30%后的余额计算交纳；没有房产原值作为依据的，由房产所在地税务机关参考同类房产核定。房产税的征税税率为1.2%。房产出租的，以房产租金收入作为房产税的计税依据，征税税率为12%。

2. 土地使用税

  土地使用税是国家为了合理利用城镇土地、调节土地级差收入、提高土地使用效益、加强土地管理而开征的一种税，以纳税人实际占用的土地面积为计税依据，依照规定按土地类别所适用的税率计算征收。城镇土地使用税采用定额税率。
  每平方米土地年税额规定如下（城镇土地使用税采用幅度税额，拉开档次，每个幅度税额的差距规定为20倍）：
  （1）大城市1.5元至30元；
  （2）中等城市1.2元至24元；
  （3）小城市0.9元至18元；
  （4）县城、建制镇、工矿区0.6元至12元。
  经济落后地区城镇土地使用税的适用税额标准可适当降低，但降低额不得超过上述规定最低税额标准的30%。经济发达地区的适用税额标准可以适当提高，但须报财政部批准。

3. 车船使用税

  车船使用税由拥有并且使用车船的单位和个人交纳。车船使用税按照车辆和船舶的适用税额计算交纳。
  企业计算出当月应缴纳的房产税、土地使用税、车船使用税时，借记"税金及附加"科目，贷记"应交税费——应交房产税、应交土地使用税、应交车船使用税"科目；实际缴纳时，借记"应交税费——应交房产税、应交土地使用税、应交车船使用税"科目，贷记"银行存款"科目。

四、印花税的核算

  印花税是以经济活动和经济交往中书立、领受应税凭证的行为为征税对象而征收的一种税。印花税因其采用在应税凭证上粘贴印花税票的方法交纳税款而得名。
  印花税的特点是：征税范围广，包括各类经济合同、营业账簿、权利许可证照等；税负从轻，税法规定比例税率包括万分之零点五、万分之三、万分之五、千分之一。定额税率每件也只有5元；采用自行贴花交纳，自行盖章注销或划销；多交不退不抵。
  企业交纳的印花税不会发生应付未付税款的情况，不需要预计应纳税金额，也不存在与税

务机关结算或清算的问题。因此，不需要通过"应交税费"账户核算，而是在购买印花税票时，直接记入"税金及附加"账户。

五、应交个人所得税的核算

按照我国个人所得税法规定，企业对职工个人应缴纳的个人所得税，实行代扣代缴办法。其账务处理如下：

1. 按规定计算应代扣代交的职工个人所得税

借：应付职工薪酬
　　贷：应交税费——应交个人所得税

2. 缴纳个人所得税

借：应交税费——应交个人所得税
　　贷：银行存款

【例10-5】 1月份，某房地产开发企业根据税法规定计算出来的应代扣代交的职工个人所得税78 600元。2月15日，企业以银行存款缴纳了上述税款。根据上述经济业务，编制会计分录如下：

(1)按规定计算应代扣代交的职工个人所得税：

借：应付职工薪酬　　　　　　　　　　　　　　　　　　　　　　　78 600
　　贷：应交税费——应交个人所得税　　　　　　　　　　　　　　　　78 600

(2)缴纳个人所得税：

借：应交税费——应交个人所得税　　　　　　　　　　　　　　　　78 600
　　贷：银行存款　　　　　　　　　　　　　　　　　　　　　　　　78 600

六、应交企业所得税的核算

1. 企业计算当期应交的企业所得税

借：所得税费用
　　贷：应交税费——应交所得税

2. 实际缴纳企业所得税

借：应交税费——应交所得税
　　贷：银行存款

视频：不可不说之
企业所得税

【例10-6】 企业2016年度实现利润总额800 000元，按税法有关规定调整后的应纳税所得额为760 000元，适用的所得税率为25%。根据上述经济业务，编制会计分录如下：

(1)计算应交的企业所得税时：

$$应交所得税 = 760\ 000 \times 25\% = 190\ 000(元)$$

借：所得税费用　　　　　　　　　　　　　　　　　　　　　　　　190 000
　　贷：应交税费——应交所得税　　　　　　　　　　　　　　　　　190 000

(2)实际缴纳企业所得税时：

借：应交税费——应交所得税　　　　　　　　　　　　　　　　　　190 000
　　贷：银行存款　　　　　　　　　　　　　　　　　　　　　　　　190 000

阅读材料

涉税科目名称调整

根据财政部《关于印发〈增值税会计处理规定〉的通知》(财会〔2016〕22号)规定：全面试行营业税改征增值税后，"营业税金及附加"科目名称调整为"税金及附加"科目，该科目核算企业经营活动发生的消费税、城市维护建设税、资源税、教育费附加及房产税、土地使用税、车船使用税、印花税等相关税费；利润表中的"营业税金及附加"项目调整为"税金及附加"项目。

1. 按规定计提

借：税金及附加
　　贷：应交税费——应交城市维护建设税
　　　　　　　　——应交教育费附加
　　　　　　　　——应交土地使用税等

2. 实际缴纳

借：应交税费——应交城市维护建设税
　　　　　　——应交教育费附加
　　　　　　——应交土地使用税等
　　贷：银行存款

模块小结

应交税费是指企业在生产经营过程中产生的应向国家缴纳的各种税费，应按照施工企业应税对象的实际发生额和一定的税率计算交纳。施工企业按规定交纳的税金主要有增值税、城市维护建设税、教育费附加、地方教育费附加。增值税是按增值额计算交纳的税金，其他三种税费是以流转税为基数，按一定比例计提上缴的。通过"应交税费"账户核算税费的计提与上缴。

增值税是用销项税额扣减进项税额后应交纳的税金。城市维护建设税是国家为了加强城市公用事业和公用设施的维护，对交纳增值税、消费税的单位和个人同时征收的一种附加税。教育费附加是国家为了发展教育事业，扩大教育经费的资金来源，对交纳增值税、消费税的单位和个人征收的一种附加费。

施工企业按规定交纳的各种税金，除增值税、城市维护建设税、教育费附加外，还应上缴房产税、土地使用税、车船使用税、印花税和所得税等。除印花税外，其他税费均通过"应交税费"账户核算税费的计提与上缴。计提税费时，将税费计入企业的管理费用。

思考与练习

一、填空题

1. _____ 是划销售或者进门货物、提供加工、修理修配劳务及提供应税服务的单位和个人就其实现的增值额征税的一个税种。

2. 税务管理人员在申办过程中应与税务机关密切联系，直至_____完成。
3. 房地产开发企业采取预收款方式销售所开发的房地产项目，在收到预收款时按照_____的预征率预缴增值税。
4. _____是指增值税专用发票、海关进口增值税专用缴款书、农产品收购发票、农产品销售发票和完税凭证。
5. 扣缴义务人应当向其机构所在地或居住地主管税务机关申报_____的税款。
6. _____是指纳税人销售、出租不动产过程中或完成后收到款项。
7. 纳税人以_____或者_____为1个纳税期的，自期满之日起_____内申报纳税。
8. 我国的房地产开发企业，因其开发周期长，预售的产品多，一般对其应缴纳的土地增值税采取_____、_____的方法。
9. _____是按预售收入乘以预征率计算，预征率由各省、自治区、直辖市地方税务局根据当地情况核定。

二、选择题

1. 纳税人资格认定说法正确的是（　　）。
   A. 在中华人民共和国境内销售自己开发的房地产项目的企业，为增值税纳税人
   B. 增值税纳税人分为一般纳税人与小规模纳税人两大类。年应征税销售额超过500万元（含本数）的纳税人为一般纳税人，未超过规定标准的纳税人为小规模纳税人
   C. 年应税销售额超过500万元规定标准，但不经常发生应税行为的企业单位和个体工商户可选择按照小规模纳税人纳税
   D. 年应税销售额超过规定标准的纳税人，会计核算健全，能够提供准确税务资料的，可以向主管税务机关办理一般纳税人资格登记，成为一般纳税人
   E. 符合一般纳税人条件的建筑企业纳税人，应当向主管税务机关办理一般纳税人资格登记。除国家税务总局另有规定外，一经登记为一般纳税人后，不得转为小规模纳税人

2. 人员报送主管税务机关，需准备（　　）资料。
   A. 领取并填写"增值税一般纳税人申请认定表"
   B. 税务登记证正副本
   C. 财务负责人和办税人员的身份证明及其复印件
   D. 会计人员的从业资格证明或者与中介机构签订的代理记账协议及其复印件
   E. 经营场所产权证明或者租赁协议，或者其他可使用场地证明及其复印件

3. 不属于在境内销售服务或者无形资产包括（　　）。
   A. 境外单位或者个人向境内单位或者个人销售完全在境外发生的服务
   B. 境外单位或者个人向境内单位或者个人销售完全在境外使用的无形资产
   C. 境外单位或者个人向境内单位或者个人出租完全在境外使用的有形动产
   D. 境外单位或者个人向境内单位或者个人配套完全在境外使用的有形动产
   E. 财政部和国家税务总局规定的其他情形

4. 根据《土地增值税暂行条例实施细则》的规定：计算增值额的扣除项目包括（　　）几项。
   A. 取得土地使用权所支付的金额，是指纳税人为取得土地使用权所支付的地价款和按国家统一规定缴纳的有关费用
   B. 开发土地和新建房及配套设施的成本，是指纳税人房地产开发项目实际发生的成本，包括土地征用及拆迁补偿费、前期工程费、建筑安装工程费、基础设施费、公共配套

模块十 建筑业房地产企业涉税核算与管理

设施费以及开发间接费用

C. 开发土地和新建房及配套设施的费用，是指与房地产开发项目有关的销售费用、管理费用以及财务费用

D. 旧房及建筑物的评估价格，是指在转让已使用的房屋及建筑物时，由政府批准设立的房地产评估机构评定的重置成本价加成新度折扣率后的价格

E. 与转让房地产有关的税金，是指在转让房地产时缴纳的城市维护建设税、印花税。因转让房地产缴纳的教育费附加，也可视同税金予以扣除

三、简答题

1. 增值税具有哪些特点？
2. 增值税征税方法有哪些？
3. 简述纳税申报的一般步骤。

模块实训

一、实训目的

增值税、城市维护建设税、教育费附加核算训练。

二、实训资料

某房地产公司 9 月份发生如下经济业务：

(1) 通过银行转账缴纳上月增值税 10 000 元、城市维护建设税 700 元、教育费附加 300 元。

(2) 从其物资公司购入一批钢材，对方开出的增值税额专用发票上注明的材料款为 250 000 元，增值税额为 32 500 元，款项已开出转账支票支付。

(3) 从其机械公司购入一台机械设备，对方开出的增值税额专用发票上注明的设备价款为 24 000 元，增值税额为 3 120 元，款项未付。

(4) 确认当期承建建筑工程收入为 3 000 000 元，增值税税率为 9%。建设单位尚未拨付工程款。

三、实训要求

根据上述资料，进行相关的会计处理。

模块十一 房地产企业财务报告

学习目标

通过对本模块内容的学习，掌握资产负债表、利润表、现金流量表、所有者权益变动表和附注的编制方法，为房地产企业财务报告打下基础。

知识要点

1. 资产负债表的编制。
2. 利润表的编制。
3. 现金流量表的编制。
4. 所有者权益变动表的编制。
5. 附注的编制。

单元一 财务报告基本知识

一、财务报告的定义

财务报告是指企业对外提供的反映企业某一特定日期的财务状况和某一会计期间的经营成果、现金流量等会计信息的文件。其包括资产负债表、利润表、现金流量表、所有者权益变动表与有关附表及财务情况说明书。企业应定期向投资者、债权人、政府有关部门，以及其他会计报表使用者提供财务会计报告。其中，上市股份有限公司应当向证券交易机构和证券监管机构等提供财务会计报告。

二、财务报告的构成

财务报告包括财务报表和其他应当在财务报告中披露的相关信息和资料。其中，财务报表由附注及报表本身两部分构成。附注是财务报表的有机组成部分;而报表至少应当包括资产负债表、利润表、现金流量表、所有者权益变动表和附注。

1. 资产负债表

资产负债表是反映企业在某一特定日期的财务状况的会计报表。编制资产负债表能够反映企业的资产、负债和所有者权益金额及其结构情况,从而有助于使用者评价企业资产的质量及短期偿债能力、长期偿债能力、利润分配能力等。

2. 利润表

利润表是反映企业在一定会计期间的经营成果的会计报表。编制利润表能够反映企业实现的收入、发生的费用及应当计入当期利润的利得和损失等金额与其结构情况,从而有助于使用者分析评价企业的盈利能力及其构成与质量。

3. 现金流量表

现金流量表是反映企业在一定会计期间的现金和现金等价物流入及流出的会计报表。编制现金流量表能够如实反映企业各项活动的现金流入和现金流出,从而有助于使用者评价企业生产经营过程特别是经营活动中所形成的现金流量和资金周转情况。

4. 所有者权益变动表

所有者权益变动表是反映所有者权益的各组成部分当期的增减变动情况的动态财务报表。通过所有者权益变动表提供的信息,可以全面了解企业一定会计期间所有者权益变动的情况。

5. 附注

附注是对会计报表中列示项目与未列示项目所作的进一步说明。附注由若干附表和对有关项目的文字性说明组成。编制附注能够对财务报表本身作补充说明,以更加全面、系统地反映企业财务状况、经营成果和现金流量的全貌,从而有助于向使用者提供更为有用的决策信息,帮助其作出更加科学、合理的决策。

三、财务报表的分类

财务报表可以按照不同的标准进行分类。

(1)按财务报表编报期间的不同,可分为中期财务报表和年度财务报表。中期财务报表是以短于一个完整会计年度的报告期间为基础编制的财务报表,包括月报、季报和半年报等。中期财务报表至少应当包括资产负债表、利润表、现金流量表和附注。其中,中期资产负债表、利润表和现金流量表应当是完整报表,其格式和内容应当与年度财务报表相一致。与年度财务报表相比,中期财务报表中的附注可适当简略。

(2)按财务报表编报主体的不同,可分为个别财务报表和合并财务报表。个别财务报表是由企业在自身会计核算基础上对账簿记录进行加工而编制的财务报表,主要用以反映企业自身的财务状况、经营成果和现金流量情况;合并财务报表是以母公司和子公司组成的企业集团为会计主体,根据母公司和所属子公司的财务报表,由母公司编制的综合反映企业集团财务状况、经营成果及现金流量的财务报表。

四、财务报告的编制要求

为保证会计信息的内在质量,让会计信息使用者充分理解会计信息,最大限度地满足有关各方面对信息的需要,使财务会计报告的作用真正得以发挥,企业在编制财务会计报告时,应做到真实可靠、内容完整、表达充分、便于理解和编报及时。

（1）真实可靠。真实可靠是为了保证财务会计报告数据的真实性，必须以核对无误的会计账簿为依据。即企业在编制财务会计报告之前，必须查实报告期内所有经济业务均已入账，并且保证账账相符、账表一致。在办理年度决算报告以前，还要全面清查财产物资，核实库存数量，查清盘点盈亏的原因，并按规定做出固定资产、设备、材料的盘盈、盘亏的账务处理，保证账实相符。同时，应逐项检查各项资产是否存在减值情况，并对减值资产提取减值准备。对周转房、出租房和尚未销售商品房，要查清周转、出租、空置和完好情况。

（2）内容完整。内容完整是指企业必须按照国家规定的报表种类、格式和内容编制财务会计报告。应当填列的报表指标，无论是表内项目还是附注，必须全部填列。对拥有控制权的集团企业，必须编制合并会计报表。

（3）表达充分。表达充分是指为了能够客观、公正地表达企业经济活动情况，财务会计报告应充分揭示一切对会计信息使用者了解企业并进行决策有用的信息和资料。这就要求在编制财务会计报告时，应以简洁、明确的方法，将重要信息加以充分提供，用流畅的文字和充分的数据来表达。

（4）便于理解。便于理解是要让会计报表所提供的信息能为使用者所理解并加以采用。在编制财务会计报告时，应注意尽量使用通俗易懂的语言、简明扼要的格式，使信息资料简明、清晰。

（5）编报及时。编报及时是讲求信息的时效性。为此，应保证生成会计信息的每个环节都是及时处理的，包括及时收集会计数据、及时对会计数据进行加工处理、及时编制财务会计报告，并将会计信息及时传递给有关各方。但是，财务会计报告的及时性，要以不影响其真实性为前提，不能片面强调财务会计报告的及时性而提前结账，更不能任意估计会计数字或伪造报告中的数据，致使财务会计报告不能如实反映企业的财务状况和经营成果。

阅读材料

编制财务报告的目的

编制财务会计报告的目的不是一成不变的，它受诸多因素的影响，如所处的经济、法律、政治和社会环境的影响，受财务会计报告所能提供信息的特性和局限性影响等。在我国市场经济条件下，编制财务会计报告的目的主要有以下三个方面。

1. 为决策者提供有用的财务会计信息

财务会计报告的使用者主要有企业管理者、企业现在和潜在的投资者、债权人及其他宏观经济管理者和监督者。企业管理者通过对财务会计报告的分析，可以了解和评价企业开发经营活动的成败得失、财务状况的好坏，从而制订进一步改善经营管理、财务状况的措施，促进企业在不断扩大再生产的过程中实现资金的良性循环和效益的不断提高；投资者和债权人通过对财务会计报告的分析，可以评价企业目前的经营状况，并进而预测企业未来发展前景，对是否向该企业投资或追加投资作出决策。

2. 为企业内部管理部门提供财务会计信息

企业内部各职能管理部门，都应以提高经济效益为中心。企业的开发管理、生产管理、材料设备管理、市场营销管理等管理部门的绩效，都会集中体现在财务会计信息上。各职能管理部门通过对财务会计信息的分析，可以总结经验教训，提出改进工作的措施，全面提高企业的管理水平。

3. 为国家宏观经济管理部门提供财务会计信息

国家为了维持正常的市场经济秩序，实现可持续发展战略，保证中央、地方财政收入的稳定增长，也需要了解企业的财务状况和经营状况。同时，企业的财务会计信息通过综合汇总后，可以提供分析、评价国民经济状况的资料，满足国家宏观经济调控的需要。国家的财政、税务、审计、人民银行、证券监管等经济管理部门，通过对企业财务会计报告的分析，监督企业遵守有关法律法规和制度的执行情况，保障宏观经济的正常运行。

单元二 资产负债表的编制

一、资产负债表的定义和作用

资产负债表是反映企业在某一特定时间（如月末、季末、年末）全部资产、负债和所有者权益及其构成情况的会计报表，是一张静态报表。

资产负债表的主要作用是提供有关企业财务状况方面的信息。通过资产负债表可以全面了解企业某一时日资产、负债和所有者权益及其相互关系的情况。具体包括以下几项：

(1) 企业有多少资产，其中各种资产所占的比重有多大。

(2) 企业有多少负债，其中流动负债、长期负债各占多少比例，以表明企业未来需要清偿的债务数额以及清偿时间的压力。

(3) 企业所有者所拥有的权益数额有多大，其中由投资者初始投入的资本有多少，经营积累的留存收益有多少，据以判断资本保值、增值情况，以反映企业的经济实力和未来发展的潜力。

通过资产负债表的比较，可以显示企业资本结构的合理性和财务风险，尤其是为债权人评价企业资本对负债的保障程度提供了信息。通过资产负债表并结合利润表资料，还有助于向投资者解释、评价企业的经营绩效及综合发展能力。

二、资产负债表的结构和内容

资产负债表是以"资产＝负债＋所有者权益"会计恒等式为理论基础的。由于等式的左方是企业的资产，右方是企业的投资者（债权人、股权人）投入企业的资金及其产权归属的对照关系，所以无论企业资金运动处于何种状态，这种平衡的对照关系始终存在。

资产负债表由表首、基本部分和补充资料三部分组成。

(1) 表首列有报表名称、编制单位、报表编号、编报日期和金额单位等项目。由于资产负债表是反映期末资金静态的报表，所以编报的日期应填写报告期末最后一天的日期。

(2) 基本部分是资产负债表的主体，可分为左、右两部分。

1) 资产负债表左部分的项目可分为流动资产和非流动资产两大类。流动资产包括货币资金、交易性金融资产、应收票据、应收账款、预付账款、应收股利、应收利息、其他应收款、存货、一年内到期的非流动资产和其他流动资产等项目；非流动资产包括可供出售金融资产、持有至到期投资、投资性房地产、长期股权投资资产、长期应收款、固定资产、在建工程、工程物资、固定资产清理、无形资产、开发支出、商誉、长期待摊费用、递延所得税资产和其他非流动资产。

流动资产和非流动资产的项目是根据资产变现能力的顺序排列的。货币资金中的库存现金和银行存款排在首位，往下是变现能力较强、在一年或一个营业周期内可以变现的各种流动资产。长期股权投资、固定资产、无形资产及其他资产等非流动资产不容易变为现金，排在后面。按变现先后排列资产项目，可以反映企业的支付能力，与右方项目联系起来，可以看出企业的偿债能力。

2）资产负债表右部分的项目可分为流动负债、非流动负债和所有者权益三大类。流动负债包括短期借款、交易性金融负债、应付票据、应付账款、预收账款、应付职工薪酬、应交税费、应付利息、应付股利、其他应付款、预计负债、一年内到期的非流动负债、其他流动负债等项目；非流动负债包括长期借款、应付债券、长期应付款、专项应付款、递延所得税负债等项目；所有者权益（股东权益）包括实收资本（股本）、资本公积、盈余公积、未分配利润等项目。

右部分项目是按照需要偿还的先后顺序排列的。短期借款等需要在一年或一个营业周期内偿还的流动负债排列在上面；在一年以上或一个营业周期以上才需要偿还的非流动负债排在中间；在企业解散之前不需要偿还的所有者权益排在下面。按需要偿还的先后顺序排列，可以反映企业各种债务需要偿还的时间性，联系该表的左方，可以看出企业的偿债能力。

（3）补充资料也是资产负债表的重要组成部分，列在资产负债表的下端。补充资料所提供的是使用者需要了解，但在基本部分中无法反映或难以单独反映的一些资料。

三、资产负债表的填列方法

房地产企业资产负债表格式见表11-1，填写方法列于表后。

表 11-1　房地产企业资产负债表

编制单位：　　　　　　　　　年　月　日　　　　　　　　　单位：元

资产	行次	期初余额	期末余额	负债及所有者权益	行次	期初余额	期末余额
流动资产：				流动负债：			
货币资金				短期借款			
交易性金融资产				交易性金融负债			
应收票据				应付票据			
应收账款				应付账款			
预付账款				预收账款			
应收股利				应付职工薪酬			
应收利息				应交税费			
其他应收款				应付利息			
存货				应付股利			
其中：开发产品				其他应付款			
开发成本				预计负债			
一年内到期的非流动资产				一年内到期的非流动负债			
其他流动资产				其他流动负债			

续表

资产	行次	期初余额	期末余额	负债及所有者权益	行次	期初余额	期末余额
流动资产合计				流动负债合计			
非流动资产:				非流动负债:			
可供出售金融资产				长期借款			
持有至到期投资				应付债券			
投资性房地产				长期应付款			
长期股权投资资产				专项应付款			
长期应收款				递延所得税负债			
固定资产				其他非流动负债			
在建工程				非流动负债合计			
				负债合计			
工程物资				所有者权益:			
固定资产清理				实收资本(股本)			
无形资产				资本公积			
开发支出				盈余公积			
商誉				未分配利润			
长期待摊费用				减:库存股			
递延所得税资产				所有者权益合计			
其他非流动资产				负债及所有者权益合计			
非流动资产合计							
资产合计							

资产负债表的资产方、负债方及所有者权益方均设置"期初余额"和"期末余额"两栏。

(1)"期初余额"内各项数据,应根据上年年末资产负债表期末余额栏内所列数据填列。上年决算报告经审查需要修改的,应填列经修改后的上年年末资产负债表所列的期末数。如果本年度资产负债表规定的各个项目的名称和内容同上年度不相一致,应该对上年年末资产负债表各项目有关数据,按照本年度的规定进行调整后,填入本表期初余额栏内,以便与期末余额栏内所列的数据相互比较,正确地反映各项资产和各项负债及所有者权益的增减情况。

(2)"期末余额"栏内各项目的数据,应根据会计账簿记录中各账户的余额填列。由于资产负债表中的项目与会计科目并不完全一致,所以,不能根据各会计账户的期末余额简单转录。对于有些项目的金额,必须根据会计科目的记录进行必要的分析计算和调整。

1. 本表左侧"资产"栏中各项目的填写要求

(1)"货币资金"项目是反映企业库存现金、人民币存款、外币存款、外埠存款、银行汇票存款、银行本票存款、信用卡存款、信用证保证金存款、存出投资款等的合计数,根据"库存现金""银行存款""其他货币资金"账户的期末余额合计填写。

(2)"交易性金融资产"项目是反映企业近期内出售而持有的金融资产,如企业从二级市场购入准备近期出售的股票、债券、基金等,根据"交易性金融资产"账户的期末余额填写。

(3)"应收票据"项目是反映企业收到未到期账款,未向银行贴现的商业承兑汇票和银行承兑汇票，根据"应收票据"账户的期末余额填写。已向银行贴现和已背书转让的应收票据，不包括在本项目内。

（4）"应收账款"项目是反映企业应收的与企业经营业务有关的各项账款，根据应收账款账户所属各明细账户的期末借方余额加总填写。对已提取的坏账准备，应根据减除坏账准备后的净额列。如"应收账款"账户所属明细账户期末有贷方余额，应在"预收账款"项目内反映。

（5）"预付账款"项目是反映企业预付给承包单位和供应单位的款项，根据"预付账款"账户所属各明细账户的期末借方余额加总填写。如果"预付账款"账户所属各明细账户期末有贷方余额，应在"应付账款"项目内反映。

（6）"应收股利"项目是反映企业股权投资应收而未收的股利，根据"应收股利"账户的期末余额填写。

（7）"应收利息"项目是反映企业债券投资、贷款等应收而未收的利息，根据"应收利息"账户的期末余额填写。

（8）"其他应收款"项目是反映企业对其他单位或个人的应收和暂付的款项，根据"其他应收款"账户的期末余额填列。

（9）"存货"项目是反映企业期末在库、在用、在途、在开发、在加工中的各项存货的实际成本或可变现净值，包括各种材料、开发产品用的设备、周转材料、低值易耗品、未完工开发产品、完工开发产品等。根据"材料采购""原材料""周转材料""委托加工物资""开发成本""开发产品""发出商品""材料成本差异"等账户借方期末余额合计减去材料成本差异账户贷方期末余额后填写。

（10）"一年内到期的非流动资产"项目是反映企业持有至到期投资等非流动资产中，将于一年内到期的非流动资产，根据"持有至到期投资"等非流动资产账户期末余额分析填写。

（11）"其他流动资产"项目是反映除表列各项流动资产以外的其他流动资产，根据有关账户的期末余额填写。

（12）"可供出售金融资产"项目是反映企业没有划分为交易性金融资产的股票投资、债券投资等金融资产，根据"可供出售金融资产"账户的期末余额填写，如果可供出售金融资产计提了减值准备，还应减去所计提的减值准备。

（13）"持有至到期投资""投资性房地产""长期股权投资资产"等项目反映企业期末持有相应资产的实际价值，应当以扣减提取的相应资产减值准备后的净额填写。"长期应收款"项目应根据"长期应收款"科目的期末余额，减去相应的"未实现融资费用"科目和"坏账准备"科目所属相关明细科目期末余额后的金额填列。"固定资产"项目是反映企业包括融资租入固定资产在内的所有各种固定资产的净额，分别根据"固定资产"账户的期末余额减去"累计折旧"账户的期末余额填写，如固定资产提取了相应的减值准备，还应减去相应的减值准备。但对融资租入固定资产，应在会计报表补充资料中另行反映。"在建工程""工程物资""开发支出""商誉"等项目反映企业期末持有相应资产期末值，根据相应资产的期末余额填写。

（14）"固定资产清理"项目反映企业因出售、毁损、报废等原因转入清理、但尚未清理完毕的固定资产的净值或减去减值准备后的账面余额，以及在清理过程中发生的清理费用减变价收入后的金额，根据"固定资产清理"账户的借方余额填写；如为贷方余额，以负号填写。

（15）"无形资产"项目反映企业各项无形资产的摊销余值，根据"无形资产"账户的期末余额减去累计摊销的期末余额填写。已计提减值准备的，还应减去"无形资产减值准备"账户期末余额。

(16)"长期待摊费用"项目反映企业尚未摊销的摊销期在一年以上的各项费用支出,根据长期待摊费用账户的期末余额减去一年内(含一年)摊销的数额后的金额填写。

(17)"递延所得税资产"项目反映企业对于可抵扣暂时差异所确认的递延所得税资产,根据"递延所得税资产"账户的期末余额填写。

(18)"其他非流动资产"项目反映除以上资产外的其他非流动资产。如果非流动资产价值较大,应在会计报表附注中披露其内容和金额。

2. 本表右侧"负债及所有者权益"栏中各项目的填写要求

(1)"短期借款"项目反映企业向银行或其他金融机构借入尚未归还的一年期以内的借款,根据"短期借款"账户期末余额填写。

(2)"交易性金融负债"项目反映按企业会计准则应确认为交易性金融负债的金融工具的期末余额,根据"交易性金融负债"账户的期末余额填写。

(3)"应付票据"项目反映企业为了抵付货款和工程款等而开出的尚未到期付款的银行承兑汇票和商业承兑汇票,根据"应付票据"账户的期末余额填写。

(4)"应付账款"项目反映购买材料物资或接受劳务供应而应付给供应单位的款项及发包工程应付给承包单位的工程价款,根据"应付账款"账户所属的有关明细账户期末贷方余额合计填写。

(5)"预收账款"项目反映企业预收的购房订金和代建工程款,根据"预收账款"账户所属各明细账户的期末贷方余额填写。"预收账款"账户所属各明细账户有借方余额的,应在"应收账款"项目内填写。

(6)"应付职工薪酬"项目反映企业应支付给职工的工资和为职工支付的各项福利,根据"应付职工薪酬"账户的期末余额填写。

(7)"应交税费"项目反映企业按照税法规定计算应交纳的各种税费,包括增值税、消费税、所得税、资源税、土地增值税、城市维护建设税、房产税、土地使用税、车船使用税、教育费附加、矿产资源补偿费等。企业代扣代缴的个人所得税,也通过本项目列示。企业所交纳的税金不需要预计应交数的,如印花税、耕地占用税等,不在本项目列示。本项目应根据"应交税费"科目的期末贷方余额填列;如"应交税费"科目期末为借方余额,应以负号填列。

(8)"应付利息"项目反映企业按照规定应当支付的利息,包括分期付息到期还本的长期借款应支付的利息、企业发行的企业债券应付的利息等。本项目应当根据"应付利息"科目的期末余额填列。

(9)"应付股利"项目反映企业分配的现金股利或利润。企业分配的股票股利,不通过本项目列示。本项目应根据"应付股利"科目的期末余额填列。

(10)"其他应付款"项目反映企业除应付票据、应付账款、预收账款、应付职工薪酬、应付股利、应付利息、应交税费等经营活动外的其他各项应付、暂收的款项。本项目应根据"其他应付款"科目的期末余额填列。

(11)"预计负债"项目反映企业对外提供担保、商业承兑票据贴现、未决诉讼、产品质量保证等确认很可能产生的负债,根据"预计负债"账户的期末余额填写。

(12)"一年内到期的非流动负债"项目反映企业非流动负债中将于资产负债表日后一年内到期部分的金额,如将于一年内偿还的长期借款。本项目应根据有关科目的期末余额填列。

(13)"其他流动负债"项目反映企业除以上流动负债外的其他流动负债,根据有关账户的期末余额填写。

(14)"长期借款"项目反映企业向银行或其他金融机构借入尚未归还的一年期以上的各种借

款，根据"长期借款"账户期末余额减去将于一年内到期偿还的借款后的余额填写。

（15）"应付债券"项目反映企业发行的一年以上到期的各种债券的本息，根据"应付债券"账户期末余额减去将于一年内到期的应付债券本息后的余额填写。

（16）"长期应付款"项目反映企业期末除长期借款和应付债券外的期限在一年以上的其他各种长期应付款，根据"长期应付款"账户期末余额减去将于一年或一年内到期的应付款后的余额填写。

（17）"专项应付款"项目反映企业接受国家拨入的具有专门用途的拨款及其他来源取得的款项，根据"专项应付款"账户的期末余额填写。

（18）"递延所得税负债"项目反映企业应税暂时性差异所产生的递延所得税负债，根据"递延所得税负债"账户的期末余额填写。

（19）"其他非流动负债"项目反映企业除表列非流动负债项目外的其他长期负债，根据有关账户的期末余额填写。

上述非流动负债项目中，将于一年内（含一年）到期的非流动负债，应在流动负债类"一年内到期的非流动负债"项目单独反映。

（20）"实收资本（股本）"项目反映企业或股份制房地产开发企业实际收到的资本或股本总额，根据"实收资本（股本）"账户的期末余额填写。

（21）"资本公积"项目反映企业资本公积的期末余额，根据"资本公积"账户的期末余额填写。

（22）"盈余公积"项目反映企业盈余公积的期末金额。本项目应根据"盈余公积"账户的期末金额填列。

（23）"未分配利润"项目反映企业尚未分配的利润。对未弥补的亏损，应在本项目内用负号表示。

资产负债表所反映的期初、期末数据，通过计算可以生成反映企业财务状况的重要指标，这些指标对于了解掌握企业的发展状况具有重要的意义，有助于报表使用者做出相关决策。企业可以利用流动资产合计和流动负债合计计算生成流动比率，利用速动资产与流动负债合计计算生成速动比率，利用资产总额和负债总额计算生成资产负债率，利用负债总额与所有者权益总额计算出产权比率等，反映企业本身短期和长期偿债能力；利用资产负债表的期初、期末数据变动反映企业财务状况的变动趋势；利用期初、期末固定资产总额计算分析企业固定资产投资的扩张程度；利用期初、期末所有者权益总额计算分析资本保值增值率。

单元三　利润表的编制

一、利润表的定义和作用

利润表又称损益表，是反映企业在一定会计期间经营成果的会计报表。由于它所反映的是企业某一期间实现的收入与发生的费用及利润实现和构成的情况，所以是一张动态报表。

利润表的主要作用是提供企业有关经营成果方面的信息。通过利润表提供的不同时期的比较数据，尤其是将利润表的数据与资产负债表的信息相结合，会计报表使用者可以分析企业的获利能力及未来的发展趋势，以便作出决策。

二、利润表的结构和内容

利润表一般有单步式和多步式两种列报格式。

单步式利润表是将当期所有的收入列在一起，然后将所有的费用列在一起，两者相减得出当期净损益；多步式利润表是通过对当期的收入、支出项目按性质加以归类，按利润形成的主要环节列示一些中间性利润指标，分步计算当期净损益。

财务报表列报准则规定，企业应当采用多步式列报利润表，将不同性质的收入和费用进行对比，从而得出一些中间性的利润数据，便于使用者理解企业经营成果的不同来源。企业可以分三个步骤编制利润表，详见以下公式：

（1）营业利润＝营业收入－营业成本－增值税及附加－销售费用－管理费用－财务费用－资产减值损失＋公允价值变动净收益（减损失）＋投资收益（减损失）

（2）利润总额＝营业利润＋营业外收入－营业外支出

（3）净利润＝利润总额－所得税费用

普通股或潜在普通股已公开交易的企业，以及正处于公开发行普通股或潜在普通股过程中的企业，还应当在利润表中列示每股收益信息。

根据财务报表列报准则的规定，企业需要提供比较利润表，以使报表使用者通过比较不同期间利润的实现情况，判断企业经营成果的未来发展趋势。所以，利润表应就各项目再分为"本年金额"和"上年金额"两栏分别填列。

三、利润表的填列方法

房地产企业利润表格式见表11-2，填写方法列于表后。

表 11-2 利润表

编制单位：　　　　　　　　年度　　月份　　　　　　　　单位：元

项目	行次	本年金额	上年金额
一、营业收入			
减：营业成本			
增值税及附加			
销售费用			
管理费用			
财务费用（收益以"－"填列）			
资产减值损失			
加：公允价值变动净收益（损失以"－"填列）			
投资净收益（损失以"－"填列）			
二、营业利润			
加：营业外收入			
减：营业外支出			

续表

项目	行次	本年金额	上年金额
其中:非流动资产处置净损失			
三、利润总额			
减:所得税费用			
四、净利润			
五、每股收益			
(一)基本每股收益			
(二)稀释每股收益			

1."本年金额"栏的填列方法

(1)"营业收入"项目反映企业经营主要业务和其他业务所确认的收入总额。根据"主营业务收入"和"其他业务收入"账户贷方发生额分析填列。

(2)"营业成本"项目反映企业主要经营业务和其他业务所发生的实际成本总额,根据"主营业务成本"和"其他业务成本"账户借方发生额分析填列。

(3)"增值税及附加"项目反映经营业务应负担的土地增值税、城市维护建设税和教育费附加等,根据"增值税及附加"账户的借方发生额分析填列。

(4)"销售费用"项目反映企业转让、销售、结算和出租开发产品等房地产经营业务过程中所发生的各项销售费用,根据"销售费用"账户借方发生额分析填列。

(5)"管理费用"项目和"财务费用"项目反映企业发生的管理费用和财务费用,分别根据"管理费用"账户和"财务费用"账户的借方发生额分析填列。

(6)"资产减值损失"项目反映企业各项资产发生的减值损失。本项目应根据"资产减值损失"账户的发生额分析填列。

(7)"投资净收益"项目反映企业对外投资所取得的收益,包括股利、债券投资的利息收入,对外投资分得的利润及收回投资时发生的收益等,根据"投资收益"账户发生额分析填列(如为投资损失,应以"-"填列)。

(8)"营业利润"项目反映企业实现的营业利润。如为亏损,本项目以"-"填列。

(9)"营业外收入"项目和"营业外支出"项目反映企业经营业务以外的收入和支出,分别根据"营业外收入"账户和"营业外支出"账户发生额分析填列。

(10)"利润总额"项目反映企业实现的利润总额,根据营业利润项目数加营业外收入项目数,减营业外支出项目数后的余额填列(如为亏损,应以"-"填列)。

(11)"所得税费用"项目根据"所得税费用"账户的发生额分析填列。

(12)"净利润"项目反映企业本年度内缴纳所得税后的利润,根据利润总额项目数减所得税项目数后的余额填列(如为亏损,应以"-"填列)。

(13)"每股收益"项目包括"基本每股收益"和"稀释每股收益",根据实际情况填写。

2."上年金额"栏的填列方法

利润表"上年金额"栏内各项数据,应根据上年度利润表"本年金额"栏内所列数据填列。如果上年度利润表规定的各个项目的名称和内容同本年度不相一致,应对上年度利润表各项目的名称和数字按本年度的规定进行调整,填入本年度利润表"上年金额"栏内。

利用本表本期和上期净利润可以计算生成净利润增长率，反映企业获利能力的增长情况和长期的盈利能力趋势。

利用净利润、营业成本、销售费用、管理费用和财务费用可以计算成本费用利润率，反映企业投放产出情况。

利用净利润和净资产可以计算净资产收益率，利用普通股每股市价与每股收益可以计算出市盈率等。

"基本每股收益"和"稀释每股收益"两个指标是向资本市场广大投资者反映上市公司(公众公司)每一股普通股所创造的收益水平。对资本市场广大投资者(股民)而言，是反映投资价值的重要指标，是投资决策最直观、最重要的参考依据，是广大投资者关注的重点。鉴于此，将这两项指标作为利润表的表内项目列示；同时，要求在附注中详细披露计算过程，以供投资者投资决策参考。

单元四　现金流量表的编制

一、现金流量表定义和作用

现金流量表是指反映企业一定会计期间内有关现金和现金等价物流入及流出信息的报表。

编制现金流量表的主要目的是为财务报表使用者提供企业一定会计期间内现金和现金等价物流入及流出的信息，以便于财务报表使用者了解和评价企业获取现金和现金等价物的能力，并据以预测企业未来现金流量。

现金流量表有助于评价企业支付能力、偿债能力和周转能力；有助于预测企业未来现金流量；有助于分析企业收益质量及影响现金净流量的因素，掌握企业经营活动、投资活动和筹资活动的现金流量，可以从现金流量的角度了解净利润的质量，为分析和判断企业的财务前景提供信息。

二、现金流量表结构和内容

房地产开发企业的现金流量可分为经营活动产生的现金流量、投资活动产生的现金流量和筹资活动产生的现金流量三类。

1. 经营活动产生的现金流量

经营活动是指企业投资活动和筹资活动以外的所有交易和事项。房地产开发企业经营活动主要包括销售商品房屋、转让土地、提供劳务、出租房屋、发包工程、征用和批租土地、购买设备材料、接受劳务、交纳税款等。

经营活动产生的现金流入包括：销售商品、转让土地、提供劳务收到的现金；收到的税费返还；收到的其他与经营活动有关的现金等。经营活动产生的现金流出包括：发包工程、征用和批租土地、购买商品、接受劳务等支付的现金；支付给员工及为员工支付的现金；支付的营业税款；支付的其他与经营活动有关的现金等。

2. 投资活动产生的现金流量

投资活动是指企业长期资产的购建和不包括在现金等价物范围内的投资及其处置活动。之所以将包括在现金等价物范围内的投资排除在外，是因为已将包括在现金等价物范围内的投资视为现金。长期资产是指固定资产、无形资产、其他长期资产等持有期限在一年或一个营业周期以上的资产。

投资活动产生的现金流入包括：收回投资所收到的现金；取得投资收益所收到的现金；处置固定资产、无形资产和其他长期资产所收到的现金净额；收到的其他与投资活动有关的现金等。投资活动产生的现金流出包括：购建固定资产、无形资产和其他长期资产所支付的现金；投资所支付的现金；支付的其他与投资活动有关的现金。

3. 筹资活动产生的现金流量

筹资活动是指导致企业资本及债务规模和构成发生变化的活动。资本是指实收资本（股本）、资本溢价（股本溢价）及与资本有关的现金流入和流出项目。其包括吸收投资、发行股票、分配利润等。债务是指企业对外举债所借入的款项，如发行债券、向金融企业借入款项及偿还债务等。

筹资活动产生的现金流入包括：吸收投资所收到的现金；借款所收到的现金；收到的其他与筹资活动有关的现金等。筹资活动产生的现金流出包括：偿还债务所支付的现金；发生筹资费用所支付的现金；分配股利、利润或偿付利息所支付的现金；融资租赁所支付的现金；减少注册资本所支付的现金；支付的其他与筹资活动有关的现金。

阅读材料

现金流量表的编制基础

现金流量表是以现金为基础编制的，这里的现金是广义的概念，包括库存现金、可以随时用于支付的银行存款、其他货币资金以及现金等价物。具体包括以下内容。

1. 库存现金

库存现金是指企业持有的、可随时用于支付的现金限额，也就是现金账户核算的现金。

2. 银行存款

银行存款是指企业存在金融机构、随时可以用于支付的存款，它与银行存款账户核算的银行存款基本一致，主要的区别是编制现金流量表所指的银行存款是可以随时用于支付的银行存款，如结算户存款、通知存款等。

3. 其他货币资金

其他货币资金是指企业存在金融机构有特定用途的资金，也就是其他货币资金核算的内容。如外埠存款、银行汇票存款、银行本票存款、信用证保证存款、在途货币资金等。

4. 现金等价物

现金等价物是指企业持有的期限短、流动性强、易于转换为已知金额的现金、价值变动风险很小的投资。现金等价物的支付能力相当于现金，能够满足企业即期支付的需要。

现金等价物的定义本身，包含了判断一项投资是否属于现金等价物的四个条件，即期限短；流动性强；易于转换为已知金额的现金；价值变动风险很小。其中，期限短、流动性强，强调了变现能力；易于转换为已知金额的现金、价值变动风险很小，则强调了支付能力的大小。

三、现金流量表填列方法

编制现金流量表的方法有直接法和间接法两种。

直接法是指按现金收入和现金支出的主要项目直接反映企业经营活动产生的现金流量。如销售商品、提供劳务收到的现金,购买商品、接受劳务支付的现金等就是按现金收入和支出的类别直接反映的。在实务中,一般是以利润表中的营业收入为起算点,调节与经营活动有关的项目的增减变动,然后计算出经营活动产生的现金流量。

间接法是指以本期净利润为起算点,调整不涉及现金的收入、费用、营业外收支等项目,剔除投资、筹资活动对现金流量的影响,据此计算出经营活动产生的现金流量。

采用直接法编制的现金流量表便于分析企业经营活动产生的现金流量的来源和用途,预测企业现金流量的未来前景;采用间接法编制的现金流量表便于将净利润与经营活动产生的现金流量净额进行比较,了解净利润与经营活动产生的现金流量出现差异的原因,从现金流量的角度分析净利润的质量。

现金流量表准则规定企业应当采用直接法编制现金流量表。

现金流量表的项目主要有经营活动产生的现金流量、投资活动产生的现金流量、筹资活动产生的现金流量、汇率变动对现金及现金等价物的影响、现金及现金等价物净增加额等项目。

房地产企业现金流量表格式见表11-3,填写方法列于表后。

表 11-3 现金流量表

编制单位: 年 月 单位:元

项目	本期金额	上期金额
一、经营活动产生的现金流量		
销售商品、转让土地、提供劳务收到的现金		
收到的税费返还		
收到的其他与经营活动有关的现金		
经营活动现金流入小计		
购买商品、接受劳务支付的现金		
支付给职工及为职工支付的现金		
支付的各项税费		
支付其他与经营活动有关的现金		
经营活动现金流出小计		
经营活动产生的现金流量净额		
二、投资活动产生的现金流量		
收回投资收到的现金		
取得投资收益收到的现金		
处置固定资产、无形资产和其他长期资产收回的现金净额		
收到其他与投资活动有关的现金		
投资活动现金流入小计		
购建固定资产、无形资产和其他长期资产支付的现金		

续表

项目	本期金额	上期金额
投资支付的现金		
支付其他与投资活动有关的现金		
投资活动现金流出小计		
投资活动产生的现金流量净额		
三、筹资活动产生的现金流量		
吸收投资收到的现金		
取得借款收到的现金		
收到其他与筹资活动有关的现金		
筹资活动现金流入小计		
偿还债务支付的现金		
分配股利、利润或偿付利息支付的现金		
支付其他与筹资活动有关的现金		
筹资活动现金流出小计		
筹资活动产生的现金流量净额		
四、汇率变动对现金及现金等价物的影响		
五、现金及现金等价物净增加额		

1."经营活动产生的现金流量"项目内容及填列方法

(1)"销售商品、转让土地、提供劳务收到的现金"项目反映企业销售商品、提供劳务实际收到的现金,包括销售收入和应向购买者收取的增值税销项税额,具体包括:本期销售商品、提供劳务收到的现金;前期销售商品、提供劳务本期收到的现金;本期预收的款项减去本期销售本期退回的商品和前期销售本期退回的商品支付的现金。企业销售材料和代购代销业务收到的现金,也在本项目反映。本项目可以根据"库存现金""银行存款""应收票据""应收账款""预收账款""主营业务收入""其他业务收入"账户的记录分析填列。

(2)"收到的税费返还"项目反映企业收到返还的各种税费,如收到的增值税、企业所得税、教育费附加返还等,根据"银行存款""应交税费""增值税及附加"等账户的记录分析填列。

(3)"收到的其他与经营活动有关的现金"项目反映企业除上述各项外,收到的其他与经营活动有关的现金,如罚款收入、捐赠现金收入、流动资产损失中由个人赔偿的现金收入等,根据"营业外收入""其他应收款""库存现金""银行存款"等账户的记录分析填列。

(4)"购买商品、接受劳务支付的现金"项目反映企业购买材料、商品、接受劳务实际支付的现金,包括支付的货款及与货款一并支付的增值税进项税额,具体包括:本期购买设备材料、接受劳务支付的现金及本期支付前期购买商品、接受劳务的未付款项和本期预付款项,减去本期发生的购货退回收到的现金。为购置存货而发生的借款利息资本化部分,应在"分配股利、利润或偿付利息支付的现金"项目中反映。本项目可以根据"库存现金""银行存款""应付票据""应付账款""预付账款""主营业务成本""其他业务支出"等账户的记录分析填列。

(5)"支付给职工及为职工支付的现金"项目反映企业本期实际支付给职工的工资、奖金、各种津贴和补贴等及为员工支付的其他费用,但不包括在建工程人员的工资、支付给离退休人员的各项费用和支付给购建固定资产人员的工资等。企业为职工支付的养老金和失业金等社会保险基金、补充养老保险、住房公积金、住房困难补助及企业支付给职工或为职工支付的其他福利费用等，应按职工的工作性质和服务对象，分别在本项目及"购建固定资产、无形资产和其他长期资产支付的现金"项目里反映。

(6)"支付的各项税费"项目反映企业按规定支付的各项税费，包括本期发生并支付的税费以及本期支付以前各期发生的税费和预交的税金，如支付的增值税、所得税、教育费附加、印花税、房产税、土地增值税、车船使用税等，不包括本期退回的增值税、所得税。

(7)"支付其他与经营活动有关的现金"项目反映企业除上述各项目外，支付的其他与经营活动有关的现金，如捐赠现金支出、罚款支出、支付的差旅费、业务招待费、广告费、保险费等现金支出。本项目可以根据"库存现金""银行存款""开发间接费用""销售费用""管理费用""营业外支出"等账户的记录分析填列。

2."投资活动产生的现金流量"项目内容及填列方法

(1)"收回投资收到的现金"项目反映企业出售、转让或到期收回除现金等价物外的交易性金融资产、持有至到期投资、可供出售金融资产、长期股权投资等而收到的现金，不包括债权性投资收回的利息、收回的非现金资产及处置子公司及其他营业单位收到的现金净额。本项目可以根据"交易性金融资产""持有至到期投资""可供出售金融资产""长期股权投资""库存现金""银行存款"等账户的记录分析填列。

(2)"取得投资收益收到的现金"项目反映企业因股权投资和债权投资而取得的现金股利、利息，以及从子公司、联营企业和合营企业分回利润收到的现金，根据"库存现金""银行存款""投资收益"等账户的记录分析填列。

(3)"处置固定资产、无形资产和其他长期资产收回的现金净额"项目反映企业出售固定资产、无形资产和其他长期资产(如投资性房地产)所取得的现金，减去为处置这些资产而支付的有关费用后的净额。由于自然灾害等原因所造成的固定资产等长期资产报废、毁损而收到的保险赔偿收入，在本项目中反映。如处置固定资产、无形资产和其他长期资产所收回的现金净额为负数，则应作为投资活动产生的现金流量，在"支付其他与投资活动有关的现金"项目中反映。本项目可以根据"固定资产清理""库存现金""银行存款"等账户的记录分析填列。

(4)"收到其他与投资活动有关的现金"项目反映企业除上述各项外，收到的其他与投资活动有关的现金，根据"库存现金""银行存款"等账户的记录分析填列。

(5)"购建固定资产、无形资产和其他长期资产支付的现金"项目反映企业购买、建造固定资产，取得无形资产和其他长期资产的现金，包括购买机器设备所支付的现金、建造工程支付的现金、支付在建工程人员的工资等现金支出，不包括为购建固定资产、无形资产和其他长期资产而发生的借款利息资本化部分，以及融资租入固定资产所支付的租赁费。本项目可以根据"固定资产""在建工程""工程物资""无形资产""库存现金""银行存款"等账户的记录分析填列。

(6)"投资支付的现金"项目反映企业进行权益性投资和债权投资支付的现金，包括企业取得的除现金等价物以外的短期股票投资、短期债券投资、长期股权投资、长期债权投资支付的现金以及支付的佣金、手续费等附加费用，根据"库存现金""银行存款""长期股权投资"等账户的记录分析填列。

(7)"支付其他与投资活动有关的现金"项目反映企业除上述各项外，支付的其他与投资活动有关的现金，根据"库存现金""银行存款"等账户的记录分析填列。

至于购买股票、债券时实际支付的价款中包含已宣告但尚未领取的现金股利或已到付息期但尚未领取的债券利息，在投资活动的"支付其他与投资活动有关的现金"项目反映；收回上述现金股利或债券利息，在投资活动的"收到其他与投资活动有关的现金"项目反映。

3. "筹资活动产生的现金流量"项目内容及填列方法

"吸收投资收到的现金"项目反映企业以发行股票、债券等方式筹集资金实际收到的款项净额，以发行股票等方式筹集资金而由企业直接支付的审计、咨询费用等，在"支付其他与筹资活动有关的现金"项目中反映，可以根据"实收资本或股本""资本公积""库存现金""银行存款"等账户的记录分析填列。

"取得借款收到的现金"项目反映企业举借各种短期、长期借款而收到的现金及发行债券实际收到的款项净额。本项目可以根据"短期借款""长期借款""交易性金融负债""应付债券""库存现金""银行存款"等账户的记录分析填列。

"收到其他与筹资活动有关的现金"项目反映企业除上述各项外，收到的其他与筹资活动有关的现金，根据"库存现金""银行存款"等账户的记录分析填列。

"偿还债务支付的现金"项目反映企业以现金偿还债务的本金，包括偿还银行等金融机构的借款本金、偿还债券本金，根据"银行存款""短期借款""长期借款""应付债券"等账户的记录分析填列。企业偿还的借款利息、债券利息，在"分配股利、利润或偿付利息支付的现金"项目反映。

"分配股利、利润或偿付利息支付的现金"项目反映企业实际支付的现金股利、支付给其他投资单位的利润或用现金支付的借款利息、债券利息。本项目可以根据"应付股利""应付利息""利润分配""财务费用""在建工程""制造费用""研发支出""库存现金""银行存款"等账户的记录分析填列。

"支付其他与筹资活动有关的现金"项目反映企业除上述各项外，支付的其他与筹资活动有关的现金，如以发行股票、债券等方式筹集资金而由企业直接支付的审计、咨询等费用，融资租赁各期支付的现金、以分期付款方式构建固定资产、无形资产等各期支付的现金。本项目可以根据有关账户的记录分析填列。

4. "汇率变动对现金及现金等价物的影响"项目内容及填列方法

汇率变动对现金的影响，是指企业外币现金流量及境外子公司的现金流量折算成记账本币时，所采用的是现金流量发生日的汇率或即期汇率的近似汇率。现金流量表准则规定，外币现金流量及境外子公司的现金流量，应当采用现金流量发生日的即期汇率或即期汇率的近似汇率折算。汇率变动对现金的影响额应当作为调节项目，在现金流量表中单独列报。而现金流量表"现金及现金等价物净增加额"项目中外币现金净增加额是按资产负债表日的即期汇率折算。

5. "现金及现金等价物净增加额"项目内容及填列方法

此项目反映企业本期净增加的现金、银行存款、其他货币资金及持有期限短、流动性强、易于转换为已知金额现金、价值变现风险很小的投资。其计算公式如下：

现金及现金等价物净增加额＝经营活动产生的现金流量净额＋投资活动产生的现金流量净额＋筹资活动产生的现金流量净额＋汇率变动对现金的影响

经营活动产生的现金流量净额＝经营活动流入的现金－经营活动流出的现金

投资活动产生的现金流量净额＝投资活动流入的现金－投资活动流出的现金

筹资活动产生的现金流量净额＝筹资活动流入的现金－筹资活动流出的现金

四、现金流量表补充资料填列方法

现金流量表补充资料披露的信息包括将净利润调节为经营活动现金流量、不涉及现金收支

模块十一 房地产企业财务报告

的重大投资和筹资活动、现金及现金等价物净变动情况三个部分。现金流量表补充资料见表11-4，填列方法列于表后。

表11-4 现金流量表附注　　　　　　　　　　　　　　　　　　金额单位：元

补充资料	本期金额	上期金额
1. 将净利润调节为经营活动现金流量		
净利润		
加：资产减值准备		
固定资产折旧		
无形资产摊销		
长期待摊费用摊销		
处置固定资产、无形资产和其他长期资产的损失（收益以"—"填列）		
固定资产报废损失（收益以"—"填列）		
公允价值变动损失（收益以"—"填列）		
财务费用（收益以"—"填列）		
投资损失（收益以"—"填列）		
递延所得税资产减少（增加以"—"填列）		
递延所得税负债增加（减少以"—"填列）		
存货的减少（增加以"—"填列）		
经营性应收项目的减少（增加以"—"填列）		
经营性应付项目的增加（减少以"—"填列）		
其他		
经营活动产生的现金流量净额		
2. 不涉及现金收支的重大投资和筹资活动		
债务转为资本		
一年内到期的可转换公司债券		
融资租入固定资产		
3. 现金及现金等价物净变动情况		
现金的期末余额		
减：现金的期初余额		
加：现金等价物的期末余额		
减：现金等价物的期初余额		
现金及现金等价物净增加额		

1. "将净利润调节为经营活动现金流量"项目内容及填列方法

(1)"资产减值准备"项目中，资产减值准备包括坏账准备、存货跌价准备、投资性房地产减值准备、长期股权投资减值准备、持有至到期投资减值准备、固定资产减值准备、在建工程减值准备、工程物资减值准备、生物性资产减值准备、无形资产减值准备、商誉减值准备等。企业计提和按规定各项资产减值准备，包括在利润表中属于利润的减除项目，但没有发生现金流出。所以，在将净利润调节为经营活动现金流量时，需要加回。本项目可根据"资产减值损失"账户的记录分析填列。

（2）"固定资产折旧"项目中固定资产折旧，有的包括在管理费用中，有的包括在制造费用中。计入管理费用中的部分，作为期间费用在计算净利润时从中扣除，但没有发生现金流出，在将净利润调节为经营活动现金流量时，需要予以加回。计入制造费用中的已经变现的部分，在计算净利润时通过销售成本予以扣除，但没有发生现金流出；计入制造费用中的没有变现的部分，既不涉及现金收支，也不影响企业当期净利润。由于在调节存货时已经从中扣除，在此处将净利润调节为经营活动现金流量时，需要予以加回。同理，企业计提的油气资产折耗、生产性生物资产折旧，也需要予以加回。本项目可根据"累计折旧""累计折耗""生产性生物资产折旧"账户的贷方发生额分析填列。

（3）"无形资产摊销"和"长期待摊费用摊销"项目中无形资产计提摊销时，计入管理费用。长期待摊费用摊销时，有的计入管理费用，有的计入销售费用。计入管理费用等期间费用和计入工程费用中的已变现的部分，在计算净利润时已从中扣除，但没有发生现金流出；计入工程费用中的没有变现的部分，在调节存货时已经从中扣除，但不涉及现金收支，所以，在此处将净利润调节为经营活动现金流量时，需要予以加回。本项目可根据"累计摊销""长期待摊费用"账户的贷方发生额分析填列。

（4）"处置固定资产、无形资产和其他长期资产的损失"项目中固定资产、无形资产和其他长期资产发生的损益，属于投资活动产生的损益，不属于经营活动产生的损益，所以，在将净利润调节为经营活动现金流量时，需要予以剔除。如为损失，在将净利润调节为经营活动现金流量时，应当加回；如为收益，在将净利润调节为经营活动现金流量时，应当扣除。本项目可根据"营业外收入""营业外支出"等账户所属有关明细科目的记录分析填列，净收益以"—"填列。

（5）"固定资产报废损失"项目中固定资产报废损益属于投资活动产生的损益，不属于经营活动产生的损益，所以，在将净利润调节为经营活动现金流量时，需要予以剔除。如为净损失，在将净利润调节为经营活动现金流量时，应当加回；如为净收益，在将净利润调节为经营活动现金流量时，应当扣除。本项目可根据"营业外支出""营业外收入"等科目所属有关明细科目的记录分析填列。

（6）"公允价值变动损失"项目中，公允价值变动损失反映企业交易性金融资产、投资性房地产等公允价值变动形成的应计入当期损益的利得或损失。本项目可以根据"公允价值变动损益"账户的发生额分析填列。如为持有损失，在将净利润调节为经营活动现金流量时，应当加回；如为持有利得，在将净利润调节为经营活动现金流量时，应当扣除。

（7）"财务费用"项目中财务费用中不属于经营活动的部分，应当在将净利润调节为经营活动现金流量时将其加回。本项目可根据"财务费用"账户的本期借方发生额分析填列；如为收益，以"—"填列。

（8）"投资损失"项目中投资损益在将净利润调节为经营活动现金流量时，需要予以剔除。如为净损失，在将净利润调节为经营活动现金流量时，应当加回；如为净收益，在将净利润调节为经营活动现金流量时，应当扣除。本项目可根据利润表中"投资净收益"项目的数字填列；如为投资收益，以"—"填列。

（9）"递延所得税资产减少"项目中递延所得税资产减少使计入所得税费用的金额大于当期应交的所得税金额，其差额没有发生现金流出，但在计算净利润时已经扣除，在将净利润调节为经营活动现金流量时，应当加回。递延所得税资产增加使计入所得税费用的金额小于当期应交

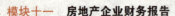

的所得税金额，两者之间的差额并没有发生现金流入，但在计算净利润时已经包括在内，在将净利润调节为经营活动现金流量时，应当扣除。本项目可以根据资产负债表"递延所得税资产"项目期初、期末余额分析填列。

(10)"递延所得税负债增加"项目中递延所得税负债增加使计入所得税费用的金额大于当期应交的所得税金额，其差额没有发生现金流出，但在计算净利润时已经扣除，在将净利润调节为经营活动现金流量时，应当加回。如果递延所得税负债减少使计入当期所得税费用的金额小于当期应交的所得税金额，其差额并没有发生现金流入，但在计算净利润时已经包括在内，在将净利润调节为经营活动现金流量时，应当扣除。本项目可以根据资产负债表"递延所得税负债"项目期初、期末余额分析填列。

(11)"存货的减少"项目中期末存货比期初存货减少，说明本期生产经营过程耗用的存货有一部分是期初的存货，耗用这部分存货并没有发生现金流出，但在计算净利润时已经扣除，所以，在将净利润调节为经营活动现金流量时，应当加回。期末存货比期初存货增加，说明当期购入的存货除耗用外，还剩余了一部分，这部分存货也发生了现金流出，但在计算净利润时没有包括在内，所以，在将净利润调节为经营活动现金流量时，应当扣除。本项目可根据资产负债表中"存货"项目的期初数、期末数之间的差额填列；期末数大于期初数的差额，以"一"填列。如果存货的增减变化过程属于投资活动，如在建工程领用存货，应当将这一因素剔除。

(12)"经营性应收项目的减少"项目中，经营性应收项目包括应收票据、应收账款、预付账款、长期应收款和其他应收款中与经营活动有关的部分，以及应收的增值税销项税额等。经营性应收项目期末余额小于经营性应收项目期初余额，说明本期收回的现金大于利润表中所确认的销售收入，所以，在将净利润调节为经营活动现金流量时，需要加回。经营性应收项目期末余额大于经营性应收项目期初余额，说明本期销售收入中有一部分没有收回现金，但是，在计算净利润时这部分销售收入已包括在内，所以，在将净利润调节为经营活动现金流量时，需要扣除。本项目应当根据有关科目的期初、期末余额分析填列；如为增加，以"一"填列。

"经营性应付项目的增加"项目中，经营性应付项目包括应付票据、应付账款、预收账款、应付职工薪酬、应交税费、应付利息、长期应付款、其他应付款中与经营活动有关的部分以及应付的增值税进项税额等。经营性应付项目期末余额大于经营性应付项目期初余额，说明本期购入的存货中有一部分没有支付现金，但是，在计算净利润时却将销售成本包括在内，在将净利润调节为经营活动现金流量时，需要加回；经营性应付项目期末余额小于经营性应付项目期初余额，说明本期支付的现金大于利润表中所确认的销售成本，在将净利润调节为经营活动现金流量时，需要扣除。本项目应当根据有关账户的期初、期末余额分析填列；如为减少，以"一"填列。

2."不涉及现金收支的重大投资和筹资活动"项目内容及填列方法

不涉及现金收支的重大投资和筹资活动，反映企业一定期间内影响资产或负债但不形成该期现金收支的所有投资和筹资活动的信息。企业应在附注中披露不涉及当期现金收支但影响企业财务状况的重大投资和筹资活动，包括：债务转为资本，一年内到期的可转换公司债券，融资租入固定资产。这些投资和筹资活动，虽不涉及本期现金收支，但能影响本期和以后各期的现金收支。如本期转为资本的债务资金，会减少本期或以后各期的现金流出；用融资租赁方式租入固定资产，会增加以后各期的现金流出。这些项目的金额，可根据实收资本（或股本）、长期股权投资、长期应付款等账户的记录分析填列。

3. "现金及现金等价物净变动情况"项目内容及填列方法

其计算公式为

现金及现金等价物净增加额＝现金的期末余额－现金的期初余额＋现金等价物的期末余额－现金等价物的期初余额

其中,现金的期末余额和期初余额项目反映企业"库存现金""银行存款""其他货币资金"账户的期末、期初余额扣除超过 3 个月定期存款的合计数。

现金等价物的期末余额和现金等价物的期初余额项目反映持有期限短、流动性强、易于转换为已知金额现金、价值变现风险小的投资的期末数、期初数,根据"交易性金融资产"等账户的期末余额、期初余额分析填列。

补充资料中的现金及现金等价物净增加额,应与现金流量表中最后一行现金及现金等价物净增加额核对相符。

单元五 所有者权益变动表的编制

一、所有者权益变动表的定义和作用

所有者权益变动表是反映构成所有者权益的各组成部分当期的增减变动情况的报表,反映的是一定时期所有者权益变动的情况。通过所有者权益变动表提供的信息,财务会计信息使用者可以全面了解企业一定会计期间所有者权益变动的情况,不仅包括所有者权益总量的增减变动情况,还包括所有者权益各构成部分的增减变动情况;可以了解企业直接计入所有者权益的利得和损失的情况;可以准确理解所有者权益增减变动的根源;可以了解企业的综合收益的构成。企业的综合收益包括净利润和直接计入所有者权益的利得和损失。前者是企业已实现并已确认的收益;后者是企业未实现但已确认的收益。其计算公式如下:

综合收益＝净利润＋直接计入所有者权益的利得和损失

净利润＝收入－费用＋直接计入当期损益的利得和损失。

在所有者权益变动表中,净利润和直接计入所有者权益的利得及损失均单列项目反映,体现了企业综合收益的构成。

二、所有者权益变动表的结构和内容

为了清晰地反映所有者权益的各组成部分当期的增减变动情况,所有者权益变动表采用矩阵的格式。一方面,列示导致所有者权益变动的交易或事项,改变了以往仅仅按照所有者权益的各组成部分反映所有者权益变动情况,而是按所有者权益变动的来源对一定时期所有者权益变动情况进行全面反映;另一方面,按照所有者权益各组成部分(包括实收资本、资本公积、盈余公积、未分配利润和库存股)及其总额列示交易或事项对所有者权益的影响。为了提供所有者权益变动的比较信息,所有者权益变动表还就各项目又分为"本年金额"和"上年金额"两栏分别填列。

三、所有者权益变动表的填列方法

房地产企业所有者权益变动表见表 11-5，填写方法列于表后。

表 11-5 所有者权益变动表

编制单位：　　　　　　　　　　　　年度　　　　　　　　　　　　　　单位：元

项目	行次	本年金额						上年金额					
		实收资本(或股本)	资本公积	盈余公积	未分配利润	库存股(减项)	所有者权益合计	实收资本(或股本)	资本公积	盈余公积	未分配利润	库存股(减项)	所有者权益合计
一、上年年末余额													
1. 会计政策变更													
2. 前期差错更正													
二、本年年初余额													
三、本年增减变动金额(减少以"-"填列)													
(一)净利润													
(二)直接计入所有者权益的利得及损失													
1. 可供出售金融资产公允价值变动净额													
2. 权益法下被投资单位其他所有者权益变动的影响													
3. 与计入所有者权益项目相关的所得税影响													
4. 其他													
小计													
(三)所有者投入和减少资本													
1. 所有者投入资本													
2. 股份支付计入所有者权益的金额													
3. 其他													

续表

项目	行次	本年金额					上年金额				
		实收资本（或股本）	资本公积	盈余公积	未分配利润	库存股（减项）	所有者权益合计	实收资本（或股本）	资本公积	盈余公积	未分配利润	库存股（减项）	所有者权益合计
（四）利润分配													
1. 对所有者（或股东）的分配													
2. 提取盈余公积													
（五）所有者权益内部结转													
1. 资本公积转增资本（或股本）													
2. 盈余公积转增资本（或股本）													
3. 盈余公积弥补亏损													
四、本年年末余额													

1. 项目栏中各项目的填列方法

(1)"上年年末余额"项目反映企业上年资产负债表中实收资本（或股本）、资本公积、盈余公积、未分配利润的年末余额。"会计政策变更"和"前期差错更正"项目分别反映企业采用追溯调整法处理的会计政策变更的累积影响金额和采用追溯重述法处理的会计差错更正的累积影响金额。为了体现会计政策变更和前期差错更正的影响，企业应当在上期期末所有者权益余额的基础上进行调整，得出本期期初所有者权益，根据"盈余公积""未分配利润"等账户的发生额分析填列。"本年年初余额"项目一般应根据"实收资本（或股本）""资本公积""盈余公积""利润分配""库存股""以前年度损益调整"科目的发生额分析填列。

(2)"净利润"项目反映企业当年实现的净利润（或净亏损）金额，并对应列在"未分配利润"栏。

(3)"直接计入所有者权益的利得及损失"项目反映企业当年直接计入所有者权益的利得和损失金额。"可供出售金融资产公允价值变动净额"项目反映企业持有的可供出售金融资产当年公允价值变动的金额，并对应列在"资本公积"栏；"权益法下被投资单位其他所有者权益变动的影响"项目反映企业对按照权益法核算的长期股权投资，在被投资单位除当年实现的净损益外其他所有者权益当年变动中应享有的份额，并对应列在"资本公积"栏；"与计入所有者权益项目相关的所得税影响"项目反映企业根据规定应计入所有者权益项目的当年所得税影响金额，并对应列在"资本公积"栏。

(4)"净利润"和"直接计入所有者权益的利得及损失"小计项目反映企业当年实现的净利润

（或净亏损）金额和当年直接计入所有者权益的利得及损失金额的合计额。

（5）"所有者投入和减少资本"项目反映企业当年所有者投入的资本和减少的资本。"所有者投入资本"项目反映企业接受投资者投入形成的实收资本（或股本）和资本溢价或股本溢价，并对应列在"实收资本（或股本）"和"资本公积"栏；"股份支付计入所有者权益的金额"项目反映企业处于等待期中的权益结算的股份支付当年计入资本公积的金额，并对应列在"资本公积"栏。

（6）"利润分配"下各项目反映当年对所有者（或股东）分配的利润（或股利）金额和按照规定提取的盈余公积金额，并对应列在"未分配利润"和"盈余公积"栏。"对所有者（或股东）的分配"项目，反映对所有者（或股东）分配的利润（或股利）金额；"提取盈余公积"项目，反映企业按照规定提取的盈余公积。

（7）"所有者权益内部结转"下各项目反映不影响当年所有者权益总额的所有者权益各组成部分之间当年的增减变动，包括资本公积转增资本（或股本）、盈余公积转增资本（或股本）、盈余公积弥补亏损等项金额。为了全面反映所有者权益各组成部分的增减变动情况，所有者权益内部结转也是所有者权益变动表的重要组成部分，主要指不影响所有者权益总额、所有者权益的各组成部分当期的增减变动。"资本公积转增资本（或股本）"项目反映企业以资本公积转增资本或股本的金额；"盈余公积转增资本（或股本）"项目反映企业以盈余公积转增资本或股本的金额；"盈余公积弥补亏损"项目反映企业以盈余公积弥补亏损的金额。

2."本年金额"和"上年金额"栏的填列方法

所有者权益变动表"本年金额"栏内各项数据，一般应根据"实收资本（或股本）""资本公积""盈余公积""未分配利润""库存股"等账户的发生额分析填写。

所有者权益变动表"上年金额"栏内各项数据，应根据上年度所有者权益变动表"本年金额"栏内所列数据填列。如果上年度所有者权益变动表规定的各个项目的名称和内容同本年度不相一致，应对上年度所有者权益变动表各项目的名称和内容按本年度的规定进行调整，填入所有者权益变动表"上年金额"栏内。

企业的净利润及其分配情况作为所有者权益变动的组成部分，不需要单独设置利润分配表列示。

单元六　会计报表附注及财务情况说明书编制

一、会计报表附注

附注是对资产负债表、利润表、现金流量表和所有者权益变动表等报表中列示项目的文字描述或明细资料，以及对未能在这些报表中列示项目的说明等。附注是财务报表的重要组成部分，应包括以下内容。

1. 企业的基本情况

企业的基本情况包括：企业注册地、组织形式和总部地址；企业的业务性质和主要经营活动；母公司及集团最终母公司的名称；财务报告的批准报出者和财务报告批准报出日。

2. 财务报表的编制基础

财务报表的编制基础包括会计年度；记账本位币；会计计量所运用的计量基础；现金及现金等价物的构成。

3. 重要会计政策和会计估计

企业应当披露采用的重要会计政策和会计估计，在披露重要会计政策和会计估计时，应当披露重要会计政策的确定依据和财务报表项目的计量基础，以及会计估计中所采用的关键假设和不确定因素。

4. 会计政策、会计估计变更及差错更正的说明

企业应当按照《企业会计准则第 28 号——会计政策、会计估计变更和差错更正》及其应用指南的规定，披露会计政策、会计估计变更及差错更正的有关情况。

5. 报表重要项目的说明

企业应当按照资产负债表、利润表、现金流量表、所有者权益变动表及其项目列示的顺序对报表重要项目的说明，采用文字和数据描述相结合的方式进行披露，见表 11-6。

表 11-6 报表重要项目说明的内容

序号	项目	内容
1	交易性金融资产	企业应当披露交易性金融资产的构成及期初、期末公允价值等信息
2	应收账款	企业应当披露应收账款的账龄结构和客户类别及期初、期末账面余额等
3	存货	企业应当披露各类存货的期初和期末账面价值；确定发出存货成本所采用的方法，存货可变现净值的确定依据，存货跌价准备的计提方法，当期计提的存货跌价准备的金额，当期转回的存货跌价准备的金额，计提和转回的有关情况以及用于担保的存货账面价值
4	可供出售金融资产	企业应当披露可供出售金融资产的构成以及期初、期末公允价值等信息
5	持有至到期投资	企业应当披露持有至到期投资的构成及期初、期末账面余额等信息
6	长期股权投资	企业应当披露子公司、合营企业和联营企业清单，包括企业名称、注册地、业务性质、投资企业的持股比例和表决权比例；合营企业和联营企业当期的主要财务信息，包括资产、负债、收入、费用等合计金额；被投资单位向投资企业转移资金的能力受到严格限制的情况；当期及累计未确认的投资损失金额；与对子公司、合营企业及联营企业投资相关的或有负债
7	投资性房地产	企业应当披露下列信息： (1) 投资性房地产的种类、金额和计量模式； (2) 采用成本模式的，投资性房地产的折旧或摊销及减值准备的计提情况； (3) 采用公允价值模式的，公允价值的确定依据和方法及公允价值变动对损益的影响； (4) 房地产转换情况、理由及对损益或所有者权益的影响； (5) 当期处置的投资性房地产及其对损益的影响

续表

序号	项目	内容
8	固定资产	企业应当披露下列信息： (1)固定资产的确认条件、分类、计量基础和折旧方法； (2)各类固定资产的使用寿命、预计净残值和折旧率； (3)各类固定资产的期初和期末原价、累计折旧额及固定资产减值准备累计金额； (4)当期确认的折旧费用； (5)对固定资产所有权的限制及其金额和用于担保的固定资产账面价值； (6)准备处置的固定资产名称、账面价值、公允价值、预计处置费用和预计处置时间等
9	无形资产	企业应当披露下列信息： (1)无形资产的期初和期末账面余额、累计摊销额及减值准备累计金额； (2)使用寿命有限的无形资产，其使用寿命的估计情况；使用寿命不确定的无形资产，其使用寿命不确定的判断依据； (3)无形资产的摊销方法； (4)用于担保的无形资产账面价值、当期摊销额等情况； (5)计入当期损益和确认为无形资产的研究开发支出金额
10	交易性金融负债	企业应当披露交易性金融负债的构成以及期初、期末公允价值等信息
11	职工薪酬	企业应当披露下列信息： (1)应当支付给职工的工资、奖金、津贴和补贴及其期末应付未付金额； (2)应当为职工缴纳的医疗保险费、养老保险费、失业保险费、工伤保险费和生育保险费等社会保险费及其期末应付未付金额； (3)应当为职工缴存的住房公积金及其期末应付未付金额； (4)为职工提供的非货币性福利及其计算依据； (5)应当支付的因解除劳动关系给予的补偿及其期末应付未付金额； (6)其他职工薪酬
12	应交税费	企业应当披露应交税费的构成及期初、期末账面余额等信息
13	短期借款和长期借款	企业应当披露短期借款、长期借款的构成及期初、期末账面余额等信息；对于期末逾期借款，应分别按贷款单位、借款金额、逾期时间、年利率、逾期未偿还原因和预期还款期等进行披露
14	应付债券	企业应当披露应付债券的构成及期初、期末账面余额等信息
15	长期应付款	企业应当披露长期应付款的构成及期初、期末账面余额等信息
16	营业收入	企业应当披露营业收入的构成及本期、上期发生额等信息
17	公允价值变动收益	企业应当披露公允价值变动收益的来源及本期、上期发生额等信息
18	投资收益	企业应当披露投资收益的来源及本期、上期发生额等信息
19	减值损失	企业应当披露各项资产的减值损失及本期、上期发生额等信息
20	营业外收入	企业应当披露营业外收入的构成及本期、上期发生额等信息

续表

序号	项目	内容
21	营业外支出	企业应当披露营业外支出的构成及本期、上期发生额等信息
22	所得税	企业应当披露所得税费用(收益)的主要组成部分;所得税费用(收益)与会计利润关系的说明;未确认递延所得税资产的可抵扣暂时性差异、可抵扣亏损的金额(如果存在到期日,还应披露到期日);对每一类暂时性差异和可抵扣亏损,在列报期间确认的递延所得税资产或递延所得税负债的金额,确认递延所得税资产的依据;未确认递延所得税负债的,与对子公司、联营企业及合营企业投资相关的暂时性差异金额
23	政府补助	企业应当披露政府补助的种类及金额;计入当期损益的政府补助金额;本期返还的政府补助金额及原因
24	非货币性资产交换	企业应当披露下列信息: (1)换入资产、换出资产的类别; (2)换入资产成本的确定方式; (3)换入资产、换出资产的公允价值及换出资产的账面价值
25	股份支付	企业应当披露下列信息: (1)当期授予、行权和失效的各项权益工具总额; (2)期末发行在外股份期权或其他权益工具行权价的范围和合同剩余期限; (3)当期行权的股份期权或其他权益工具以其行权日价格计算的加权平均价格; (4)股份支付交易对当期财务状况和经营成果的影响
26	债务重组	债权人应当披露债务重组方式;确认的债务重组损失总额;债权转为股份所导致的投资增加额及该投资占债务人股份总额的比例;或有应收金额;债务重组中受让的非现金资产的公允价值、由债权转成的股份的公允价值和修改其他债务条件后债权的公允价值的确定方法及依据。 债务人应当披露债务重组方式;确认的债务重组利得总额;将债务转为资本所导致的股本(或者实收资本)增加额;或有应付金额;债务重组中转让的非现金资产的公允价值、由债务转成的股份的公允价值和修改其他债务条件后债务的公允价值的确定方法及依据
27	借款费用	企业应当披露下列信息: (1)当期资本化的借款费用金额; (2)当期用于计算确定借款费用资本化金额的资本化率
28	外币折算	企业应当披露下列信息: (1)计入当期损益的汇兑差额; (2)处置境外经营业务对外币财务报表折算差额的影响

续表

序号	项目	内容
29	企业合并	企业合并发生当期的期末，合并方应当披露参与合并企业的基本情况；属于同一控制下企业合并的判断依据；合并日的确定依据；以支付现金、转让非现金资产以及承担债务作为合并对价的，所支付对价在合并日的账面价值；以发行权益性证券作为合并对价的，合并中发行权益性证券的数量及定价原则以及参与合并各方交换有表决权股份的比例；被合并方的资产、负债在上一会计期间资产负债表日及合并日的账面价值；被合并方自合并当期期初至合并日的收入、净利润、现金流量等情况；合并合同或协议约定将承担被合并方或有负债的情况；被合并方采用的会计政策与合并方不一致所作调整的情况说明；合并后已处置或准备处置被合并方资产、负债的账面价值、处置价格等。 企业合并发生当期的期末，购买方应当披露参与合并企业的基本情况；购买日的确定依据；合并成本的构成及其账面价值、公允价值及公允价值的确定方法；被购买方各项可辨认资产、负债在上一会计期间资产负债表日及购买日的账面价值和公允价值；合并合同或协议约定将承担被购买方或有负债的情况；被购买方自购买日起至报告期期末的收入、净利润和现金流量等情况；商誉的金额及其确定方法；因合并成本小于合并中取得的被购买方可辨认净资产公允价值的份额而计入当期损益的金额；合并后已处置或准备处置被购买方资产、负债的账面价值、处置价格等
30	或有事项	企业应当披露预计负债和或有负债等的信息。 预计负债的种类、形成原因以及经济利益流出不确定性的说明；各类预计负债的期初、期末余额和本期变动情况；与预计负债有关的预期补偿金额和本期已确认的预期补偿金额。 或有负债的种类及其形成原因，包括未决诉讼、未决仲裁、对外提供担保等形成的或有负债；经济利益流出不确定性的说明；或有负债预计产生的财务影响以及获得补偿的可能性；无法预计的，应当说明原因。 企业通常不应当披露或有资产，但或有资产很可能会给企业带来经济利益的，应当披露其形成的原因、预计产生的财务影响等。 在涉及未决诉讼、未决仲裁的情况下，按相关规定披露全部或部分信息预期对企业造成重大不利影响的，企业无须披露这些信息，但应当披露该未决诉讼、未决仲裁的性质以及没有披露这些信息的事实和原因
31	资产负债表日后事项	企业应当披露下列信息： （1）每项重要的资产负债表日后非调整事项的性质、内容及其对财务状况和经营成果的影响。无法做出估计的，应当说明原因； （2）资产负债表日后，企业利润分配方案中拟分配的以及经审议批准宣告发放的股利或利润

6. 其他需要说明的重要事项

其他需要说明的重要事项主要包括或有和承诺事项、关联方关系及其交易等。

二、财务情况说明书

财务情况说明书是用文字和数据补充说明在会计报表及其附注中不能反映的企业财务状况的书面报告，主要包括以下内容。

1. 房地产企业开发经营情况

说明房地产开发企业财务状况应先将企业本年房地产经营收入、已开发完成房屋、土地面积、尚未销售、出租、转让已开发完成房屋、土地面积，在开发房屋、土地面积，正在征用、批租土地面积等指标的实际完成数与计划数作比较，说明计划完成的程度及其原因，并对财务指标的影响进行分析。同时，还可通过本年实际完成数与上年或以前若干年度的相应指标的实际完成数比较，来分析企业的发展趋势。

在常规房地产开发经营环境下，还要说明正在征用、批租土地面积，在开发房屋、土地面积，已开发完成房屋、土地面积和已销售、出租、转让房屋与土地面积之间的比例是否协调。由于房地产的开发经营主要取决于国家宏观经济形势、金融政策、房地产市场有效需求以及税收政策等，如果上述房地产开发经营环境发生重大变化，正在或将要对企业的财务状况和经营成果产生较大影响时，也应加以说明。

2. 房地产企业利润完成情况

根据利润表中的主要项目，将本年数与上年实际数及计划数进行比较，分析构成利润总额的各个项目的增减变动对利润总额的影响。对影响利润完成较大的项目，还要分析其产生滑坡的原因。

3. 企业盈利能力的分析情况

计算房地产经营利润率，评价企业房地产经营收入的盈利水平。房地产经营利润率是指以房地产经营利润与房地产经营收入对比的比率，说明房地产开发的获利能力。企业的房地产经营利润率如高于同行业其他房地产开发企业，说明企业在房地产市场销售、出租、转让房屋与土地时，在价格上有较强的竞争力，在降低价格上有较大的空间。其计算公式如下：

$$房地产经营利润率 = \frac{房地产经营利润}{房地产经营收入} \times 100\%$$

计算营业收入利润率，评价企业营业收入的盈利水平。营业收入利润率是指利润总额与营业收入(包括房地产经营收入与其他业务收入)对比的比率，即每元营业收入能够获得的利润。企业的营业收入利润率越高，说明企业总体盈利水平越高，投资者权益越有保障。其计算公式如下：

$$营业收入利润率 = \frac{利润总额}{房地产经营收入 + 其他业务收入} \times 100\%$$

计算净资产收益率，评价投资者投入企业资本的获利能力。净资产收益率是指企业净利润与资本总额的比率，即每元资本所能获得的净利润。对企业投资者来说，净资产收益率越高，说明投资收益越多，投资者的风险越大。其计算公式如下：

$$净资产收益率 = \frac{净利润}{资本总额} \times 100\%$$

股份制房地产开发企业，还应计算每股收益，即每股净利润。如果房地产开发企业发行优先股股票，则要计算普通股每股收益。因为优先股的股利是按事前约定的股利支付的。普通股分享的利润是扣除优先股股利后的净利润，每股收益都用以直接或间接地说明企业的盈利能力。其计算公式如下：

$$普通股每股收益 = \frac{净利润 - 优先股股利}{普通股股份总数}$$

计算总资产报酬率，评价企业运用全部资产的获利能力。总资产报酬率是指企业利润总额加利息支出与资产平均总额的比率。其计算公式如下：

$$总资产报酬率 = \frac{利润总额 + 利息支出}{资产平均总额} \times 100\%$$

$$资产平均总额 = \frac{期初资产总额 + 期末资产总额}{2} \times 100\%$$

在计算总资产报酬率的分子中，除利润总额外，还要加上利息支出，因为企业的资产，有的是用投资者的资金购建的，有的是用向债权人借入的资金购建的，而后者是要支付利息的。按照现行财务制度的规定，利息支出列作当期损益从实现的利润中扣除。但这笔利息支出也是企业利用资产的经济效益，只有将它与本期利润一起计算，才能使不同资金构成的企业的总资产报酬率具有可比性，能够全面反映企业全部资产的获利能力。

4. 企业资本保值、增值能力的分析情况

主要对以下一些财务指标进行分析：

(1)计算资本保值增值率，评价投资者投入企业资本的完整性和安全性。资本保值增值率是指企业期末所有者(股东)权益总额与期初所有者(股东)权益总额的比率。其计算公式如下：

$$资本保值增值率 = \frac{期末所有者(股东)权益总额}{期初所有者(股东)权益总额} \times 100\%$$

(2)股份制房地产企业，应计算每股净资产和调整后的每股净资产，说明每股平均享有的资产。

每股净资产与调整后的每股净资产的计算公式分别如下：

$$每股净资产 = \frac{期末股东权益}{期末普通股股份总数}$$

调整后的每股净资产 = (期末股东权益 - 3年以上的应收账款 - 待摊费用 - 待处理财产净损失 - 递延资产) ÷ 期末普通股股份总数

5. 企业资产负债水平和偿债能力的分析情况

(1)计算资产负债率，观察企业总资产中举债筹资的比重，评价借入资金的安全程度。

资产负债率是指企业负债总额与资产总额的比率，即每元资产中有多少属于债权人提供的资金。其计算公式如下：

$$资产负债率 = \frac{负债总额}{资产总额} \times 100\%$$

对债权人来说，企业资产负债率越低，说明债权人资金的"安全边际"越高，越有物质保障；对经营者和投资者来说，企业资产负债率较高，意味着负债经营能力较强，在企业资本利润率或投资收益率高于债务资金成本率的情况下，带来的财务杠杆利益越大，能提高资本利润率，但财务风险也越大。

(2)计算流动比率和速动比率。分析企业偿还短期债务的能力用流动比率来衡量资产流动性的大小，要求企业的流动资产在清偿流动负债以后还有财力应付日常开发经营活动中其他资金的需要。

流动比率是指流动资产与流动负债的比率。其计算公式如下：

$$流动比率 = \frac{流动资产}{流动负债} \times 100\%$$

对债权人来说，此项比率越高越好。因为比率越高，债权越有保障。但实际上，流动资产中开发产品常因房产市场不景气等原因而影响其流动。因此，流动比率只能作为理论上衡量企业短期债务偿还能力的比率，不能据以说明企业的现实偿债能力。这个比率一般要求保持在200%左右。

速动比率是指速动资产与流动负债的比率。速动资产指从全部流动资产中扣除存货和预付账款等预付费用后的流动资产，主要包括货币资金、交易性金融资产、应收票据、应收账款、其他应收款等。

速动比率是衡量企业在某一时点上可快速变现资产偿付到期短期债务的能力。速动比率一般要求保持在100%左右，因为此时的速动比率表示：即使不处理存货，仅出售有价证券、收回应收账款加上货币资金，也能偿付到期短期债务。其计算公式如下：

$$速动比率 = \frac{速动资产}{流动负债} \times 100\%$$

其中，速动资产＝流动资产－存货－预付账款等预付费用

（3）计算存货周转率、已完工开发产品周转率和应收账款周转率，分析企业流动资金的周转速度和使用效率。

存货周转率是指房地产经营成本和其他业务成本与存货平均余额的比率，包括在库、在用、在途、在建和在加工中的库存材料、库存设备、低值易耗品、委托加工材料、开发产品、分期收款开发产品、出租开发产品、周转房、在建开发产品。存货周转率高，说明企业存货周转速度快，能以占用较少的流动资金开发完成并销售、转让较多的房地产开发产品，使债务偿还有保障。其计算公式如下：

$$存货周转率 = \frac{营业成本}{存货平均余额}$$

其中，$存货平均余额 = \frac{期初存货余额 + 期末存货余额}{2}$

已完工开发产品周转率是指房地产经营成本与已完工开发产品平均余额的比率。

已完工开发产品包括已完工开发土地、房屋、配套设施、代建工程、分期收款开发产品、出租开发产品和周转房。已完工开发产品周转率高，表明企业开发产品符合市场需求，能够及时销售、出租、转让出去，使企业获得较好的经济效益；如果低，说明已完工开发产品滞销，应分析滞销的原因及哪些开发产品滞销，如属高级公寓、办公楼等滞销，应提出调整开发产品结构的建议，多开发一些符合房产市场需要的产品。其计算公式如下：

$$已完工开发产品周转率 = \frac{房地产经营成本}{已完工开发产品平均余额} \times 100\%$$

其中，$已完工开发产品平均余额 = \frac{期初已完工开发产品余额 + 期末已完工开发产品余额}{2}$

应收账款周转率指企业房地产经营收入和其他业务收入与应收账款平均余额的比率。应收账款周转率越高，说明企业结算资金占用越少，收账速度越快，营运能力越强。其计算公式如下：

$$应收账款周转率 = \frac{营业收入}{应收账款平均余额} \times 100\%$$

其中，$应收账款平均余额 = \frac{期初应收账款余额 + 期末应收账款余额}{2}$

对坏账损失较多的房地产开发企业，还可计算应收账款损失率。应收账款损失率是说明企业的坏账损失与应收账款平均余额的比率，即每元应收账款要发生多少坏账损失。其计算公式如下：

$$应收账款损失率 = \frac{坏账损失}{应收账款平均余额} \times 100\%$$

应收账款损失率如高于行业规定提取坏账准备的比率，应分析说明其发生坏账损失的成因。

6. 开发产品成本降低情况

房地产开发企业的产品，一般只有各个开发项目的计划成本或预算，没有各个年度在建开发产品的计划成本或预算。因此，只能对年度已完工开发产品计算其成本降低额和降低率，对成本计划或预算完成情况进行总的评价，然后再按各个开发项目分析其成本超支或下降的原因。已完工开发产品成本降低额和降低率的计算公式如下：

$$已完工开发产品成本降低额＝已完工开发产品计划（或预算）成本－已完工开发产品实际成本$$

$$已完工开发产品成本降低率＝\frac{已完工开发产品成本降低额}{已完工开发产品计划（或预算）成本}\times 100\%$$

另外，财务情况说明书还要提出促进开发产品销售、出租、转让、降低开发产品成本、提高资金使用率和经济效益的意见，以及针对房地产开发企业面临的市场经营环境等客观情况，今后应采用的相应对策。

阅读材料

会计报表附注的作用

（1）有助于报表使用者正确理解会计报表项目采用的会计原则和会计处理方法。对于同一项经济业务可能有不同的会计原则和会计处理方法以供企业选择，如果不说明会计报表中有关项目采用的会计原则和会计处理方法，就会给会计报表使用者正确理解会计报表带来不便。所以，在会计报表附注中加以说明，有助于会计报表使用者正确理解会计报表内容。

（2）有助于报表使用者掌握会计政策的变化：一致性原则要求前后各期采用的会计政策应当保持一致，不得随意变更。但是，有时会计法规发生变化，或者为了更公允地反映企业的实际情况，企业有可能改变会计报表中某些项目的会计政策，将会出现不同期间的会计报表中对同一项目采用了不同的会计政策，从而影响了不同会计期间会计报表的可比性。所以，在会计报表附注中对这一情况加以说明，有助于报表使用者掌握会计政策的变化。

（3）有助于报表使用者进一步了解各项目详细情况。会计报表附注可以对会计报表中披露不详的内容作进一步的解释和说明。会计报表由于受其形式的限制，只能按大类设置项目，反映总括情况，至于各项目内部的情况以及项目背景的情况往往统一在表内反映。所以，会计报表附注有助于报表使用者进一步了解各项详细情况。

模块小结

本模块主要介绍了财务报告的基本知识、资产负债表的编制、利润表的编制、现金流量表的编制、所有者权益变动表的编制、会计报表附注和财务情况说明书的编制几方面内容。

（1）财务报告包括财务报表和其他应当在财务报告中披露的相关信息和资料。其中，财务报表由报表本身及其附注两部分构成，附注是财务报表的有机组成部分，而报表至少应当包括资产负债表、利润表、现金流量表、所有者权益变动表和附注。

（2）资产负债表以"资产＝负债＋所有者权益"会计恒等式为理论基础。

（3）房地产开发企业利润表的结构和内容，可用以下几个关系式来表示：

营业利润＝营业收入－营业成本－营业税金及附加－销售费用－管理费用－

财务费用－资产减值损失＋公允价值变动净收益(减损失)＋投资收益(减损失)
利润总额＝营业利润＋营业外收入－营业外支出
净利润＝利润总额－所得税费用

（4）房地产开发企业的现金流量分为经营活动产生的现金流量、投资活动产生的现金流量和筹资活动产生的现金流量三类。

（5）所有者权益变动表是反映构成所有者权益的各组成部分当期的增减变动情况的报表，反映的是一定时期所有者权益变动的情况。它不仅包括所有者权益总量的增减变动情况，还包括所有者权益增减变动的重要结构性信息，特别是要反映直接计入所有者权益的利得和损失。

（6）附注是对资产负债表、利润表、现金流量表和所有者权益变动表等报表中列示项目的文字描述或明细资料，以及对未能在这些报表中列示项目的说明等。附注是财务报表的重要组成部分。财务情况说明书是用文字和数据补充说明在会计报表及其附注中不能反映的企业财务状况的书面报告。

思考与练习

一、填空题

1. 按财务报表编报期间的不同，可以分为_____和_____。
2. _____是反映企业在某一特定时间(如月末、季末、年末)全部资产、负债和所有者权益及其构成情况的会计报表，是一张静态报表。
3. 资产负债表由_____、_____和_____三部分组成。
4. 资产负债表的资产方、负债方及所有者权益方均设置_____和_____两栏。
5. _____是反映企业在一定会计期间经营成果的会计报表。
6. 利润表一般有_____和_____两种列报格式。
7. _____是反映企业一定会计期间内有关现金和现金等价物流入及流出信息的报表。
8. 房地产开发企业的现金流量分为_____、_____和_____量三类。
9. 编制现金流量表的方法有_____和_____两种。

二、简答题

1. 简述财务报告的定义及构成。
2. 财务报告的编制要求有哪些？
3. 资产负债表的主要作用包括哪些？
4. 编制现金流量的主要目的和作用是什么？
5. 财务情况说明书主要包括哪些内容？

模块实训

【实训一】

一、实训目的

资产负债表编制训练。

二、实训资料

某房地产开发企业20××年12月31日各总分类账户及其有关明细账户的余额见表11-7。

表11-7 总分类账户及其有关明细账户的余额表　　　　　单位：元

账户名称	借方余额	贷方余额
库存现金	10 800	
银行存款	3 606 000	
其他货币资金	276 000	
交易性金融资产	3 612 000	
应收票据	480 000	
应收账款	6 360 000	
坏账准备		5 600
预付账款	3 276 000	
其他应收款	192 000	
材料采购	204 000	
原材料	5 955 600	
库存设备	1 056 000	
周转材料	63 600	
材料成本差异	85 200	
开发产品——商品房	13 972 800	
出租开发产品	11 232 000	
周转房	5 288 000	
开发成本	26 136 000	
长期股权投资	1 567 200	
固定资产	6 409 200	
累积折旧		950 400
待处理财产损溢——待处理规定资产损溢	21 600	
无形资产	115 200	
长期待摊费用	1 322 800	
短期借款		9 848 400
应付票据		804 000
应付账款		23 544 000
预售账款——预售房屋定金		10 140 000
其他应付款		2 358 000
应付职工薪酬		52 800
应交税费		68 400
应付利润		192 000
可供出售金融资产		6 000 000

续表

账户名称	借方余额	贷方余额
长期借款		14 400 000
实收资本		15 516 000

三、实训要求

编制该房地产开发企业20××年12月31日资产负债表。

【实训二】

一、实训目的

现金流量表编制训练。

二、实训资料

某房地产公司本期发生以下经济业务：

(1)本期主业务收入为3 000 000元，本期销售产品以现金收取销项税额12 500元，应收账款期初余额为600 000元，期末余额为800 000元，应收票据期初余额为200 000元，期末余额为80 000元。

(2)本期主营业务成本为2 250 000元，本期以现金支付能抵扣的增值税20 000元，存货期初余额为1 800 000元，期末余额为1 300 000元，应付账款期初余额为1 200 000元，期末余额为1 000 000元，应付票据期初余额为100 000元，期末余额为200 000元。

(3)本期实际支付的营业税为900 000元，其中，城市维护建设税为6 300元，教育费附加为2 700元。

(4)本期上交增值税10 000元，本期发生所得税170 000元，已交纳。期初未交所得税30 000元，期末未交所得税10 000元。

(5)本期实际以现金支付工人的工资(不含在建工程人员工资)600 000元，支付养老保险金100 000元。

(6)现金支付有关管理费用20 000元。

(7)转让权益性投资本金120 000元，实收现金160 000元。转账债券投资收回现金50 000元，期中本金10 000元。

(8)分得现金股利5 000元。

(9)银行存款偿还长期借款本金200 000元，利息50 000元，其中，前两年已计提30 000元。

(10)出售不需要旧设备一台，收到现金70 000元，支付拆卸费1 000元。

(11)购一台设备(价款100 000元)，增值税为17 000元，存款支付，另支付安装费2 000元。

三、实训要求

根据上述资料，编制现金流量表。

参 考 文 献

[1] 徐文锋,徐源. 房地产开发企业会计实务[M]. 广州:广东经济出版社,2009.
[2] 财政部会计司编写组. 企业会计准则讲解[M]. 北京:人民出版社,2007.
[3] 徐秋生. 房地产企业会计[M]. 北京:化学工业出版社,2010.
[4] 张洪力. 房地产经济学[M]. 北京:机械工业出版社,2004.
[5] 张志凤,许群,郝建国. 房地产开发企业会计实务[M]. 北京:中国市场出版社,2008.
[6] 包红霏. 房地产会计学[M]. 大连:大连理工大学出版社,2008.
[7] 李明. 新税制下房地产业纳税会计与纳税筹划[M]. 北京:中国市场出版社,2010.
[8] 刘玉章. 房地产企业财税操作技巧[M]. 北京:机械工业出版社,2009.
[9] 武玉荣. 房地产会计[M]. 2版. 北京:首都经济贸易大学出版社,2008.